GRAMMAIRE RUSSE

TYPOGRAPHIE SCIENTIFIQUE ET ORIENTALE DE Mme Ve DONDEY-DUPRÉ,
rue Saint-Louis, 46 (au Marais), à Paris.

GRAMMAIRE RUSSE

PRÉCÉDÉE D'UNE

INTRODUCTION SUR LA LANGUE SLAVONNE,

PAR

CH. PH. REIFF.

> Peu de règles, beaucoup de réflexions, et encore
> plus d'usage.
>
> DUMARSAIS.

SAINT-PÉTERSBOURG,

ET, A PARIS,

CHEZ THÉOPHILE BARROIS, QUAI VOLTAIRE, 15,

A LA TOUR DE BABEL.

1851

INTRODUCTION

SUR LA LANGUE SLAVONNE.

Il est vraisemblable que la langue des Slaves[1] s'est formée, ainsi que le Grec, le Latin et l'Allemand, du Sanscrit, — ancienne langue des Indous[2]. On n'a rien de certain sur l'an-

---

[1] Le nom de *Slaves* peut être dérivé du mot slavon слáва, *gloire :* car les Grecs, qui changeaient entièrement les noms des nations qu'ils appelaient barbares, pour en accommoder les sons à leurs oreilles délicates, ou qui les traduisaient dans leur langue pour les mieux retenir, les avaient nommés Αἰνετοί, *Enètes*, de αἰνετός, *louable, célèbre;* comme ils appelaient les Syromèdes Σαυρόμμαται (Latin *Sarmati*), de σαῦρος, *un lézard*, et ὄμμα, *l'œil*.

[2] Le Sanscrit est conservé dans les *Védas*, livres sacrés des *brahmanes* ou *brahmines*, prêtres du dieu *Brahma*. — Ce qui prouve que ces langues ont une même origine, c'est la ressemblance de leurs mots radicaux ; ex. Мать, μῆτερ, *mater*, Mutter (la mère). — Отéцъ (*diminut.* бáтюшка), πατήρ, *pater*, Vater (le père). — Левъ, λέων, *leo*, Löwe (un lion). — Ночь, νύξ, *nox*, Nacht (la nuit). — Плáмя, φλὸξ, *flamma*, Flamme (la flamme). — Имя, ὄνομα, *nomen*, Name (le nom), etc., etc. — Voyez les recherches de M. Adelung : *Rapports entre la langue sanscrite et la langue russe; Saint-Pétersbourg, 1811.*

cien Slavon. « Les Grecs, dit M. de Karamzine dans son *His-*
» *toire de la Russie*, au sixième siècle trouvaient la langue
» slavonne très-rude. N'ayant aucun monument de cette lan-
» gue primitive, nous ne pouvons en juger que par des mo-
» numents plus récents, parmi lesquels les plus anciens sont
» la Bible slavonne et d'autres livres d'Église, traduits au
» neuvième siècle par saint Cyrille et Méthodius. Mais les
» Slaves, après avoir embrassé la religion chrétienne, em-
» pruntèrent d'elle de nouvelles pensées, inventèrent de nou-
» veaux mots, de nouvelles expressions; et leur langue dans
» le moyen âge différait sans aucun doute autant de l'ancienne
» qu'elle diffère de celle que nous parlons aujourd'hui. Dis-
» persées dans l'Europe, entourées d'autres peuples, assujet-
» ties souvent par eux, les nations Slaves perdirent l'unité du
» langage, et dans la suite des temps il se forma différents
» dialectes dont les principaux sont :

» 1. Le *Russe*, plus formé que tous les autres, et moins
» mêlé de mots étrangers. Les victoires, les conquêtes et
» l'étendue de l'empire, en élevant l'esprit du peuple Russe,
» eurent une heureuse influence sur la langue même, qui,
» maniée par le talent et le goût d'un homme de génie, peut
» être comparée aujourd'hui par sa force, par sa beauté et
» par sa douceur avec les plus belles langues anciennes et
» modernes.

» 2. Le *Polonais*, mêlé de plusieurs mots latins et alle-
» mands. C'est la langue non-seulement de la Pologne, mais
» encore de quelques parties de la Prusse, des nobles en
» Lithuanie et du peuple dans la Silésie, sur la rive droite
» de l'Oder.

» 3. Le *Tchèque* (ou *Bohémien*), dans la Bohême, la Moravie
» et la Hongrie, qui approche le plus, selon l'assertion de
» Jordan, de notre ancienne traduction de la Bible, et qui,
» d'après l'avis d'autres savants Bohémiens, tient le milieu
» entre le Croate et le Polonais. Le dialecte Hongrois se

» nomme *Slavake;* mais il ne diffère du Tchèque que dans la
» prononciation.

» 4. L'*Illyrien,* qui comprend le *Bulgare,* le plus grossier
» de tous, — le *Bosnien,* le *Serbe,* le plus agréable à l'oreille,
» — l'*Esclavon* et le *Dalmate.*

» 5. Le *Croate,* qui ressemble à la langue des Vénèdes
» dans la Styrie, la Carinthie et la Carniole, de même qu'à
» celle de la Lusace, de Cotbouss, de Caschau et de Lukau.
» Dans la Misnie, le Brandebourg, la Poméranie, le Mecklem-
» bourg, et presque dans tout le Lunebourg, où le Slavon
» était autrefois la langue du peuple, on parle aujourd'hui
» l'Allemand.

» Cet art sublime de représenter aux yeux avec quelques
» caractères les sons innombrables de la voix, a été connu en
» Europe, comme on peut le supposer, dès les temps les plus
» reculés, et c'est sans doute des Phéniciens[1] que les Euro-

---

[1] C'est Cadmus, Phénicien, contemporain du roi David, qui ap-
porta l'écriture en Grèce :

> « C'est de lui que nous vient cet art ingénieux
> » De peindre la parole et de parler aux yeux,
> » Et par les traits divers de figures tracées,
> » Donner de la couleur et du corps aux pensées.
>
> » BRÉBEUF. »

Il communiqua aux Grecs l'alphabet phénicien, composé seulement
de seize lettres, savoir : A, B, Γ, Δ, E, I, K, Λ, M, N, O, Π, P, Σ,
T, Υ. Palamède, à la guerre de Troie, l'an du monde 2800, plus
de 250 ans après l'arrivée de Cadmus, en inventa quatre autres :
Ξ, Θ, Φ, X ; et Simonide, 650 ans après la guerre de Troie, in-
venta les quatre dernières : H, Ω, Z, Ψ. — Dans les premiers
temps, chez presque toutes les nations, on écrivait de droite à gau

» péens l'ont reçu, soit directement, soit par le moyen des
» Pélasgiens et des Grecs. Nous ignorons de quelle manière
» le nord de l'Europe reçut les caractères de l'écriture : est-ce
» des navigateurs phéniciens qui faisaient le commerce de
» l'étain de Bretagne et de l'ambre jaune de Prusse? ou est-ce
» des peuples du midi de l'Europe [1]? La seconde supposition

---

che, comme nous le voyons encore aujourd'hui dans toutes les langues orientales. Les Grecs suivirent d'abord cette méthode ; ensuite ils écrivirent une ligne de gauche à droite, et une autre de droite à gauche, ce qu'ils appelaient διστιχον, et cela jusqu'au temps du législateur Solon (594 ans avant J.-C.), où ils trouvèrent que l'écriture de gauche à droite était la plus naturelle et la plus commode.

[1] Tous les caractères des peuples de l'Europe ont plus ou moins de ressemblance avec les caractères phéniciens. Les Phéniciens eux-mêmes les empruntèrent des Hébreux qui les avaient apportés dans le pays de Chanaan. Les autres peuples avaient des caractères qui leur étaient propres. — Les Égyptiens avaient deux sortes d'écritures : l'*hiéroglyphique* et l'*alphabétique*. La première employait des signes au lieu de mots : ainsi un cercle représentait *l'éternité*, un lièvre *l'attention*, un serpent *l'ingratitude*, une colombe *l'amour*, deux mains qui se tiennent ensemble *l'alliance*, etc. Mais comme il était difficile de trouver pour chaque idée des symboles justes, et qu'il y avait toujours quelque embarras à les expliquer, on leur substitua l'écriture alphabétique, et les prêtres conservèrent seuls l'écriture hiéroglyphique. — Les Chinois, les Japonais et les Coréens ont aussi une écriture hiéroglyphique. Chez eux chaque chose, chaque idée, et par conséquent chaque mot est représenté par un caractère différent : ainsi on peut supposer quel doit être le nombre de leurs caractères; on assure qu'ils en ont jusqu'à soixante-dix mille et plus. — **Les Péruviens au seizième siècle ignoraient l'écri-**

» paraît plus vraisemblable : car l'écriture runique et go-
» thique[1] ressemble plus à la grecque et à la latine qu'à la
» phénicienne. Elle a pu dans le cours des siècles parvenir,
» à travers la Germanie ou la Pannonie, de la mer Méditer-
» ranée à la mer Baltique, avec quelques altérations dans les
» caractères.

» Quoi qu'il en soit, les Slaves de la Bohême, de l'Illyrie
» et de la Russie n'eurent point d'alphabet jusqu'à l'an 863,
» où le philosophe Constantin, appelé Cyrille dans l'état mo-
» nastique, et Méthodius, son frère, habitants de Thessalo-
» nique (aujourd'hui Salonichi), furent envoyés par l'empe-
» reur grec, Michel III, dans la Moravie, vers les princes
» chrétiens Rostislaw, Sviatopolk et Kotsèle, pour traduire du
» Grec, dans leur langue, les livres d'Église, et inventèrent
» l'alphabet particulier slavon, formé sur celui du Grec, en
» ajoutant ces nouvelles lettres : Б, Ж, Ц, Ш, Щ, Z, Ы, Ѣ,
» Ю, И, Ѫ[2]. Cet alphabet, appelé *alphabet cyrillique*[3], est au-

---

ture; mais ils avaient imaginé des cordons bigarrés et noués de
plusieurs manières, qu'ils nommaient *quipos*, par lesquels ils con-
servaient un peu la tradition du passé.

[1] Les caractères *runiques* et *gothiques* étaient ceux des Scandi-
naves, des Germains et des Goths.

[2] Ces lettres étaient nécessaires pour rendre les sons particuliers
à la langue slavonne; Ш est le schin (ש), hébreu.

[3] Les Russes ont encore des livres d'Église de Cyrille, écrits en
1056 et 1144. L'imprimerie ne fut introduite en Russie que vers
le milieu du seizième siècle (en 1553), environ cent ans après son
invention, et les premiers livres imprimés furent les Actes des
Apôtres et leurs Épîtres. La première Bible fut imprimée à Ostrog
dans la Volhynie, en 1581, et la seconde à Moskou, en 1663.
Avant cela il avait déjà paru, en 1515, à Alcala de Hénarès (ou

» jourd'hui en usage, à l'exception de quelques changements,
» dans la Russie, la Valaquie, la Moldavie, la Bulgarie, la
» Servie, etc. Les Slaves de la Dalmatie en ont un autre
» connu sous le nom de *Glagolique* ou *Boukvitsa*, évidemment
» formé sur l'alphabet slavon, duquel il ne diffère que par
» les lettres chargées d'ornements, dont l'usage est très-in-
» commode. Les chrétiens de la Moldavie, embrassant le rit
» romain, commencèrent, en même temps que les Polonais,
» à se servir des caractères latins, rejetant les cyrilliques so-
» lennellement défendus par le pape Jean XIII. — Aujour-
» d'hui dans la Bohême, la Moravie, la Silésie, la Lusace, la
» Cassoubie, on emploie les caractères allemands; dans l'Illy-
» rie, la Carniole, la Hongrie et la Pologne, on se sert des
» caractères latins. Les Slaves, qui au huitième siècle allèrent
» se fixer dans le Péloponnèse, adoptèrent l'alphabet grec. »

Dans l'histoire de la langue slavonne-russe on peut distin-
guer trois principales époques où la langue a subi quelques
changements. La première renferme l'introduction du Chris-
tianisme, sous Vladimir le Grand, 988 ans après J.-C.; la
seconde comprend la domination des Tatares[1], depuis 1224

Complutum), en Espagne, une Bible polyglotte en sept langues,
parmi lesquelles se trouve le S'avon. — La forme des anciens ca-
ractères fut améliorée par Elie Kopiéwitch, qui, en 1698, établit
une imprimerie à Amsterdam; et Pierre le Grand, en 1717, fit
imprimer, avec ces mêmes caractères, toute la Bible, en cinq vo-
lumes in-folio, en Hollandais et en Slavon. On en trouve encore
un exemplaire dans la bibliothèque de l'Université de Leyde, et à
peine pourrait-on en trouver cinq exemplaires dans toute la Russie,
les autres ayant été perdus dans un naufrage.

[1] L'Académie française écrit *Tartares;* mais nous avons préféré
Tatares pour nous rapprocher de l'orthographe russe qui écrit
Тамáры.

jusqu'en 1462 ; et la troisième commence vers la fin du dix-septième siècle. — Déjà avant Cyrille, les Varaigues [1] avaient eu quelque influence sur la langue des Slaves ; ils avaient mis en usage plusieurs mots scandinaves. Mais c'est surtout lorsque les Russes embrassèrent la religion des Grecs orientaux que l'on introduisit, en traduisant leurs livres canoniques, une quantité de mots grecs concernant le service divin [2]. Depuis ce temps-là il y eut deux langues : celle de l'Église, appelée proprement langue *slavonne*, et celle du peuple, appelée langue *russe*. Celle-ci changea avec le temps, comme toutes les langues vivantes, tandis que l'autre se conserva dans les livres. — Pendant la malheureuse période des Tatares qui dura plus de deux cents ans, l'usage général adopta plusieurs mots mongols et tatares [3] ; mais ces mots ne chan-

---

[1] L'an 862, Gostomysle, un des descendants de Slaviane, prince slavon qui fonda Novgorod, sur le lac Ilmen, dans le premier siècle, n'ayant point d'enfant mâle, envoya en Scandinavie (aujourd'hui Suède), chez son gendre, prince russe Varaigue, pour offrir à ses petits-fils la principauté de Novgorod. Ils arrivèrent au nombre de trois, Rurik, Sinéous et Trouvor.

[2] Comme Митрополитъ, un Métropolitain ; Іерéй, un Prêtre ; монасты́рь, un monastère ; трапéза, le réfectoire ; схи́ма, le grand habit angélique ; мv́ро, la sainte huile ; ѳvміа́мъ, l'encens, etc.

[3] Comme дéньги, l'argent ; лóшадь, un cheval ; крестья́нинъ, un paysan, parce que les Tatares faisaient payer un double tribut à ceux qui croyaient en Christ, de крестъ, la croix ; алты́нъ, pièce de trois copecks ; башмаки́, des souliers ; сапоги́, des bottes ; колпáкъ, un bonnet de nuit ; кафтáнъ, un justaucorps ; кушáкъ, une ceinture ; шля́па, un chapeau ; сундýкъ, un coffre ; анбáръ, un magasin ; огурeцъ, un concombre (de la province *Ogurza*, dans le pays des Usbecks) ; казнá, le trésor de la Couronne (de γάζα) ;

gèrent pas les mots slavons, et ne les exclurent pas de la langue. Pendant cette époque la langue russe s'écarta de plus en plus de la langue slavonne qui resta toujours la même. — Depuis la réforme civile de la Russie, sous Pierre le Grand, la langue russe s'est accrue de différents mots empruntés des autres langues européennes, et concernant le service civil, celui de la guerre et de la marine, ainsi que le commerce, les sciences, les arts et les métiers [1]. Ainsi la langue russe ne diffère de la langue slavonne que par une augmentation de mots tatares, français, allemands et autres, et par de nouvelles terminaisons grammaticales.

La première Grammaire slavonne qui ait paru a été faite par Laurentius Zizanius, et imprimée à Vilna en 1596. — La seconde est celle de Mélétius Smotritsky, imprimée près de Vilna en 1619.

La première Grammaire russe pour les étrangers a été faite en latin, par un Allemand, Henri Wilhelm Ludolf; en voici le titre : *H. W. Ludolfi Grammatica Russica quæ continet et manuductionem quamdam ad Grammaticam Slavonicam; Oxonii* (Oxford), 1696. — La seconde est celle qui se trouve au commencement du Dictionnaire allemand-latin-russe; Saint-Pétersbourg, 1731. — Après cela vient la Grammaire de Michel Gröning, en Suédois; Stockholm, 1750.

Parmi les Grammaires faites pour les Russes on remarque :

сургу́чъ, la cire à cacheter; карандашъ, un crayon (du Turc *kara*, noir, et *dash*, la réunion), et ainsi plusieurs mots, surtout ceux où л est précédée d'une consonne.

[1] Tels que Камергёръ, un Chambellan (allem. Kammerherr); лейбгвардія, la garde du corps (allem. Leib); фортификація, une fortification; кавалёръ, un chevalier; Академія, l'Académie; госпиталь, un hôpital; мичманъ, un garde-marine (angl. *midshipman*).

1. La Grammaire de Michel Lomonossow, Saint-Pétersbourg, 1755, laquelle a été réimprimée plusieurs fois, et qui a été suivie pendant très-longtemps. Elle a été traduite en Allemand par J.-N. Stavenhagen, Saint-Pétersbourg, 1764, et en Grec par Anastase, Moskou, 1795 et 1804.

2. Les Éléments de Sokolow, pour les gymnases, Saint-Pétersbourg, 1788, 1792, 1797, 1800, 1808 et 1810.

3. La Grammaire de l'Académie Impériale de Saint-Pétersbourg, 1802, 1809 et 1819. Elle a été traduite en Grec par Panagiota Nitzogla, Moskou, 1810.

4. L'Introduction (Краткое Руководство) à la Littérature russe de J. Born, Saint-Pétersbourg, 1808. Cet ouvrage a été traduit en Français par Jacques Langen, Mittau, 1811.

5. Le Nouveau plan (Новѣйшее Начертаніе) des règles de la Grammaire russe par J. Ornatowsky, Kharkow, 1810.

6. L'Essai (Опытъ) sur les Conjugaisons russes, avec un tableau, de N. Gretsch, Saint-Pétersbourg, 1811. Le même a publié aussi, en 1809, des tableaux de déclinaisons.

Les Allemands sont les seuls étrangers qui, jusqu'à présent, se soient occupés avec succès de la langue russe, et qui aient publié sur cette langue des livres élémentaires qui peuvent être d'une grande utilité pour ceux qui entendent l'Allemand. Tels sont :

1. La Grammaire philosophique d'Auguste Louis Schlözer, Saint-Pétersbourg, 1763. Elle est extrêmement rare.

2. La Grammaire de Jacob Rodde, Riga, 1773, 1778, 1784 et 1789, faite sur celle de Lomonossow.

3. Celle de Jean Heym, Moskou, 1789; Riga, 1794 et 1804. Dans les deux premières éditions il a suivi le système de Lomonossow et de Sokolow, et dans la troisième celui de l'Académie. En 1816 elle a encore été réimprimée à Riga, corrigée et augmentée par Sam. Weltzien.

4. La Grammaire pratique de Jean Severin Vater, avec

des tableaux de déclinaisons et de conjugaisons, Leipzig, 1808 et 1814.

5. La Grammaire théorique et pratique d'Auguste Wilhelm Tappe, Saint-Pétersbourg, 1810, 1811, 1812, 1815, et 1818.

6. La Grammaire pratique de J.-A.-E. Schmidt, Leipzig, 1813.

7. Le Système (Lehrgebäude) de la Langue russe d'Antoine Yaroslaw Puchmayer, Prague, 1820.

Les Grammaires russes écrites en Français sont :

1. Les Éléments de la langue russe de Charpentier, Saint-Pétersbourg, 1768, 1787, 1791, 1795 et 1805. Comme cette Grammaire, faite sur celle de Lomonossow, a été rédigée dans un temps où la langue russe n'était pas encore fixée, elle est très-incomplète, et en même temps très-rare.

2. Les Éléments raisonnés de la Langue russe de Jean-Baptiste Maudru, Paris, an x (1802). Ce n'est autre chose que l'ouvrage de Charpentier transformé en deux gros volumes in-8 au moyen d'un nouveau système de néologie grammaticale, qui peut être très-savant, mais qui est hors de la portée de quantité de personnes qui n'ont pas le temps de faire une étude particulière d'une nomenclature tout à fait nouvelle, et qui ne répand d'ailleurs aucune clarté sur les principes.

3. La Grammaire russe de G. Hamonière, Paris, 1817. Ce n'est autre chose que la traduction de celle de l'Académie.

On voit par là qu'il n'existe, pour les étrangers qui n'entendent pas l'Allemand, aucune Grammaire qui leur facilite l'étude de la langue russe. C'est ce qui m'a engagé à leur offrir les remarques que j'ai faites pour étudier cette langue, et que j'ai puisées dans les meilleurs ouvrages qui aient paru. Je dois une grande reconnaissance à M. Gretsch, qui m'a aidé de ses conseils, m'a fourni tous les secours dont je pouvais avoir besoin dans une entreprise de ce genre, et a bien voulu lire les dernières épreuves tant pour ajouter ce qui manquait que pour corriger les exemples qui n'étaient pas bien choisis, et surtout l'accent prosodique, qui est la partie la plus embarrassante pour les étrangers. Je me croirai bien récompensé si mes efforts peuvent contribuer à faciliter l'étude de la langue russe, et aplanir en quelque façon les nombreuses difficultés que l'on rencontre dans cette langue, qui est aussi remarquable par sa douceur et sa vivacité que par la richesse et l'énergie de ses expressions, et qui deviendra sans doute intéressante par les ouvrages qu'elle a produits, ouvrages qui méritent une place distinguée parmi les classiques de toutes les nations, mais qui jusqu'à présent sont inconnus aux littératures étrangères [1].

R.....

Saint-Pétersbourg, $\frac{6}{18}$ août 1821.

N. B. — La date de l'impression de cette grammaire explique pourquoi tous les ouvrages qui ont paru depuis trente ans sur la langue russe ne se trouvent pas mentionnés depuis cette époque.

L'impossibilité de nous procurer des caractères slavons, et surtout les types des abréviations, nous a engagé à supprimer, dans l'édition de Paris, les quelques pages de supplément qui terminent le travail de M. le professeur Reiff.

---

[1] Les étrangers apprendront sans doute avec plaisir que l'*Histoire de la Littérature russe*, que M. Gretsch publie dans ce moment, sera aussi traduite en Français.

GRAMMAIRE RUSSE.

§ 1. La Grammaire est l'art de parler et d'écrire correctement.

§ 2. *Parler, écrire,* c'est exprimer sa pensée par des *mots.* Les mots sont donc les signes de nos pensées; ce sont ou des sons formés par la bouche, ou des caractères tracés par la main.

§ 3. Dans la grammaire d'une langue quelconque on doit d'abord faire connaître les premières parties de la langue, c'est-à-dire les lettres d'où se forment les syllabes et les mots; ensuite il faut examiner la nature et les variations accidentelles des mots; après cela, faire voir l'ordre de ces mots, ainsi que les règles de leur union, et enfin donner les règles pour les écrire correctement. Ainsi la grammaire se divise en quatre parties :

1. L'étymologie,
2. La lexicologie,
3. La syntaxe,
4. L'orthographe et la ponctuation.

A ces quatre parties, nous en ajouterons une cinquième qui aura pour objet *la théorie de la versification russe.*

PREMIÈRE PARTIE.

ÉTYMOLOGIE DES MOTS.

§ 4. L'étymologie (словопроизведéніе) [1] est la partie de la grammaire dans laquelle on fait connaître les premières parties de la langue, d'où se forment les syllabes et les mots. Elle comprend :

1) les lettres, leur articulation et leur prononciation,
2) la division des syllabes,
3) l'accent prosodique.

CHAPITRE PREMIER.

1. *Nombre et division des lettres.*

§ 5. Les mots se composent de sons que l'on appelle *lettres* (бýквы). Les lettres sont donc les moindres parties des mots : les Grecs les nommaient γράμματα, d'où vient le nom de *grammaire.*

§ 6. On appelle *alphabet* (азбука) le recueil qu'on a fait, dans une langue, des signes ou lettres qui en représentent les sons. L'alphabet russe renferme trente-quatre lettres, dont on voit la figure, le nom et la valeur dans la table suivante.

---

[1] Du grec ἔτυμος, véritable, et λόγος, discours, mot.

FIGURE.			NOM.	VALEUR.
1	Λ	a	a	*a* } des autres langues.
2	Б	б	bé	*b* }
3	В	в	vé	*v*, *f* français.
4	Г	г	gué	*gu*, *v*, *h* (aspirée) français, g, h al-
5	Д	д	dé	*d.* lemands.
6	Е	е	é	*ié, é, io, o.*
7	Ж	ж	jé	*j, ge* français, *ż* polonais.
8	З	з	zé	*z* français, ou *s* entre deux voyel-
9	И	и	i	*i.* les.
10	I	i	i	*i.*
11	К	к	ka	*k, qu* ou *c* (devant a, o, u).
12	Л	л	elle	*l* français et *ł* polonais barré.
13	М	м	ème	*m* } n'ont jamais le son nasal.
14	Н	н	ène	*n* }
15	О	о	o	*o, a.*
16	П	п	pé	*p* } des autres langues.
17	Р	р	erre	*r* }
18	С	с	esse	*s, ss, ç* français.
19	Т	т	té	*t.*
20	У	у	ou	*ou* français, *u* latin, u allemand.
21	Ф	ф	effe	*f, ph* français, φ grec.
22	Х	х	kha	ch allemand, χ grec, *j* espagnol.
23	Ц	ц	tsé	*ts* français, z allemand.
24	Ч	ч	tché	*tch* franç., *ch* anglais et espagnol.
25	Ш	ш	cha	*ch* franç., *sh* anglais, ſch allem.
26	Щ	щ	chtcha	*ch-t-ch.*
27	Ъ	ъ	ierre	*e* muet, répond à l'*e* muet franç.
28	Ы	ы	iéri	*oui* français ou *i* sourd.
29	Ь	ь	ier	*i* muet (son mouillé).
30	Ѣ	ѣ	iati	*yè, ai.*
31	Э	э	é	*e.*
32	Ю	ю	iou	*you.*
33	Я	я	ia	*ya*, et quelquefois *é.*
34	Ѳ	ѳ	fé	*f.*

Première Remarque. Quelques grammairiens ajoutent une trente-cinquième lettre Ѵ, ѵ (ijitsa), qui s'emploie dans les livres d'église pour les mots tirés du Grec, et qui s'écrivent par υ (ypsilon). Elle se prononce comme y français après les consonnes ou au commencement des mots, et comme v après une voyelle; ex., мѵро, *myro*, la sainte huile; ѵмнъ, *ymne*, l'hymne; Еѵáнгеліе, *iévanguélié*, l'évangile. Mais dans le premier cas on écrit maintenant имнъ, et dans le second Евáнгеліе.

Seconde Remarque. L'alphabet slavon en usage dans les livres d'église contient quarante-deux lettres, comme on peut le voir dans le supplément à la fin de la grammaire.

§ 7. Les lettres russes se divisent en voyelles (глáсныя), en consonnes (соглáсныя), et en muettes (безглáсныя).

§ 8. Les *voyelles* sont les lettres qui seules forment une voix, un son. La langue russe a onze voyelles qui sont : а, е, и, і, о, у, ы, ѣ, э, ю, я. Ces onze voyelles se divisent en dures et en douces.

dures.	douces.	
а,	я,	
о,	е, э,	La voyelle ѣ est
у,	ю,	moyenne.
ы,	и, і.	

Remarque. De ces onze voyelles ces quatre ы, ѣ, ю, я peuvent être appelées *diphthongues* (двуглáсныя) [1], c'est-à-dire qu'elles font entendre le son de deux voyelles par une seule émission de voix. Elles ont le son, ы de ои [2], ѣ de ie, ю de iy, я de ia.

---

[1] Du Grec δίς, deux fois, et φθόγγος, son.

[2] M. Vostokow dit que ы répond à la diphthongue grecque οι dans les mots οἰκονόμος, un économe, Φοῖϐος, Phébus; et quelques

§ 9. Les *consonnes* sont les lettres qui ne forment un son qu'avec le secours des voyelles. Il y a en Russe vingt et une consonnes, savoir : б, в, г, д, ж, з, к, л, м, н, п, р, с, т, ф, х, ц, ч, ш, щ, ѳ.

Remarque. Parmi ces consonnes ces trois ц, ч, щ, sont composées. et toutes les autres sont simples; ц est composée de тс; ч de тш, et щ de сш ou шш.

§ 10. On divise les consonnes de deux manières.

1) Elles sont douces, dures ou moyennes :

douces.	dures.	moyennes.
б,	п,	л,
в,	ф, ѳ.	м,
г,	к, х,	н,
д,	ш,	р.
ж,	щ,	
з.	с.	

Sont aussi dures les consonnes composées ц, ч, щ.

2) Selon l'organe particulier qui contribue le plus à leur formation, elles sont :

1. Labiales (губныя), б, п, в, ф, ѳ, м.
2. Linguales (язычныя), л, т, ц.
3. Gutturales (горлянныя), г, к, х.
4. Palatales (поднёбныя), л, н, р.
5. Sifflantes (свистящія), з, с.
6. Dentales (зубныя), ж, ч, ш, щ [2].

Hellénistes modernes supposent que cette diphthongue n'était point prononcée comme ou, parce que les Latins voulant se rapprocher du son grec, l'exprimaient par oe; oeconomus, Phoebus.

[1] M. Gretsch, de qui j'ai pris cette division, nomme les consonnes з, с, свистящія; et ж, ч, ш, щ, шипящія; en Français

Remarque. Les consonnes linguales, gutturales et sifflantes, dans les divers changements des mots, se changent en dentales, en observant que les douces restent douces, et que les dures restent dures. Ce changement se fait de la manière suivante :

1. г, д, з en ж; ex. Богъ, Dieu, божій, divin; видѣть, voir, вижу, je vois; князь, prince, княжій, de prince.

2. к, т en ч; ex. рука́, la main, ручаюсь, je suis caution; платишь, payer, плачу́, je paye.

3. х, с en ш et ц (ou тс), en ч (ou шш); ex. пахать, labourer, пашу́, je laboure; просить, demander, прошу́, je demande; отецъ, le père, отечество, la patrie.

4. ст et aussi т en щ; ex. свистать, siffler, свищу́, je siffle; свяшить, sanctifier, свящу́, je sanctifie.

§ 11. Les lettres *muettes* sont celles qui ne se prononcent point. Il y a en Russe deux muettes, l'une *dure*, ъ, et l'autre *douce*, ь. Voyez § 33.

Première Remarque. Ces deux lettres s'appellent aussi *demi-voyelles* (полугла́сныя), parce qu'en effet elles sont la moitié d'une voyelle; ъ est la moitié de la voyelle o, et ь la moitié de la voyelle и [1]. A ces demi-voyelles appartient aussi la lettre й, surmontée d'un c renversé (и съ кра́шкою), et qui est aussi la moitié d'un и. Ainsi ь et й ont la même valeur, et la seule diffé-

---

nous n'avons pas d'autre expression que *siffler* pour свистать et шипѣть, tandis qu'en Russe шипѣть se dit du serpent, et свистать de toute autre espèce de sifflement. Voilà pourquoi j'ai été obligé d'admettre une autre division.

[1] Ces deux voyelles muettes, c'est-à-dire prononcées à demi, qui ne sont propres qu'au Slavon et aux langues qui en dérivent, leur sont aussi naturelles que les terminaisons ος et ις des Grecs, us des Latins, o et e des Italiens, l'e muet et les nasales m et n des Français.

rence qu'il y ait entre ces deux lettres, c'est que ъ se place après les consonnes, et й après les voyelles, comme ай, ей, ои, etc.

Seconde Remarque. Quelques grammairiens appellent *diphthongues* la réunion de la demi-voyelle й avec une autre voyelle, et reconnaissent ainsi dans la langue russe dix diphthongues, savoir : ай, ей, ій, ои, уй, ый, ѣй, эй, юй, яй.

2. *Articulation des lettres.*

§ 12. De l'union des voyelles avec les consonnes se forment les *syllabes;* cette union se nomme *articulation* (соединеніе). Le propre des syllabes, quel que soit le nombre des lettres qui les composent, est d'être prononcées en une seule émission de voix ; ex. а, до, тра, снво, спрнг, etc. Dans chaque syllabe, il doit y avoir nécessairement une voyelle.

§ 13. Dans la formation des syllabes, il faut observer :

1. Que les consonnes dentales ж, ч, ш, щ se joignent seulement avec les voyelles a, e, y, и, et quelquefois avec o.

2. Que la linguale ц se joint seulement avec les voyelles a, e, y, ы, et avec la muette ъ.

3. Que les gutturales г, к, x se joignent seulement avec les voyelles a, o, y, и, et avec la muette ъ.

4. Que la voyelle ѣ peut se mettre après toutes les consonnes, et que seulement elle ne peut se mettre après la voyelle i; alors elle se change en и ; ex. au lieu de въ Россѣ, en Russie, on dit et on écrit въ Россіи.

5. Que pour joindre la voyelle ю aux consonnes labiales б, в, м, п, on met entre deux la consonne л. Ainsi de говорить, parler, on fait говорю, je parle; mais de любить, aimer, ловить, prendre, томить, tourmenter, топить, chauffer, on fait люблю, ловлю, томлю, топлю. Il y a quelques exceptions, comme on le verra dans la suite.

3. *Prononciation des lettres.*

§ 14. Il faut distinguer la prononciation usitée sur le théâtre et dans le discours soutenu, d'avec la prononciation slavonne qui est pour l'église. Dans celle-ci l'on n'admet point les changements du г en v, de l'e en io, de l'o en a, mais on prononce toutes les lettres comme elles s'écrivent. Quant à la prononciation du langage ordinaire, chaque province a son dialecte particulier; mais malgré l'étendue de l'empire russe, les dialectes sont beaucoup moins nombreux, et les différences des dialectes moins sensibles que dans d'autres pays.

§ 15. Un *dialecte* (нарѣчіе) [1] est le langage particulier d'une province, dérivé de la langue générale de la nation. La langue russe a trois dialectes principaux, celui de Moskou, celui du nord, et celui de la Petite-Russie.

1. Le dialecte de Moskou est remarquable par sa pureté et par sa douceur; c'est le langage de la cour et de tous les Russes instruits. C'est d'après ce dialecte qu'on prononce l'e ouvert comme io, et o bref comme a; voyez §§ 17 et 19.

2. Dans le dialecte du nord on prononce toujours e et o comme en Français.

3. Dans le dialecte de la Petite-Russie la voyelle ѣ se prononce i, et o se prononce toujours o. De plus on y trouve plusieurs mots étrangers, surtout allemands et polonais.

Remarque. Il y a d'autres dialectes dérivés de ces trois principaux, tels que ceux de Novgorod, d'Iaroslavle, de Souzdale, etc.; mais ils sont si peu importants qu'ils ne méritent pas qu'on y fasse attention.

---

[1] Du Grec διάλεκτος, de λέγω, je parle.

Voyelles.

A.

§ 16. Cette voyelle se prononce comme a français, seulement :

1. Si elle est précédée d'une des dentales ж, ч, ш, щ, et que l'accent (§ 36) se trouve dans la syllabe suivante, le son approche de celui de l'e ouvert ; ex. жалѣю, *jéléiou*, j'ai pitié ; часы, *tchessi*, une montre ; шалунъ, *chéloune*, un polisson ; щадить, *chtchèdite*, épargner.

2. Dans la terminaison аго des adjectifs, si elle a l'accent, elle se prononce o, et si elle n'a pas l'accent, elle se prononce a ; ex. большаго, grand, малаго, petit ; on prononce *balchôva*, *malava*.

E, Ѣ, Э.

§ 17. 1) La voyelle e se prononce de quatre manières différentes.

1. Au commencement des mots, et après les voyelles, elle se prononce ié ; ex. есмь, *iesm*, je suis ; знаете, *znaiété*, vous savez ; жаркое, *jarkoié*, du rôti.

2. Elle a le son de l'é fermé, lorsqu'elle se trouve après une consonne ; ex. дверь, *dver*, la porte ; сердце, *sertsé*, le cœur ; перецъ, *péretse*, le poivre ; деревья, *dérévia*, les arbres. Il faut excepter les cas suivants :

3. Si, ayant l'accent, la lettre se trouve devant une syllabe formée avec une voyelle dure, a, o, y, ы, ou avec la muette dure ъ, alors elle se prononce io ; ex. берёза, *bérioza*, le bouleau ; нёбо, *niobo*, le ciel ; дерну, *diornou*, j'arracherai ; блёклый, *blioklie*, fané ; лёдъ, *liode*, la glace. Elle a encore ce son devant les gutturales г, к, х, et devant les dentales ж, ч, ш, de même que dans les terminaisons des verbes qui ont l'accent sur ю et у, et qui le gardent sur la même syllabe; ex. засгёгиваю, *zastioguivaïou*, je boucle; далёко, *dalioko*, loin; отпѣхиваю, *atpiokhivaïou*, je repousse; ёжъ, *ioche*, un hérisson; кулёчикъ, *kouliotchike*, un petit sac; лёшево, *diochévo*, à bon marché; даёте, *daioté*, vous donnez, de даю; придёшъ, *pridiote*, il viendra, de приду́.

4. Si la consonne qui précède dans ce cas est une des dentales ж, ч, ш, щ, ou la linguale ц, alors е se prononce о; ex. жёлтый, *joltie*, jaune; чёрный, *tchornie*, noir; шёлъ, *chole*, il est allé; щётка, *chtchotka*, une brosse; лицё, *litso*, le visage.

Remarque. La prononciation de l'e en io et o se marque souvent par un tréma (ё); c'est pour cette raison qu'il sera toujours marqué ainsi dans cette grammaire quand il aura cette prononciation.

2) La voyelle ѣ se prononce comme e, c'est-à-dire qu'elle a le son d'ié et d'é; ex. ѣсть, *iest*, manger; ѣхать, *iékhat*, aller. Après les consonnes, l'i se fait moins sentir, et à la fin des mots on prononce é ou è; ex. дѣлать, *diélat*, faire; послѣ, *poslé*, après; на столѣ, *na stalè*, sur la table. Il faut remarquer que la voyelle ѣ ne se prononce jamais io.

3) La voyelle э (l'e retourné) s'emploie au commencement des mots ou après les voyelles, au lieu de е, lorsqu'on doit prononcer é et non pas ié; ex. этотъ, *étote*, celui-là; поэма, *poéma*, un poëme. Quelques personnes substituent souvent l'e ordinaire.

И, I, Й.

§ 18. И et i ont le son d'i français; la différence est que i ne s'emploie que devant une voyelle, excepté dans le mot мiръ, le monde, pour le distinguer de миръ, la paix. Si и se trouve après ъ, il a un son sourd qui approche de celui de ы (voyez § 21);

ex. въ избѣ, dans la chambre ; отыискáтъ, retrouver. Quant à
й, nous avons dit que c'était la moitié d'и ; ainsi il se prononce
très-bref ; ex. мои́, les miens, se prononce *ma-ï*, et мой, le
mien, se prononce *moï*, on s'arrête sur l'o et on fait ensuite
entendre le son d'un i bref. Prononcez de même ай, ей, ій, уй,
ый, ѣй, юй, ай.

О.

§ 19. La voyelle o se prononce comme en Français lors-
qu'elle a l'accent et qu'elle se trouve à la fin des mots. Mais si
elle n'a pas l'accent, elle se prononce a ; ex. довóльно, *davolno*,
assez ; хорошó, *kharacho*, bien ; городá, *garada*, les villes. Il
faut remarquer que dans les syllabes qui suivent la syllabe mar-
quée de l'accent, cette prononciation de l'o en a est moins claire
que dans celles qui précèdent ; par exemple, dans le mot хýдо,
mal, l'o ne se prononce pas précisément a, mais il a un son qui
tient entre l'o et l'a.

У, Ю.

§ 20. 1) La voyelle y se prononce comme la voyelle fran-
çaise ou ; ex. ýлица, *oulitsa*, la rue ; мужи́къ, *moujike*, un
paysan.

2) La lettre ю, au commencement des mots et après une
voyelle, a le son de la diphthongue française *iou* dans *chiourme*,
ou de la diphthongue anglaise *ew* dans *few* (*fiou*), un peu ; ex.
югъ, *iougue*, le midi ; дви́гаю, *dvigaïou*, je remue ; лью, *piou*,
je bois. Mais après une consonne l'i se fait moins sentir, et le
son, difficile pour un étranger, tient de la voyelle *ou* prononcée
presque comme un simple u ; ex. люблю́, *lioublou*, j'aime ;
дремлю́, *dremlou*, je sommeille ; благодарю́, *blagadarou*, je
remercie.

Ы.

§ 21. La lettre ы est un i sourd qui, après les consonnes б,
в, м, н, ч, approche de la diphthongue française *oui* prononcée
très-brève ; ex. быть, *b^{ou}il*, être ; вы, *v^{ou}i*, vous ; мы, *m^{ou}i*,
nous ; пыль, *p^{ou}il*, la poussière. Mais si cette lettre est précédée
d'autres consonnes, il est très-difficile d'en déterminer la véri-
table prononciation ; les dents supérieures et les inférieures ne se
touchent point, et la langue qui s'éloigne aussi des dents, doit
se porter à l'endroit de la bouche où l'exige la consonne qui pré-
cède. Il faut s'exercer sur les mots· мылъ, il lavoit, et милъ,
gracieux ; былъ, il était, et билъ, il frappait ; пылъ, la flamme,
et пилъ, il buvait ; плынь, une haie, et мята, le limon ; лысъ,
chauve, et лиса́, le renard ; сынъ, le fils, et синъ, bleu.

Я.

§ 22. Au commencement des mots, après une voyelle, et
après ь, la lettre я se prononce comme la diphthongue fran-
çaise *ia* dans *diabolique* ; ex. ярмонка, *iarmanka*, la foire ;
стоянь, *staïat*, être debout ; лгунья, *lgounia*, une menteuse.
Mais après une consonne l'i se fait moins sentir, et si я n'a pas
l'accent, il a un son qui approche de celui de l'o ouvert fran-
çais ; ex обязанъ, *abèzane*, obligé ; заяцъ, *zaietse*, un lièvre ;
врémя, *vrémè*, le temps.

Consonnes.

Б, В, Д, Ж, З, К, П, Р, Т.

§ 23. Toutes ces consonnes se prononcent comme en Fran-
çais b, v, d, j, z, k, p, r, t. Il faut seulement observer que les
consonnes douces б, в, г, д, ж, з, lorsqu'elles sont suivies d'une

consonne dure ou de la muette dure ъ, se prononcent comme
les dures qui leur correspondent (§ 10); ex. бобъ, *bope*, une
fève; ровъ, *rofe*, un fossé; вшóрникъ, *ftornike*, mardi: другъ,
drouke, un ami; нóгти, *nokti*, les ongles; нарóдъ, *narote*, le
peuple; лóжка, *lochka*, la cuillère; мужъ, *mouche*, un mari;
глазъ, *glasse*, l'œil. Il faut encore remarquer que la consonne д,
se trouvant entre d'autres consonnes, ne se fait pas sentir; ex.
сéрдце, *sertsé*, le cœur; прáздникъ, *praznike*, la fête; et que la
consonne щ est muette dans стлать, étendre, que l'on pro-
nonce *slat*.

<h2 style="text-align:center">Г, Х.</h2>

§ 24. 1) La consonne г se prononce de différentes ma-
nières.

1. Elle a le son de *g* français dans *galerie*, *gosier*, ou de
gu dans *guerre*, *guide;* ex. гóдъ, *gode*, l'année; головá, *ga-
lava*, la tête; генерáлъ, *guénérale*, un général.

2. A la fin des mots et devant une consonne dure, elle se
prononce k, voyez § 23.

3. Elle a le son du ф allemand, c'est-à-dire d'un k aspiré,
au nominatif des mots Богъ, *boᵹ*, Dieu; убóгъ, *ouboᵹ*, pau-
vre; et dans les mots étrangers terminés en ргъ, ex. Петер-
бýргъ, *péterbourᵹ*, Pétersbourg.

4. Dans quelques mots slavons usités dans l'église, elle se
prononce du gosier, comme h aspirée; ex. Госпóдь, *hospode*,
le Seigneur; благословляю, *blahoslovlaïou*, je bénis; de
même que dans les différentes terminaisons de Богъ, Dieu,
comme Бóга, *boha*, de Dieu; Бóгу, *bohou*, à Dieu.

5. Dans les terminaisons аго, яго, ого, его, des adjectifs et
des pronoms, elle se prononce comme v; ex. егó, *iévo*, lui;
сегóдня, *sérodnè*, aujourd'hui; чёрнаго, *tchornava*, noir.

6. Enfin comme elle remplace, dans les mots tirés des
langues étrangères, tantôt le g et tantôt l'h, elle se prononce

comme la lettre qu'elle remplace conformément à l'étymologie ; ex. губе́рнія, *goubernia*, le gouvernement ; геогра́фія, *guéographia*, la géographie ; госпита́ль, *hospital*, un hôpital ; геро́й, *héroï*, un héros. Dans ce dernier cas, elle répond à l'*esprit rude* des Grecs, comme dans ἥρως.

2) La consonne x est un г dur (ou к) aspiré. Le son de cette lettre s'obtient en retenant son haleine au passage de la gorge, et en ne la poussant que peu à peu contre le palais ; ex. хорошо́, *kharacho* ou *characho*, bien ; хочу́, *khatchou*, je veux. C'est exactement le khi (χ) grec, le ch allemand, et le jota (j) ou l'équis (x) espagnol.

Л.

§ 25. La consonne л, au commencement des mots et devant е, о, и, se prononce comme la consonne française ; mais devant а, у, ы, ъ et toutes les consonnes, elle a un son qui sera toujours difficile pour les étrangers. On remarquera seulement qu'au moment de la prononciation l'extrémité de la langue, en quittant les dents, doit se replier contre le palais. Le son de cette consonne avec а, у, ы, ъ, répond à celui de l barré (ł) de la langue polonaise. Il faut observer que л ne se fait pas sentir dans со́лнце, le soleil, que l'on prononce *sontsé*.

М , Н.

§ 26. Ces deux consonnes se prononcent comme m et n français, en observant seulement qu'elles n'ont jamais le son nasal que l'on trouve dans *embarras*, *encore* ; ex. дамъ, *dame*, je donnerai ; карма́нъ, *karmane*, la poche.

C.

§ 27. Cette consonne se prononce comme s ou ç français, en remarquant que la consonne russe n'a jamais le son de s entre deux voyelles; ex. сестра́, *sestra*, la sœur; красота́, *krassata*, la beauté. Lorsqu'elle se trouve devant les consonnes douces б, г, д, ж, з, elle se prononce comme z français; ex. сборъ, *zbore*, l'assemblée; сдáніе, **zdanié**, la reddition; сдѣлать, *zdiélat*, faire; сжимáю, **zjimaïou**, je presse; сзáди, **zzadi**, par derrière.

Ф, Ѳ.

§ 28. 1) Ф est une consonne prise du phi (φ) grec, et s'emploie pour les mots étrangers qui s'écrivent par f ou ph; ex. фонáрь, *fanar*, une lanterne; Феврáль, *févral*, février; Филиппъ, **Philippe**.

2) La consonne ѳ répond au thita (ϑ) grec, que les Grecs modernes prononcent comme la sifflante th des Anglais [1]. Cette consonne s'emploie pour les mots étrangers qui s'écrivent par th; mais en Russe, elle se prononce f; ex. Аѳины, *afini*, Athènes; Ѳеофилъ, *féophile*, Théophile. Il faut remarquer que les mots grecs que le Russe a pris du Français s'écrivent simplement par т; ex. теáтръ, le théâtre; тронъ, le trône (Grec ϑέατρον et ϑρόνος); l'on trouve aussi ѳеáтръ.

Ц.

§ 29. La consonne ц se prononce comme ts; c'est le tsède (z) allemand; ex. цвѣтъ, *tsvête*, une fleur; цар ь, *tsar*, le roi; пéрецъ, *péretse*, le poivre.

---

[1] C'est-à-dire en mettant la langue entre les dents, en la pressant contre les dents supérieures, et en faisant un effort de voix pour la retirer.

Ч.

§ 30. Ч se prononce comme tch. Cette consonne répond au ch anglais et espagnol dans les mots *church*, église, et *noche*, la nuit, de même qu'au c italien devant e et i, comme dans *violoncello*, un violoncelle (on prononce *tchoertch*, *notché*, *violontchello*). Ex. часъ, *tchasse*, l'heure; ночь, *notch*, la nuit. Lorsque ч se trouve devant н, on ne fait pas sentir le t; ex. конечно, *kanechno*, certainement; скучно, *skouchno*, ennuyeusement, et de même dans le mot что, *chto*, quoi.

Ш.

§ 31. Ш se prononce comme ch français, sh anglais, et sch allemand; ex. прошу́, *prachou*, je prie; шпага, *chpaga*, une épée; мышь, *mͦᵘïch*, la souris.

Щ.

§ 32. Щ se prononce comme ch-t-ch; c'est un ш suivi d'un ч. Cette consonne est plus difficile à prononcer au commencement et à la fin des mots que lorsqu'elle se trouve au milieu, parce qu'alors on peut séparer cette triple consonne; ex. щипцы́, *chtchiptsi*, les mouchettes; плащъ, *plachtche*, un manteau; защищаю, *zach-tchich-tchaïou*, je protège. Dans le langage ordinaire, on prononce le щ comme un double ш, en faisant très-peu entendre le son d'un ч.

Lettres muettes.

ъ et ь.

§ 33. Tous les mots russes qui finissent par une consonne ont à la fin une de ces deux lettres, dont la première ъ donne

un son dur, et la seconde ь donne un son doux à la consonne
qui précède.

1) La muette dure ъ rend à peu près le même service que l'e
muet français lorsqu'il se trouve à la fin des mots. Elle fait
prononcer la consonne qui précède comme si elle était double;
et même si cette consonne est douce, elle la change en dure;
ex. дамъ, *damme*, je donnerai; носъ, *nosse*, le nez; стулъ,
stoulle, une chaise; стаканъ, *stakanne*, un verre; живóтъ, *ji-
votte*, le ventre; ровъ, *roffe*, un fossé; мужъ, *mouche*, un mari.
Elle se trouve aussi au milieu de quelques mots composés d'une
préposition; ex. отъѣздъ, *attiezte*, le départ; съѣсть, *ssiest*,
manger.

2) La muette douce ь est un i muet dont la propriété est
d'amollir la consonne qui précède. Elle répond aux sons mouil-
lés français dans les mots *soleil*, *règne*, *cigogne*, *ligne*, *cam-
pagne*; à l'*n con tilde* (*ñ*) espagnol dans *España*, l'Espagne;
mañana, demain, que l'on prononce *Espagna*, *magnana*, ou au
gli des Italiens, comme *egli*, il (*cilli*). Elle donne ce son sur-
tout aux consonnes л, н, д, т; ex. огóнь, *agogne*, le feu; день,
dègne, le jour; руль, *rouille*, le gouvernail; гвоздь, *gvozd'*, un
clou; двигать, *dvigati*, mouvoir; кровь, *krov'*, le sang; l'i doit,
pour ainsi dire, expirer dans la bouche. Cette lettre se trouve
aussi au milieu des mots; et, si elle est suivie d'une voyelle,
elle se prononce comme un i; ex. стóлько, *stoïlko*, autant;
большíй, *baïlchie*, grand; судьбá, *soud'ba*, la destinée; копьё,
kapio, une lance; платье, *platié*, un habit. (Sur l'emploi de ces
deux lettres, voyez l'orthographe).

Remarque. 1) Les consonnes françaises c, h, qu, x, qui
manquent en Russe, se rendent ainsi : c dans les mots latins et
français, lorsqu'il se trouve devant e, i, y, par ц, et lorsqu'il se
trouve devant a, o, u, par к; ex. Cicéron, Цицерóнъ; le Cyni-
que, Цíникъ; le collége, коллéгія; un calendrier, календáрь;
h aspirée se rend par г; ex. un héros, герóй; qu par кв; ex. le

quartier, квартира; un questeur, квесторъ; x par кс; ex. Alexandre, Алекса́ндръ.

2) Les voyelles au et eu se rendent la première par ав et la seconde par ев; Auguste, А́вгустъ; un auteur, а́вторъ; l'Europe, Евро́па.

3) Quant aux noms propres étrangers, il faut observer qu'ils s'écrivent en Russe comme ils se prononcent dans la langue à laquelle ils appartiennent, comme Cook, Кукъ; Montesquieu, Монтескьё; Bordeaux, Бордо́; Michel-Ange, Микель-А́нджело, etc.

CHAPITRE DEUXIÈME.

Division des syllabes.

§ 34. Des lettres se forment les *syllabes* [1], et des syllabes les *mots*. Un *mot* est l'assemblage de sons distincts et articulés qui représentent quelque idée. Un mot russe a autant de syllabes qu'il a de voyelles, parce que les voyelles qui se trouvent ensemble ne forment point des diphthongues, excepté la demi-voyelle й (§ 11, *Deuxième Remarque*). Ainsi les mots sont *monosyllabes*, *dissyllabes*, *trisyllabes*, suivant qu'ils sont composés d'une, de deux ou de trois voyelles.

§ 35. On est souvent obligé, lorsqu'on écrit, de diviser les polysyllabes en deux parties, dont la seconde se transporte à la ligne suivante, en employant, comme en Français, le trait d'union. Alors, pour ne pas séparer les consonnes qui appartiennent à la même syllabe, il faut faire attention aux règles suivantes :

---

[1] Du Grec συλλαβή, assemblage.

1. Dans les mots *dérivés*, c'est-à-dire qui sont formés d'un autre mot, la terminaison qui a été ajoutée au mot simple ne se sépare pas, comme, par exemple, les terminaisons ство, ба, ка, скій, ный, etc. (voyez § 54).

2. Dans les mots composés d'une préposition, les lettres qui appartiennent à cette préposition ne peuvent se séparer. Telles sont les prépositions без-, воз-, вы-, до-, за-, из-, над-, низ-, об-, отъ-, под-, пред-, при-, раз-, чрез-, etc.

3. Lorsqu'il se trouve dans le milieu d'un mot deux ou plusieurs consonnes, il faut faire attention que les consonnes qu'on transporte à la ligne suivante puissent commencer quelque mot russe; sinon il faut en joindre une à la syllabe précédente.

Ex. сре́д-ство, об-ще-ство, об-сто-я́-тель-ство, гра́д-скій, гнѣ́в-ный, со-сто-я́-ні-е, без-си́-лі-е, нѣ-сколь-ко, пре-вос-хо-ди́-тель-ство, раз-смо-трю́, etc. Au reste, il suffit pour ces minuties de jeter les yeux sur des livres im-primés correctement.

CHAPITRE TROISIÈME.

De l'accent prosodique.

§ 36. L'accent (ударéніе, ὁ τόνος, *accentus*, der Ton), dans l'acception que nous lui donnons ici, est une élévation de la voix dans la prononciation d'une syllabe; par exemple, dans le mot вода́, l'eau, la syllabe да se prononce avec une émission de voix plus élevée que la syllabe во. Un mot russe, quelque long qu'il soit, ne peut avoir qu'un seul accent, c'est-à-dire qu'il n'y a qu'une seule syllabe sur laquelle la voix s'élève, et que toutes les autres se prononcent avec un égal abaissement de la voix; tandis qu'il y a des langues, comme le Bohémien et l'Allemand, qui ont deux et trois accents dans un même mot [1]. La syllabe sur laquelle se trouve l'accent se nomme *longue* (долгіи), et les autres *brèves* (крашкіе).

Remarque. L'accentuation était plus sensible dans les langues grecque et latine qu'elle ne l'est dans les langues modernes, « parce que, comme l'observe **Du Marsais**, leur prononciation était plus soutenue et plus chantante. » Ce n'est pas à dire qu'elle ne soit point sentie dans les langues modernes ; elle l'est beaucoup dans les langues espagnole, italienne, anglaise, allemande et russe, et moins dans la française. Dans le Slavon, dans le Grec [2] et dans plusieurs livres élémentaires du Latin, on marquait l'accent sur tous les mots ; il serait à désirer qu'on le fît dans toutes les langues, et surtout lorsqu'on écrit pour des étrangers.

§ 37. Dans la langue russe, l'accent peut se placer sur la dernière syllabe, sur la pénultième, sur l'antépénultième, ou même encore plus loin, suivant que la syllabe sur laquelle il est placé dans le primitif se trouve plus ou moins éloignée de la fin, comme dans благодѣтельствующаго (de благодѣтель, un bienfaiteur). Il est donc essentiel de connaître cette partie de la langue russe aussi difficile qu'importante : difficile, parce qu'il

---

[1] Voilà pourquoi ces langues ont trois inflexions de voix ; le ton élevé se nomme accent *aigu* ('), le ton abaissé accent *grave* (`), et le ton élevé et abaissé sur la même syllabe accent *circonflexe* (ˆ), formé par la réunion des deux précédents. En Russe, il n'y a que le ton élevé et le ton abaissé.

[2] Les Grecs ne marquèrent l'accent sur les mots qu'environ 200 ans avant Jésus-Christ, pour fixer la prononciation primitive, altérée par le mélange des nations étrangères. Plutarque rapporte que les Athéniens se moquèrent de Démosthène pour avoir prononcé Ἀσκλήπιον au lieu de Ἀσκληπιόν.

n'y a point de règles fixes pour sa position ; importante, parce que , sans l'accent, on confondrait une foule d'*homonymes* (одноимённыя) [1] dont la signification ne peut se déterminer que par sa position. Voici la table de ces homonymes.

TABLE

des homonymes dont le sens est déterminé par la position
de l'accent.

А́тласъ, un atlas.	Атла́съ, du satin.
Бéрегу, dat. de бéрегъ, le rivage.	Берегу́, je garde.
Блю́ду , dat. de блю́до , un plat.	Блюду́, j'observe.
Бѣ́локъ, gén. pl. de бѣ́лка, un écureuil.	Бѣлóкъ, лка́, le blanc de l'œil.
Вéдро, le beau temps.	Ведрó, un seau.
Вéрхомъ, instr. de верхъ, le haut.	Верхóмъ, à cheval.
Вóдопадъ, ли, diminution de l'eau.	Водопáдъ, ла, une cataracte.
Вóина, gén. de вóинъ, un guerrier.	Война́, ны́, la guerre.
Вóлна, ны, la toison.	Волна́, ны́, la vague.
Вóрона, gén. de вóронъ, un corbeau.	Ворóна, ны, une corneille. Воронá, fém. de вóронъ, noir.

Вóротъ, а, un cabestan.	Ворóтъ, gén. de ворóта, une porte cochère.
Гóре, int., malheur.	Горѣ, prép. de горá, une montagne.
Гóспода, gén. de Госпóдь, le Seigneur.	Господá, messieurs, pl. de господи́нъ.
Гу́ба, бы, la lèvre.	Губá, бы́, une baie.
Дорóга, ги, le chemin.	Дорогá, fém. de дóрогъ, cher.
Ду́шу, acc. de душá, âme.	Душу́, j'étrangle.
Желѣ́за, зъ, les fers.	Желѣзá, зы, une glande.
Жи́ла, лы, une veine.	Жилá, prét. fém. de жить, vivre.
Зáмокъ, мка, un château.	Замóкъ, мка́, une serrure. Замóкъ, prét. de замóкнуть, se mouiller.
Засы́пать, combler.	Засыпáть, s'assoupir.
Кáпель, gén. pl. de кáпля, une goutte.	Капéль, ли, une gouttière.
Кáшель, шля, la toux.	Кошéль, ля, une besace.
Кóзлы, зелъ, le siége du cocher.	Козлы́, pl. de козёлъ, un bouc.
Крóю, je couvre.	Крою́, je coupe.
Лу́ка, gén. de лукъ, un arc.	Лукá, ки́, Luc. Лукá, ки́, pommeau de la selle.
Ми́ловать, avoir pitié.	Миловáть, caresser.
Мокрóта, ты, le flegme.	Мокрошá, шы́, l'humidité.
Мóлотъ, та, un marteau.	Молóть, moudre.
Мóю, je lave.	Мою́, acc. fém. de мой, mon.
Му́ка, ки, le tourment. Му́ха, хи, la mouche.	Мукá, ки́, la farine.
Мурáва, вы, le vernis.	Муравá, вы́, l'herbe verte.

Нѝжу, зишь, j'abaisse.

Пали, prét. pl. de пасть, tomber.

Пары, pl. de пара, une paire.

Парить, battre quelqu'un au bain avec un balai de bouleau.

Плаѝья, pl. de плаѝье, un habit.

Плачу, je pleure.

Подать, ти, l'impôt.

Полку, acc. de полка, le bassinet.

Полонъ, лна, лно, plein.

Полошь, лши, une flèche de lard.

Порохъ, la poudre.

После, après.

Потомъ, inst. de потъ, la sueur.

Почту, acc. de почта, la poste.

Правило, ла, une maxime.

Пустыня, un ermitage.

Роды, pl. de родъ, le genre.

Рою, je creuse.

Свойство, ва, la propriété.

Свою, je m'approprie.

Слава, вы, la gloire.

Сорока, ки, une pie.

Стою, je coûte.

Нижу, жешь, j'enfile.

Пали, impér. de палить, brûler.

Пары, pl. de паръ, la vapeur.

Парить, planer.

Плаша, gér. de плашить, payer.

Плачу, je paye.

Подать, donner.

Полку, dat. de полкъ, le régiment.

Полонъ, на, la captivité.

Полоть, sarcler.

Порокъ, un vice.

Порогъ, une cataracte.

После, prép. de посолъ, сла, un ambassadeur.

Потомъ, ensuite.

Почту, fut. de почитать, honorer.

Правило, ла, un gouvernail.

Пустыня, un désert.

Роды, довъ, l'enfantement.

Рою, prép. de рой, l'essaim.

Свойство, ва, la parenté.

Свою, acc. fém. de свой, son.

Слова, pl. de слово, le mot.

Сорока, gén. de сорокъ, quarante.

Стою, je suis debout.

Смыкаю, je tire çà et là.	Смыкаю, je ferme.
Стремя, мени, un étrier.	Спремя, gér. de спремить, pousser avec force.
Сѣмя, мени, la semence.	Семья, ьи, la famille.
Сѣло, prét. neut. de сѣсть, être assis.	Село, ла, un village (avec une église).
Таю, таяшь, dégeler.	Таю, таишь, cacher.
Тѣшу, je réjouis.	Тешу, j'ébauche.
Трусить, avoir peur.	Трусить, saupoudrer.
Угольный, de charbon.	Угольный, angulaire.
Уже, plus étroit.	Уже, déjà. Уже, après.
Цѣлую, acc. fém. de цѣлый, entier.	Цѣлую, je baise.
Чёрта, gén. de чёртъ, le diable.	Черта, ты, un trait.
Щёголь, ля, un petit-maître.	Щеголъ, глá, un chardonneret.

§ 38. Pour savoir dans les polysyllabes quelle est la syllabe qui a l'accent, il faut remarquer que dans les différentes désinences des déclinaisons et des conjugaisons, de même que dans les dérivés et les composés, l'accent reste ordinairement sur la même syllabe que dans le primitif. Cette règle n'est pas sans exception. Ainsi :

1. Dans les différentes désinences des déclinaisons des monosyllabes, l'accent se place ordinairement sur la dernière syllabe, excepté l'instrumental pluriel où il ne se place presque jamais sur la dernière.

2. Les conjonctions а, да, и, но, es particules же, бы, ли, de même que les prépositions d'une syllabe, sont sans accent. La négation не n'a pas non plus d'accent, ni lorsqu'elle est isolée, ni lorsqu'elle entre en composition avec un autre mot.

Il faut excepter quelques prépositions, entre autres вы, qui prennent l'accent dans les verbes et dans les dérivés.

§ 39. Les règles de l'accentuation dans la langue russe sont très-nombreuses et sujettes à plusieurs exceptions. Cependant les remarques suivantes pourront être de quelque utilité ; c'est à l'usage et à l'exercice de faire le reste.

I. Place de l'accent dans les substantifs.

Nous suivrons l'ordre des déclinaisons (§ 47).

MASCULINS.

1. Les substantifs qui finissent en ъ ont la plupart l'accent sur la dernière syllabe ; ex. закóнъ, une loi ; залúвъ, un golfe ; кармáнъ, la poche ; купéцъ, un marchand ; орёлъ, un aigle ; осёлъ, un âne ; шатёръ, une tente ; языкъ, la langue ; de même que les dissyllabes en ецъ, et les diminutifs en екъ et окъ ; excepté вóинъ, un guerrier ; гóродъ, une ville ; óбразъ, l'image ; óстровъ, une île ; пáрусъ, une voile ; спóсобъ, le moyen ; вéчеръ, le soir ; пéпелъ, la cendre, et les suivants.

2. Les polysyllabes en ецъ, les diminutifs en ечекъ et очекъ et les primitifs en икъ ont l'accent sur l'avant-dernière ; ex. владѣлецъ, le propriétaire ; червóнецъ, un ducat ; земледѣлецъ, le laboureur ; лѣсóчекъ, un petit bois ; сучёчекъ, une petite branche ; булыжникъ, un caillou ; de même que ceux en объ, окъ, усъ, утъ, слъ, енъ, еръ.

3. Les diminutifs en икъ et les dérivés en никъ et щикъ ont l'accent sur la même syllabe que leur primitif ; ex. гвóздикъ, un petit clou ; хлѣбникъ, un boulanger ; барышникъ, un usurier ; кáменьщикъ, un maçon (de гвоздь, хлѣбъ, барышъ et кáмень).

4. Les substantifs qui finissent en ь, en ай, ей, ой, ѣй ont l'accent sur la dernière, et ceux en ій sur l'avant-dernière ; ex. государь, le monarque ; огóнь, le feu ; сарáй, une remise ; ручéй, un ruisseau ; покóй, le repos ; портнóй, le tailleur ;

злодѣй, un malfaiteur; жребій, le sort; excepté камень, une pierre; кашель, la toux; обычай, la coutume; оратай, le laboureur; etc.

5. Ceux en тель, dérivés des verbes, ont l'accent sur la même syllabe que l'infinitif des verbes dont ils dérivent; ex. законодатель, un législateur; учитель, un précepteur; дѣлатель, un ouvrier; слушатель, un auditeur (de дать, учить, дѣлать et слушать).

NEUTRES.

1. Les substantifs en е ont l'accent sur l'avant-dernière syllabe; ex. сердце, le cœur; солнце, le soleil; поле, le champ; море, la mer; кладбище, le cimetière; excepté лицё, le visage; яйцё, un œuf; etc.

2. Ceux en аніе, еніе, ѣніе, formés des verbes, ont l'accent sur la même syllabe que l'infinitif des verbes dont ils dérivent; ex. плаваніе, la natation (de плавать); ученіе, l'étude (de учить); владѣніе, la domination (de владѣть).

3. Ceux en но et ро ont l'accent au singulier sur la dernière syllabe; mais au pluriel la plupart le placent sur l'avant-dernière; ex. окно, la fenêtre; перо, une plume (pl. перья); ведро, le seau; зерно; le grain; excepté озеро, un lac (pl. озёра); сѣно, le foin; утро, le matin; ведро, le beau temps; etc.

4. Ceux en о précédé d'une autre consonne, ont au singulier l'accent sur l'avant-dernière, et au pluriel sur la dernière; ex. желѣзо, le fer; войско, une armée; дѣло, une affaire; рамо, l'épaule; лѣто, l'été; excepté колесо, une roue (pl. колёса); письмо, une lettre (pl. письма); яблоко, une pomme; стекло, le verre, etc.

5. Les dérivés en ство ont l'accent sur la même syllabe que leur primitif; ex. священство, le sacerdoce; превосходительство, excellence (titre) (de священ́ et ходить); excepté родство, la parenté; свойство, l'alliance; etc.

6. Ceux en мя ont au singulier l'accent sur l'avant-dernière, et au pluriel sur la dernière; ex. врéмя, le temps; и́мя, le nom; стрéмя, l'étrier; pl. временá, именá, стременá. Il faut excepter знáмя, le drapeau, gén. знáмени, pl. знáмена.

FÉMININS.

1. Un très-grand nombre de substantifs en a ont l'accent sur la dernière syllabe (surtout ceux en зна et сна). Mais plusieurs d'entre eux le placent sur l'avant-dernière à l'accusatif singulier, au nominatif et à l'accusatif plur.; ex. водá, l'eau; горá, la montagne; душá, l'âme; иглá, l'aiguille; ногá, la jambe; рукá, la main; стрѣлá, une flèche; избá, la chambre; стѣнá, la cloison; щекá, la joue, et quelques autres. Dans quelques-uns, comme головá, la tête; сторонá, le côté; бородá, la barbe, l'accent se place sur l'antépénultième à ces trois cas; ex. гóлову, стóрону, бóроду, etc.

2. Ceux qui ont l'accent sur l'avant-dernière sont:

a) Ceux en ка précédé d'une consonne; ex. крáска, la couleur; лáвка, une boutique; пáлка, un bâton; перчáтка, un gant; лóжка, une cuiller.

b) Ceux en са, фа, ха, ча, ша, ща, et les primitifs en ца; ex. вóрса, le poil du drap; áрфа, une harpe; мýха, une mouche; тýча, une nuée obscure; грýша, une poire; пи́ща, l'aliment; пти́ца, un oiseau; excepté блохá, une puce; епанчá, un manteau; овцá, une brebis; свѣчá, la chandelle; ýлица, la rue; кýрица, une poule.

c) Les diminutifs en чка, comme рýчка, une petite main; рѣчка, une petite rivière.

d) Les féminins en иха, formés des masculins, comme кузнечи́ха, la femme du forgeron; повари́ха, la cuisinière.

e) Quelques-uns en та, comme охóта, le plaisir; карéта, une voiture; лéнта, un ruban; excepté кóмната, la chambre; красотá, la beauté; etc.

3. Les diminutifs en очка ont l'accent sur l'antépénultième, comme лавочка, une petite boutique; дѣвочка, une petite fille.

4. Les dérivés en ца ont l'accent sur la même syllabe que leur primitif; ex. башмáшница (de башмáшникъ, un cordonnier); учительница (de учитель, un précepteur); excepté цари́ца, la tsarine, et императри́ца, l'impératrice (de царь [1], et импера́торъ).

5. Les substantifs en я ont l'accent sur l'avant-dernière; ex. княги́ня, une princesse; бу́ря, la tempête; во́ля, la volonté; пусты́ня, le désert; excepté заря́, l'aurore; земля́, la terre; змѣя́, un serpent; etc.

6. Ceux en ь ont l'accent sur la dernière syllabe; ex. любо́вь, l'amour; мечéть, la mosquée; болѣзнь, la maladie; excepté цéрковь, l'église; па́мять, la mémoire; etc.

7. Ceux en сть, formés des adjectifs ou des verbes, ont l'accent sur la même syllabe que leur primitif; ex. твёрдость, la fermeté; весёлость, la joie; учёность, la science (de твёрдый, весёлый et учёный); excepté нéнависть, la haine; зáвисть, l'envie.

II. Place de l'accent dans les adjectifs.

1. Les adjectifs primitifs ont ordinairement l'accent sur l'avant-dernière syllabe; ex. чёрный, noir; бѣлый, blanc; го́рдый, fier; excepté дорогíй, cher; слѣпы́й, aveugle; худы́й, mauvais; нагíй, nu; etc.

2. Les adjectifs dérivés ont l'accent sur la même syllabe que leur primitif; ex. ми́рный, pacifique; врéменный, temporel (de миръ et врéмя). Il faut excepter :

---

[1] Царь, fém. Цари́ца, étaient les noms des souverains de la Russie avant Pierre le Grand. C'est à tort que l'Académie française écrit *Czar* et *Czarine*, au lieu de *Tsar* et *Tsarine*.

a) Ceux en вый, лый, тый, qui ont l'accent sur l'avant-dernière, comme здоро́вый, sain; смѣ́лый, hardi; счастли́вый, heureux; винова́тый, coupable; excepté гнилы́й, paresseux; златы́й, d'or; ми́лостивый, gracieux, et quelques autres.

b) Ceux en ейский, ейный et який, qui ont l'accent sur les voyelles е et я; comme суде́йский, de juge; бумазе́йный, de futaine; двоя́кий, double.

c) Ceux en и́ческий, dérivés des langues étrangères, qui ont l'accent sur l'antépénultième; comme астрономи́ческий, astronomique; аллегори́ческий, allégorique.

d) Les diminutifs en е́нькій et les augmentatifs en ёхонекъ et о́хонекъ, qui ont l'accent les premiers sur la pénultième et les seconds sur l'antépénultième; ex. ма́ленькій, un peu petit; велико́нькій, un peu grand; бѣлёхонекъ, fort blanc.

e) De plus les adjectifs suivants : водяны́й, aquatique; двойны́й, double; зе́мскій, provincial; морско́й, marin; серде́чный, cordial; смѣшны́й, risible; сыно́вній, filial; тѣле́сный, corporel; голо́дный, affamé, et plusieurs autres en ный.

Remarque. Les adjectifs apocopés (§ 69) auxquels on ajoute une voyelle avant la consonne finale, ont l'accent sur la même syllabe que l'adjectif sans apocope; ex. чёренъ, noir, de чёрный; си́ленъ, fort, de си́льный; бли́зокъ, proche, de бли́зкій; excepté го́лоденъ, affamé; хо́лоденъ, froid, et quelques autres.

III. *Place de l'accent dans les verbes.*

1. Les verbes en аю, лю, ѣю, ую et юю ont l'accent sur l'avant-dernière syllabe, et le gardent sur la même syllabe aux autres personnes du présent et aux autres temps; ex. блиста́ю, je brille; блиста́ешь, блиста́лъ, блиста́й, блиста́ть, блиста́я, блиста́ющій. Il y a bien des exceptions, comme а́хаю, je gémis; бѣ́гаю, je cours; вѣ́даю, je sais; даю́, je donne; дви́гаю, je remue ; ду́маю, je pense ; ку́шаю, je mange ; обѣ́даю, je dîne ; пла́ваю, je nage ; слу́шаю, j'écoute ; тро́гаю, je touche ; жа́лую, je gratifie ; мѣ́ряю, je mesure.

2. Ceux en ою, сю, ию ont l'accent sur la dernière, et le gardent sur la même syilabe aux autres personnes et aux autres temps ; ex. крою́, je coupe ; клею́, je colle ; вопію́, je me lamente ; excepté кро́ю, je couvre ; мо́ю, je lave ; стро́ю, je bâtis. Mais à l'impératif l'accent se place sur la voyelle avant й, comme крой, кро́йте, клей, кле́йте.

3. Ceux en дю, лю, ню, рю ont aussi l'accent sur la dernière syllabe ; mais ils ne le gardent pas tous sur la même syllabe aux autres personnes ; ex. дождю́, je fais pleuvoir, дождйшь; люблю́, j'aime, лю́бишь; виню́, je blâme, винйшь; говорю́, je parle, говорйшь. Il faut excepter ceux qui, dérivant des substantifs, le gardent sur la même syllabe que leur primitif, comme вѣ́рю, je crois (de вѣ́ра) ; сла́влю, je glorifie (de сла́ва) ; печа́лю, je chagrine (de печа́ль) ; ajoutez encore мѣ́длю, je tarde.

4. Ceux en y ont la plupart l'accent sur la dernière ; mais tous ne le gardent pas sur la même syllabe ; car presque tous ceux en жу et чу le reculent d'une syllabe aux autres personnes du présent ; ex. беру́, je prends ; зову́, j'appelle; пишу́, j'écris; берегу́, je garde; вожу́, je conduis, во́дишь, во́дишъ, во́димъ, во́дите, во́дятъ; et de même, плачу́, je paye, пла́тишь, бужу́, j'éveille ; учу́, j'enseigne ; хожу́, je vais ; шучу́, je plaisante. Il y a plusieurs exceptions :

a) Ceux en чу de deux syllabes ont l'accent sur l'avant-dernière, ainsi qu'aux autres personnes et aux autres temps ; ex. мёрзну, je gèle ; блёкну, je me fane ; excepté тяну́, je tire ; кляну́, je maudis ; тону́, je coule à fond ; etc.

b) Les suivants ont aussi l'accent sur l'avant-dernière : а́лчу, j'ai faim ; ви́жу, je vois ; зна́чу, je signifie ; кра́ду, je dérobe ; кли́чу, j'appelle ; по́рчу, je gâte ; рѣ́жу, je coupe ; ѣ́ду, je vais ; стра́жду, je souffre ; тѣ́шу, je réjouis ; жа́жду, j'ai soif, et plusieurs autres.

5. L'infinitif itératif a l'accent sur l'antépénultième, et de même les verbes qui en sont formés ; ex. говáривать, parler souvent, et de là разговáриваю; кáлывать, piquer souvent, et de là окáлываю. Il faut excepter les infinitifs itératifs de deux syllabes, qui prennent l'accent sur la dernière, comme живáть, vivre habituellement quelque part ; мывáть, laver souvent ; бивáть, battre souvent ; шивáть, coudre souvent, et de même les verbes qui en sont formés : выживáю, вымывáю, убивáю, etc.

6. Les verbes qui commencent par la préposition вы ont à tous les temps parfaits l'accent sur cette préposition ; les substantifs en ніе qui dérivent de ces verbes conservent l'accent sur la préposition вы, comme выучáю, j'apprends, выучить, выучу, выучи, выучить, выучивши; et de là выученіе, l'étude.

IV. Place de l'accent dans les adverbes.

Les adverbes en o, formés des adjectifs, ont l'accent sur la même syllabe que l'adjectif apocopé au neutre; ex. полéзно, utilement; дóрого, chèrement; равнó, également; хорошó, bien, etc. Il faut excepter худо, mal.

DEUXIÈME PARTIE.

LEXICOLOGIE.

§ 40. La lexicologie (Аналитика) est la partie de la grammaire qui consiste à expliquer tout ce qui concerne la connaissance des mots. Tous les mots du discours contribuent, chacun selon sa destination, à exprimer nos pensées : l'un désigne un objet qui s'offre à nos sens ; un autre la qualité de cet objet, d'autres enfin des circonstances qui servent à déterminer avec plus de précision ce qu'on veut énoncer. Ainsi tous les mots sont rangés sous différentes classes qu'on appelle *les parties du discours* (части рѣчи). La langue russe en a neuf, savoir :

1. Le substantif (имя существительное).
2. L'adjectif (имя прилагательное).
3. Le nom de nombre (имя числительное).
4. Le pronom (мѣстоименіе).
5. Le verbe (глаголъ).
6. L'adverbe (нарѣчіе).
7. La préposition (предлогъ).
8. La conjonction (союзъ).
9. L'interjection (междометіе).

Première Remarque. Les cinq premières parties sont sujettes à des changements dans leur terminaison, et s'appellent *variables* (измѣняемыя) ; les quatre dernières n'étant sujettes à aucun changement, sont *invariables* (неизмѣняемыя).

Seconde Remarque. La langue russe, de même que la langue latine, n'a pas d'*article* (членъ) ; c'est le sens seul de la phrase qui indique si les substantifs communs doivent être pris d'une manière déterminée ou indéterminée.

CHAPITRE PREMIER.

Du substantif.

§ 41. Le *substantif* est un mot qui sert à nommer une personne ou une chose.

§ 42. Il y a trois sortes de substantifs :

1. Le substantif *propre* (собственное), qui ne convient qu'à une seule personne ou à une seule chose ; comme Пётръ, Pierre ; Москва́, Moskou.

2. Le substantif *appellatif* ou *commun* (нарицательное), qui convient à tous les individus de la même espèce, comme человѣкъ, un homme ; лошадь, un cheval.

3. Le substantif *collectif* (собирательное), qui exprime la collection ou la réunion de plusieurs objets ; comme наро́дъ, le peuple ; во́йско, l'armée.

§ 43. Il y a trois choses à remarquer dans les substantifs : 1) le genre, 2) le nombre, 3) le cas.

§ 44. Le *genre* (родъ) est un rapport des mots à l'un ou à l'autre sexe. La langue russe a trois genres : le *masculin* (му́жескій), le *féminin* (же́нскій) et le *neutre* (сре́дній). Les hommes et les animaux mâles sont du genre masculin, comme во́инъ, un guerrier ; геро́й, un héros ; царь, un roi ; ю́ноша, un jeune homme ; вити́я, un orateur ; Миха́йло, Michel ; подмасте́рье, un garçon de métier. Les femmes et les animaux femelles sont du genre féminin, comme Елисаве́тъ, Elisabeth ; сестра́, la sœur ; княги́ня, une princesse ; свекро́вь, une belle-mère. Voilà pour les substantifs *animés* (одушевлённыя) ; quant aux substantifs *inanimés* (неодушевлённыя), leur genre se reconnaît en Russe par la terminaison. Ils peuvent être terminés de huit manières : en а, е, й, о, ъ, ь, я, мя.

1. Le genre masculin comprend tous ceux qui sont terminés en ъ et й, comme до́мъ, la maison ; сара́й, la remise.

2. Le genre féminin comprend ceux qui sont terminés en a, я et ь, comme зимá, l'hiver; постéля, un lit; честь, l'honneur.

3. Le genre neutre comprend ceux qui sont terminés en o, e et мя; comme лѣто, l'été; пóле, le champ; врéмя, le temps; ajoutez дитя́, l'enfant.

Première Remarque. Les substantifs suivants terminés en ь sont du genre masculin :

Алтáрь, un autel.

Бортнь, une ruche d'abeilles sauvages.

Буквáрь, un a b c.

Бу́тень, la cicutaire.

Вéксель, une lettre de change.

Ви́хорь, un tourbillon.

Вопль, un cri plaintif.

Волды́рь, une échauboulure.

Гвоздь, un clou.

Гри́фель, une touche d'ardoise.

Гóлень, l'os de la jambe.

Грéбень, un peigne.

Груздь, un mousseron.

Гусь, une oie.

Дáктиль, un dactyle.

Дёготь, goudron de bouleau.

День, le jour.

Дождь, la pluie.

Жёлудь, le gland de chêne.

Звѣрь, une bête sauvage.

Перень, un éclat, un morceau.

Инби́рь, le gingembre.

Календáрь, le calendrier.

Кáмень, une pierre.

Кáшель, la toux.

Киль, la quille d'un vaisseau.

Ки́пень, une source d'eau chaude.

Кисéль, bouillie aigrelette.

Кистéнь, courroie armée d'une boule de fer.

Кóготь, une griffe.

Кóзырь, un atout.

Колóдезь, un puits.

Кóмель, une cheminée.

Кóпетень, le cabaret (plante).

Корáбль, un vaisseau.

Кóрень, la racine.

Косáрь, un grand couteau.

Косты́ль, une béquille.

Кóчень, une tête de chou.

Кошéль, une besace.

Кремéнь, une pierre à feu.

Кремль, une forteresse intérieure.

Крéндель, un craquelin.

Кубáрь, une toupie.

Ку́коль, l'ivraie.

Кулъ, un sac.

Лагерь, un camp.

Лапоть, une chaussure d'é-
corce.

Ларь, un coffre pour la farine.

Лежень, une solive.

Ливень, une averse.

Локоть, le coude.

Ломоть, un morceau de pain.

Миндаль, une amande.

Миткаль, espèce de mousse-
line.

Монастырь, un monastère.

Нашатырь, le sel ammoniac.

Ноготь, l'ongle.

Оборотень, un loup-garou.

Огонь, le feu.

Окунь, la perche (poisson).

Орарь, l'étole.

Панцырь, une cuirasse.

Пень, une souche.

Пересень, un abrégé.

Перстень, une bague.

Пламень, la flamme.

Плетень, une haie de bran-
chages.

Полоть, une flèche de lard.

Поршень, le piston d'une
pompe.

Профиль, le profil.

Пузырь, une ampoule.

Пустырь, espace vide entre
deux maisons.

Путь, le voyage.

Ревень, la rhubarbe.

Ремень, une courroie.

Рубль, un rouble.

Руль, un gouvernail.

Сбитень, espèce de boisson [1].

Сгибень, espèce de pain blanc.

Складень, un collier.

Словарь, un dictionnaire.

Соболь, la zibeline.

Спектакль, le spectacle.

Стебель, une tige.

Стихарь, l'aube (robe d'ecclé-
siastique).

Сухарь, le biscuit.

Туфель, une pantoufle.

Уголь, le charbon.

Угорь, une anguille.

Фитиль, une mèche.

Флигель, l'aile d'une maison.

Фонарь, une lanterne.

Хмель, le houblon.

Хрусталь, le cristal.

Червь, un ver.

Шкворень, la cheville ou-
vrière.

Щавель, l'oseille.

---

[1] Cette boisson est faite d'eau bouillante mêlée de miel, de poi-
vre et d'autres épices ; le peuple la boit en guise de thé.

Щёбень, les décombres.   Ячмéнь, l'orge.
Якорь, une ancre.   Ясень, le frène.
Янтáрь, l'ambre jaune.

A ces cent trois ajoutez les noms des mois en ь, comme

Янвáрь ou Генвáрь, Janvier.   Сентябрь, Septembre.
Феврáль, Février.   Октябрь, Octobre.
Апрѣль, Avril.   Ноябрь, Novembre.
Іюнь, Juin.   Декáбрь, Décembre.
Іюль, Juillet.

Et quelques noms propres, comme Ильмéнь, le lac Ilmen;
Рéвель, ville de l'Estonie; Севастóполь, port de la Crimée.

Seconde Remarque. Quelques grammairiens donnent à la langue russe un quatrième genre, l'*épicène* ou *commun* (óбщій),
pour les substantifs en а et я qui, d'après le sexe qu'ils désignent, peuvent être ou du genre masculin ou du genre féminin;
comme плáкса, un pleureur ou une pleureuse; пустомéль, un
babillard ou une babillarde.

§ 45. Le *nombre* (числó) désigne l'unité ou la pluralité des
objets. Il y a deux nombres, le *singulier* (единственное), qui
indique un seul objet, comme садъ, un jardin; et le *pluriel*
(мнóжественное), qui indique deux ou plusieurs objets, comme
садьí, les jardins [1].

Première Remarque. D'après cette définition, il est évident
que les noms propres n'ont point de pluriel; il en est de même
des substantifs appellatifs qui n'expriment qu'une seule idée,
tels que les noms des métaux, des vertus, des vices, etc. Cependant, les noms propres de personnes peuvent être mis au plu-

---

[1] L'ancien Slave ou le Slave de l'Eglise a, comme le Grec, un
troisième genre, le *duel* (двóйственное).

riel, quand on comprend dans ces noms toutes les personnes qui ressemblent à celles qui les ont portés ; comme Аннибалы нóвыхъ временъ, les Attilas des temps modernes.

Seconde Remarque. Il y a en Russe, comme en Français, des substantifs qui ne s'emploient qu'au pluriel, comme щипцы́, génitif щипцёвъ, les mouchettes ; лю́ди, génitif людéй, les gens ; ворóта, gén. ворóтъ, une porte cochère ; перúла, gén. перúлъ, une balustrade ; устá, gén. устъ, la bouche ; вúлы, gén. вилъ, une fourche ; нóжницы, gén. нóжницъ, les ciseaux ; носúлки, gén. носúлокъ, une civière ; сáни, gén. санéй, un traîneau ; грáбли, gén. грáблей, un râteau ; я́сли, gén. я́слей, une crèche.

§ 46. Les substantifs peuvent être considérés sous des rapports de possession, de lieu, de temps, de moyen, etc., et avoir plusieurs terminaisons pour exprimer ces rapports ; ce sont ces terminaisons que l'on nomme *cas* (падежú). La langue russe a sept cas, savoir :

1. Le *nominatif* (именúтельный) qui indique la personne ou la chose qui fait le sujet dont on parle. C'est lui qui régit le verbe et les autres cas. Il répond à la question *qui?* ou *quoi?* en Russe кто ou что.

2. Le *génitif* (родúтельный) qui désigne la possession et plusieurs rapports de dépendance, comme d'une partie au tout, de la cause à l'effet, du contenant au contenu. Il répond à la question *de qui?* ou *de quoi?* faite sur un substantif ; en Russe чей, чья, чьё? когó ou чегó?

3. Le *datif* (дáтельный) qui indique le but vers lequel se dirige une action. Il répond à la question *à qui?* ou *à quoi?* en Russe комý? ou чемý?

4. L'*accusatif* (винúтельный) qui désigne l'action faite par le nominatif. Il répond à la question *qui?* ou *quoi?* faite après le verbe ; en Russe когó? ou что?

5. Le *vocatif* (звáтельный) qui indique la personne à laquelle on adresse la parole. Il est indépendant comme le nominatif ; de là vient que ces deux cas sont appelés *cas directs*

(прямые падежи), et les cinq autres *cas obliques* (косвенные), parce qu'ils sont toujours régis par un autre mot.

6. L'*instrumental* (творительный) qui indique l'instrument ou le moyen dont on se sert pour parvenir à son but. Il répond aux questions *avec qui?* ou *avec quoi? par qui?* ou *par quoi?* en Russe кѣмъ? ou чѣмъ [1]?

7. Le *prépositional* (предложный), ainsi appelé parce qu'il est toujours accompagné d'une préposition [2]. Il répond au *narratif* slavon (сказательный).

On voit par là que le Russe a les cinq premiers cas du Latin, et qu'au lieu de l'ablatif, il a l'instrumental et le prépositional.

§ 47. Les différents cas des substantifs se distinguent par la terminaison ; et la réunion de ces terminaisons forme ce qu'on appelle *déclinaison* (склонѣніе). Comme le changement de la terminaison n'est pas le même pour tous les substantifs, on a établi trois déclinaisons : la première pour les substantifs masculins, la seconde pour les substantifs neutres, et la troisième pour les substantifs féminins. Voyez le tableau ci-joint.

---

[1] J.-B. Maudru appelle ce sixième cas *factif*. L'instrumental est ordinairement sans préposition ; mais s'il est avec la préposition съ (avec), A. Puchmayer l'appelle *sociatif*, et avec d'autres prépositions *local*.

[2] D'autres grammairiens appellent assez improprement ce septième cas *prépositif*, terme signifiant *qui sert à être mis devant un mot*, ce qui ne rend point le russe предложный.

TABLEAU GÉNÉRAL DES TROIS DÉCLINAISONS.

	1re déclinaison; masculins.			2e déclinaison; neutres.			3e déclinaison; féminins.		
	SINGULIER.								
N.	ъ	ь	й	о	е	мя	а	я	ь
G.	а	я	я	а	я	мени	ы (и)	и	и
D.	у	ю	ю	у	ю	мени	ѣ	ѣ (и)	и
A.	animé, comme le génitif. inanimé, comme le nominatif.			о	е	мя	у	ю	ь
V.	comme le nominatif.								
I.	омъ	емъ	емъ	омъ	емъ	менемъ	ою	ею	iю
P.	ѣ	ѣ	ѣ	ѣ	ѣ (iи)	мени	ѣ	ѣ (и)	и
	PLURIEL.								
N.	ы (и)	и	и	а	я	мена	ы (и)	и	и
G.	овъ	ей	евъ	ъ	ей (iй)	менъ	ъ	ь (й)	ей
D.	амъ	ямъ	ямъ	амь	ямъ	менамъ	амъ	ямъ	ямъ
A.	animé, comme le génitif. inanimé, comme le nominatif.								
V.	comme le nominatif.								
I.	ами	ями	ями	ами	ями	менами	ами	ями	ями
P.	ахъ	яхъ	яхъ	ахъ	яхъ	менахъ	ахъ	яхъ	яхъ

Remarque. L'Académie russe admet quatre déclinaisons, et la plupart des grammairiens ont suivi cette division. Schlözer, et après lui Born et Gretsch, sont ceux qui les premiers ont divisé les déclinaisons d'après les genres. Nous avons aussi suivi cette division parce qu'elle nous a paru la plus facile et en même temps la plus naturelle. Si nous avons placé les neutres avant les féminins, c'est que les neutres ont plus de rapport dans leurs terminaisons avec les masculins que les féminins.

ARTICLE PREMIER.

Déclinaisons des substantifs.

§ 48. Avant de passer aux déclinaisons, il faut faire bien attention aux règles suivantes.

Règles générales.

1. L'*accusatif singulier* dans les substantifs masculins, et l'*accusatif pluriel* dans les substantifs des trois genres, sont semblables au *génitif*, quand le substantif désigne un objet *animé;* et au *nominatif*, quand le substantif désigne un objet *inanimé* [1]. (Il y a quelques exceptions.)

---

[1] C'est une propriété de la langue russe et des autres langues dérivées du Slavon, qui ne se trouve dans aucune autre langue européenne. Cette propriété est si générale qu'elle s'étend jusqu'aux noms de choses inanimées, lorsque dans un sens figuré ils désignent des noms d'êtres animés; par ex. болвáнъ signifie au sens propre *une idole, une statue,* et au figuré *un homme stupide;* alors dans ce dernier cas l'accusatif est semblable au génitif; ex. посмотри на болвáна, regarde cet homme stupide; посмотри на болвáнъ, regarde cette idole.

Remarque. Les substantifs *collectifs* se déclinent toujours comme des objets inanimés, quoiqu'ils désignent la réunion d'objets animés; comme народъ, le peuple; войско, une armée; стадо, le troupeau.

2. Le *vocatif*, dans les deux nombres, est semblable au nominatif. Il faut excepter quelques substantifs qui gardent la terminaison slavonne; comme Богъ, Dieu, voc. Бóже; Інсýсъ Христóсъ, Jésus-Christ, Інсýсе Христé; творéцъ, le créateur, твóрче; отéцъ, le père, óтче; сынъ, le fils, сы́не; Госпóдь, le Seigneur, Гóсподи; царь, le roi, царю́; Влады́ка, le maître, Влады́ко; Дѣ́ва, la sainte Vierge, Дѣ́во. Ces terminaisons appartiennent principalement au style de l'Église; ailleurs le vocatif est semblable au nominatif.

3. Le *prépositional* ne se met qu'avec les prépositions о, объ, de; въ, во, dans; на, sur; при, auprès de; et по, selon.

4. La lettre ы après г, к, х, ж, ч, ш, щ, se change en и.

5.   —   я — г, к, х, ж, ч, ш, щ, ц, — en а.

6.   —   ю — г, к, х, ж, ч, ш, щ, ц, — en у.

7.   —   о — . . . . . . ж, ч, ш, щ, ц, — en е.

8.   —   е — г, к, х, ... — en о.

9.   —   ь — г, к, х, ... — en ъ.

10.   —   ь après une voyelle, ... — en й.

11.   —   и devant une voyelle. . . . . . . — en i.

12.   —   ь après i, ... — en и.

Remarque. Les substantifs étrangers en е, и, у, ne se déclinent point en Russe, comme кóфе, le café; канапé, un canapé; колибри, le colibri; какадý, un cacadou (espèce de perroquet).

PREMIÈRE

§ 49. La première déclinaison comprend les substantifs masculins terminés en ъ, ь et й. Ils se déclinent d'après les six paradigmes [1] suivants.

SINGU

		guerrier.		l'ennemi.		l'homme.
N.	Во́ин-ъ, le		Враг-ъ,		Му́ж-ъ,	
G.	Во́ин-а, du		Враг-а́,		Му́ж-а,	
D.	Во́ин-у, au		Враг-у́,		Му́ж-у,	
A.	Во́ин-а, le		Враг-а́,		Му́ж-а,	
I.	Во́ин-омъ, avec le		Враг-о́мъ,		Му́ж-емъ,	
P.	о Во́ин-ѣ, du		о Враг-ѣ́,		о Му́ж-ѣ,	

PLU

		guerriers.		les ennemis.		les hommes.
N.	Во́ин-ы, les		Враг-и́,		Му́ж-и [2],	
G.	Во́ин-овъ, des		Враг-о́въ,		Му́ж-е́й,	
D.	Во́ин-амъ, aux		Враг-а́мъ,		Му́ж-а́мъ,	
A.	Во́ин-овъ, les		Враг-о́въ,		Му́ж-е́й,	
I.	Во́ин-ами, avec les		Враг-а́ми,		Муж-а́ми,	
P.	о Во́ин-ахъ, des		о Враг-а́хъ,		о Муж-а́хъ,	

Ainsi se déclinent les substantifs animés en ъ, excepté les suivants. Mais les inanimés, comme столъ, la table,	Ainsi se déclinent les subst. animés en гъ, къ, хъ. Mais les inanimés, comme сапо́гъ, une botte,	Ainsi se déclinent les subst. animés en жъ, чъ, шъ, щъ. Mais les inanimés, comme ножъ, un couteau,

diffèrent des paradigmes précédents en ce qu'ils ont l'accusatif semblable au nominatif, dans les deux nombres.

---

[1] *Paradigme* signifie *exemple*, du Grec παρὰ, selon, et δεῖγμα, exemple, modèle.

[2] Si мужъ signifie un *mari*, il fait au plur. мужья́, мужьёвъ, мужья́мъ, мужья́ми, о мужья́хъ.

DÉCLINAISON.

Remarque. Le vocatif, étant semblable au nominatif, a été supprimé dans les déclinaisons.

L I E R.

Крестьян-инъ,		Корол-ь,		Змѣ-й,	
Крестьян-ина,		Корол-я,		Змѣ-я,	
Крестьян-ину,	le paysan.	Корол-ю,	le roi.	Змѣ-ю,	le serpent.
Крестьян-ина,		Корол-я,		Змѣ-я,	
Крестьян-иномъ,		Корол-ёмъ,		Змѣ-емъ,	
о Крестьян-инѣ,		о Корол-ѣ,		о Змѣ-ѣ,	

R I E L.

Крестьян-е,		Корол-и,		Змѣ-и,	
Крестьян-ъ,		Корол-ей,		Змѣ-евъ,	
Крестьян-амъ,	les paysans.	Корол-ямъ,	les rois.	Змѣ-ямъ,	les serpents.
Крестьян-ъ,		Корол-ей,		Змѣ-евъ,	
Крестьян-ами,		Корол-ями,		Змѣ-ями,	
о Крестьян-ахъ,		о Корол-яхъ,		о Змѣ-ахъ,	

Ainsi se déclinent les substant. en янинъ, анинъ, аринъ, аринъ, qui pour la plupart sont des substantifs propres.	Ainsi se déclinent les subst. masc. animés en ь. Mais les inanimés, comme корабль, un vaisseau,	Ainsi se déclinent les subst. animés en й. Mais les inanimés, comme обычай, la coutume,

diffèrent des paradigmes précédents en ce qu'ils ont l'accusatif semblable au nominatif dans les deux nombres.

D'après le premier paradigme (воинъ) se déclinent les substantifs en ъ, comme

Баранъ, un mouton.	Носъ, le nez, le bec.
Виноградъ, le raisin.	Прудъ, un étang.
Волосъ, le cheveu.	Плодъ, le fruit.
Вѣтръ, le vent.	Слонъ, un éléphant.
Гробъ, le cercueil.	Стаканъ, un verre.
Дворъ, la cour.	Снопъ, une gerbe.
Зубъ, une dent.	Трактиръ, une auberge.
Комаръ, un moucheron.	Туманъ, le brouillard.
Мѣсяцъ, le mois, la lune.	Часъ, l'heure.

D'après le second paradigme (врагъ) se déclinent les substantifs en гъ, къ, хъ, comme

Воздухъ, l'air.	Порокъ, un vice.
Волкъ, un loup.	Ракъ, l'écrevisse.
Жукъ, un hanneton.	Сундукъ, un coffre.
Лукъ, un arc.	Супругъ, l'époux.
Мясникъ, un boucher.	Чертогъ, une chambre.
Паукъ, une araignée.	Шагъ, un pas.
Плотникъ, un charpentier.	Языкъ, la langue.
Полкъ, un régiment.	Ящикъ, une caisse.

D'après le troisième paradigme (мужъ) se déclinent les substantifs en жъ, чъ, шъ, щъ, comme

Бичъ, un fouet.	Палашъ, un cimeterre.
Ёжъ, un hérisson.	Плащъ, un manteau.
Ключъ, une clef, une source.	Сургучъ, la cire à cacheter.
Лучъ, un rayon.	Ужъ, une couleuvre.
Мечъ, une épée.	Чертёжъ, un plan.
Овощъ, un fruit.	Шалашъ, une cabane.

D'après le quatrième paradigme (крестьянинъ) se déclinent
les substantifs en янинъ, анинъ, яринъ, аринъ, comme

Боя́ринъ, un seigneur [1].

Мірянинъ, un laïque.

Граждани́нъ, un citoyen.

Мѣщани́нъ, un bourgeois.

Дворяни́нъ, un gentilhomme.

Поселя́нинъ, un colon.

D'après le cinquième paradigme (коро́ль) se déclinent les sub-
stantifs en ь, comme

Го́лубь, un pigeon.

Со́боль, une zibeline.

Жёлудь, un gland.

Руль, le gouvernail.

Звѣрь, une bête sauvage.

Тесть, le beau-père.

Коло́дезь, un puits.

Фона́рь, la lanterne.

Медвѣдь, un ours.

Царь, le roi.

Оле́нь, un cerf.

Червь, un ver.

Слесарь, un serrurier.

Я́корь, l'ancre.

D'après le sixième paradigme (змѣй) se déclinent les substan-
tifs en й, comme

Водоле́й, le verseau.

Ора́тай, le laboureur.

Геро́й, un héros.

Поко́й, la chambre.

Злодѣй, un malfaiteur.

Сара́й, la remise.

Казначе́й, le trésorier.

Слу́чай, l'occasion.

Observations.

1) Sur les substantifs en ь.

1. Les substantifs en ецъ, екъ et окъ, précédés d'une con-
sonne, retranchent е ou о au génitif et aux autres cas; ex.
оте́цъ, le père, отца́, отцу́, отцы́, etc.; творе́цъ, le créateur,

---

[1] Dans le langage familier боя́ринъ se contracte en ба́ринъ.

творца́; желу́докъ, l'estomac, желу́дка; чуло́къ, un bas, чулка́; крючёкъ, un crochet, крючка́. Il faut excepter кузнёцъ, le forgeron; жрецъ, le sacrificateur; порокъ, le vice; рокъ, le sort; бокъ, le côté; игро́къ, un joueur; о́трокъ, un jeune homme; уро́къ, la leçon; et en général les noms où, par ce retranchement, il se trouverait trop de consonnes ensemble. Les substantifs suivants perdent aussi e ou o aux autres cas : ковёръ, un tapis, ковра́; левъ, un lion, льва; лёдъ, la glace, льда; лёнъ, le lin, льна; лобъ, le front; овёсъ, l'avoine; орёлъ, un aigle; осёлъ, un âne; ровъ, le fossé; ротъ, la bouche; козёлъ, un bouc; сонъ, le sommeil; у́голъ, le coin; хохо́лъ, une huppe, et quelques autres.

2. Dans les substantifs en екъ et ецъ, précédés d'une voyelle, e se change en й aux autres cas; et dans ceux où екъ et ецъ sont précédés de л, e se change en ь; ex. боёцъ, un lutteur, бойца́; раёкъ, le paradis au théâtre, райка́; заецъ (ou за́яцъ), un lièvre, за́йца; опо́екъ, une peau de veau, опо́йка; кулёкъ, un petit sac, кулька́; валёкъ, un battoir, валька́; стрѣлёцъ, un tireur d'arc, стрѣльца́.

3. Les substantifs de choses inanimées, collectifs, ou marquant la matière, la quantité, le temps et le lieu, de même que ceux qui dérivent des verbes, ont deux terminaisons au génitif singulier, en a et en y; ex. лѣсъ, la forêt, gén. лѣса et лѣсу; ба́рхатъ, le velours; полкъ, le régiment; воскъ, la cire; лёдъ, la glace; атла́съ, le satin; песо́къ, le sable; мостъ, le pont; лугъ, le pré; база́ръ, le marché; верхъ, le haut; низъ, le bas; вѣкъ, le siècle; годъ, l'année; попрёкъ, le reproche; взгля́дъ, le regard (de попрека́ть, взгляде́ть). Mais il faut remarquer que le génitif en y ne s'emploie que dans le langage familier et dans le style simple, et jamais après les nombres два, три, четы́ре, deux, trois, quatre, ni dans le style élevé, et rarement dans les substantifs qui expriment la construction, l'habillement. Il arrive quelquefois qu'un substantif a les deux génitifs avec une signification différente, comme Свята́го Ду́ха, du Saint-

Esprit, et ро́зоваго ду́ху, d'un parfum de rose; человѣ́ческаго до́лга, du devoir de l'homme, et прошлого́дняго до́лгу, d'une dette de l'an passé.

4. Le prépositional singulier, dans les substantifs de temps et de lieu qui ont le génitif en y, se termine aussi en y, surtout avec les prépositions въ, dans, et на, sur; ex. въ году́, dans l'année; въ низу́, en bas; въ шесто́мъ часу́, entre six et sept heures; на берегу́, sur le rivage; на мосту́, sur le pont; въ песку́, dans le sable. Il faut remarquer que dans ce cas l'accent se place sur y.

5. Le nominatif pluriel se termine en a dans quelques substantifs, au lieu de ы ou de и, et l'accent se place alors sur la dernière syllabe, comme

Бе́регъ, le rivage.	Мѣхъ, la pelleterie.
Бокъ, le côté.	Остро́въ, une île.
Го́родъ, une ville.	Рогъ, la corne.
Го́лосъ, la voix.	Рука́въ, la manche.
Ко́локолъ, une cloche.	Снѣгъ, la neige.
Лугъ, le pré.	Стру́гъ, espèce de barque.
Лѣсъ, la forêt.	

Du reste, ils ont les autres cas comme во́инъ. D'autres ont leur nominatif pluriel en ья, le génitif en ьевъ, le datif en ьямъ, etc.; comme

Братъ, le frère.	Ло́скутъ, un chiffon.
Брусъ, une solive.	Лубъ, l'écorce d'arbre.
Колъ, un pieu.	Мужъ, un *mari*.
Листъ, une feuille (s'il est question de *feuilles de pa-* *pier*, le pl. est alors листы́, то́въ).	По́лозъ, un patin de traî- neau.
	Прутъ, une verge.
	Стулъ, une chaise.

Cela vient de ce que plusieurs ont un collectif en ье, comme ко́лье, бру́сье, ли́стье. Бату́гъ, un bâton, et сукъ, une branche, font aussi leur pluriel en ья, ьевъ, etc., et changent les gutturales г et к en dentales ж et ч; бату́жья, су́чья.

6. Il est quelques substantifs en ъ dont le pluriel est tout à fait irrégulier, comme

Глазъ, l'œil, nom. pl. глаза́, gén. глазъ, dat. глаза́мъ, etc.

Господи́нъ, monsieur, nom. pl. господа́, gén. госпо́дъ, etc.

Другъ, un ami, nom. pl. друзья́, gén. друзёй, dat. друзья́мъ, etc.

Кумъ, le compère, nom. pl. кумовья́, gén. кумовёй, etc.

Сватъ, un parent, nom. pl. сватовья́, gén. сватовёй, etc.

Сынъ, le fils, nom. pl. сыновья́, gén. сыновёй, etc., dans le style élevé сыны́, сынóвъ, etc.

Хозя́инъ, le maître de la maison, nom. pl. хозя́ева, gén. хозя́евъ, etc.

Шу́ринъ, le beau-frère, pl. шурья́, шурьёвъ, etc.

Христо́съ, le Christ, gén. Христа́, etc., voc. Христе́.

2) Sur les substantifs en ь.

1. Quelques substantifs en ь retranchent е ou о aux autres cas; comme гре́бень, le peigne, gén. гре́бня; день, le jour, дня; огóнь, le feu, огня́; ка́мень, une pierre, ка́мня; у́голь, le charbon, у́гля; кóрень, la racine, кóрня; mais ceux en тель gardent leur е.

2. Quelques-uns font leur pluriel en ья, génitif ьевъ, datif ьямъ, etc.; comme у́голь, le charbon, у́голья; кóрень, la racine, корénья; ка́мень, une pierre, ка́мни et камéнья, gén. ка́мней et камéньевъ. Зять, le gendre, et князь, le prince, font aussi leur pluriel en ья, mais le génitif est en ей, зятéй, et князéй, dat. зятьямъ et князьямъ, etc.

3. Les suivants sont irréguliers :

Госпóдь, le Seigneur, gén. Гóспода, etc., comme un subst. en ъ; voc. Гóсподи.

Путь, le voyage, gén., dat. et prép. пути́, inst. путёмъ, pl. пути́, путе́й, etc.

Ру́бль, un rouble, gén. pl. рубле́й, et dans le langage familier рублёвъ.

3) Sur les substantifs en й.

1. Les substantifs en ей qui dérivent des slavons en iй changent e en ь pour les autres cas ; ex. солове́й, le rossignol (sl. сла́вiй), соловья́, соловью́, etc. ; муравéй, la fourmi (sl. мра́вiй), муравья́ ; у́лей, une ruche (sl. у́лiй), у́лья ; жеребе́й, le sort (sl. жре́бiй), жеребья́.

2. Les noms monosyllabes de choses inanimées, terminés en й, font, dans le langage ordinaire, le gén. et le prép. sing. en ю ; ex. рой, un essaim, gén. ро́ю ; чай, le thé, ча́ю ; клей, la colle, кле́ю ; край, la frontière, кра́ю ; рай, le paradis, ра́ю ; en remarquant qu'au prépositional l'accent se place sur la dernière, avec les prépositions въ et на ; ex. въ клею́, на краю́, etc.

3. Quelques-uns en й se déclinent comme les adjectifs (voyez § 68) ; ex. портно́й, un tailleur, gén. портна́го, dat. портно́му, pl. портны́е, портны́хъ, etc. ; часово́й, une sentinelle, часова́го, etc.

SECONDE

§ 50. La seconde déclinaison comprend les substantifs neu-
tres terminés o, e et мa. Ils se déclinent d'après les six para-
digmes suivants.

SINGU

	le miroir.		la mer.		l'avis.
N.	Зе́ркал-о,	Мо́р-е,		Мнѣ́н-іе,	
G.	Зе́ркал-а,	Мо́р-я,		Мнѣ́н-ія,	
D.	Зе́ркал-у,	Мо́р-ю,		Мнѣ́н-ію,	
A.	Зе́ркал-о,	Мо́р-е,		Мнѣ́н-іе,	
I.	Зе́ркал-омъ,	Мо́р-емъ,		Мнѣ́н-іемъ,	
P.	о Зе́ркал-ѣ,	о Мо́р-ѣ,		о Мнѣ́н-іи,	

PLU

	les miroirs.		les mers.		les avis.
N.	Зеркал-а́,	Мор-я́,		Мнѣн-ія,	
G.	Зерка́л-ъ,	Мор-е́й,		Мнѣн-ій,	
D.	Зеркал-а́мъ,	Мор-я́мъ,		Мнѣн-іямъ,	
A.	Зеркал-а́,	Мор-я́,		Мнѣн-ія,	
I.	Зеркал-а́ми,	Мор-я́ми,		Мнѣн-іями,	
P.	о Зеркал-а́хъ,	о Мор-я́хъ,		о Мнѣн-іяхъ,	

Ainsi se déclinent les subst. en o, et ceux en це et ще, en observant que ceux en це et ще ont емъ à l'instrum. sing.	Ainsi se déclinent les subst. en ле, ре, ье, en observant que ceux en ье ont le gén. pl. en ьевъ et ей. Les animés en ье, comme подмасте́рье, un garçon de métier, sont masc. et ont l'accus. semblable au gén., dans les deux nombres.	Ainsi se déclinent les subst. en іе, qui pour la plupart se forment des participes apocopés des verbes.

DÉCLINAISON.

Remarque. Ces substantifs sont neutres, à l'exception des augmentatifs en ще et des diminutifs en шко formés des substantifs masculins, qui sont masculins [1].

L I E R.

Врé-мя,	Домú-ще,	Домúш-ко,
Врé-мени,	Домú-ща,	Домúш-ка,
Врé-мени,	Домú-щу,	Домúш-ку,
Врé-мя,	Домú-ще,	Домúш-ко,
Врé-менемъ,	Домú-щемъ,	Домúш-комъ,
о Врé-мени,	о Домú-щѣ,	о Домúш-кѣ,
le temps.	*une grande maison.*	*une chétive maisonnette.*

R I E L.

Вре-менá,	Домú-щи,	Домúш-ки,
Вре-мёнъ,	Домú-щей,	Домúш-скъ,
Вре-менáмъ,	Домú-щамъ,	Домúш-камъ,
Вре-менá,	Домú-щи,	Домúш-ки,
Вре-менáми,	Домú-щами,	Домúш-ками,
о Вре-менáхъ,	о Домú-щахъ,	о Домúш-кахъ,
les temps.	*de grandes maisons.*	*de chétives maisonnettes.*

Ainsi se déclinent les subst. en мя. Quant aux neutres en я, qui désignent les petits des animaux, voyez les observations.

Ainsi se déclinent les augmentatifs inanimés en ще. Mais les animés, comme мужичúще, un gros paysan,

Ainsi se déclinent les diminutifs inanimés en ко et цо. Mais les animés, comme парнúшко, un petit garçon,

diffèrent des paradigmes précédents en ce qu'ils ont l'accusatif semblable au génitif, dans les deux nombres.

---

[1] D'autres grammairiens rapportent ces augmentatifs et ces diminutifs au genre neutre, surtout ceux qui désignent des objets inanimés.

D'après le premier paradigme (зéркало) se déclinent les sub-
stantifs en o, et ceux en це et ще, en observant que ceux en це
et ще ont l'inst. sing. en емъ, comme

Блю́до, un plat.	Жили́ще, la demeure.
Дѣ́ло, une affaire.	Зрѣ́лище, un spectacle.
Желѣ́зо, le fer.	Кладби́ще, un cimetière.
Колесо́, une roue.	Кольцё, un anneau.
Колѣ́но, le genou.	Крыльцё, un perron.
Лѣ́то, l'été.	Лицё, le visage.
О́зеро, un lac.	Се́рдце, le cœur.
Свѣти́ло, l'astre.	Сокро́вище, le trésor.
Сло́во, le mot.	Яйцё, un œuf.

D'après le deuxième paradigme (мо́ре) se déclinent les substan-
tifs en ле, ре, ье, en observant que ceux en ье ont le génitif plu-
riel en ьевъ et ей, comme

Бѣльё, le linge.	Копьё, une lance.
Верхо́вье, la source.	Пла́тье, un habit.
Го́ре, le malheur.	По́ле, le champ.
Жильё, l'étage.	Ружьё, un fusil.
Здоро́вье, la santé.	У́стье, l'embouchure.

D'après le troisième paradigme (мнѣ́ніе) se déclinent les sub-
stantifs en іе, comme

Бытіé, l'existence.	Обще́ніе, la communication.
Владѣ́ніе, la domination.	Отчáяніе, le désespoir.
Желáніе, le souhait.	Поня́тіе, la pensée.
Здáніе, l'édifice.	Попече́ніе, le soin.
Знáніе, le savoir.	Собрáніе, l'assemblée.
Милосе́рдіе, la compassion.	Сомнѣ́ніе, le doute.
Насúліе, la violence.	Терпѣ́ніе, la patience.

Течéніе, le cours.　　　　Чтéніе, la lecture.
Учéніе, l'étude.　　　　Явлéніе, la vision.

D'après le quatrième paradigme (врéмя) se déclinent les substantifs en мя, comme

Брéмя, le fardeau.　　　　Плáмя, la flamme.
Вы́мя, le pis.　　　　Плóмя, la race.
Знáмя, le drapeau.　　　　Стрéмя, l'étrier.
И́мя, le nom.　　　　Сѣмя, la semence.
Пи́сьмя, une lettre (de l'alphabet).　　　　Тѣмя, le sommet de la tête.

D'après le cinquième paradigme (домúще) se déclinent les substantifs augmentatifs en ще [1], en observant que ceux qui se forment des substantifs neutres ont le nominatif pluriel en a, comme

Дворúще, une grande cour (de дворъ).
Избúще, une grande chambre (de избá).
Окнúще, une grande fenêtre (de окнó).
Парнúще, un gros garçon (de пáрень).
Ры́бище, un gros poisson (de ры́ба).
Столúще, une grande table (de столъ).

D'après le sixième paradigme (домúшко) se déclinent les subtantifs diminutifs en ко et го, en observant que ceux qui se forment des substantifs neutres ont le nominatif pluriel en a et ы (ou и), comme

Зéркальце, un petit miroir (de зéркало).
Лúчико, un petit visage (de лицё).

---

[1] Ces augmentatifs ne s'emploient que dans le langage familier ; et au contraire les diminutifs sont très-usités.

Мужичишко, un petit et misérable paysan (de мужикъ).
Оконцо, une petite fenêtre (de окно).
Столишко, une petite et chétive table (de столъ).
Ушко, une petite oreille (de ухо).

Observations.

1) Sur les substantifs en o.

1. Les substantifs qui se terminent par la lettre o précédée
de deux consonnes adoucissent la désinence du génitif pluriel
par l'intercalation de la voyelle е ou o entre les deux consonnes
finales; ex. ведро, un seau, gén. pl. ведеръ; пятно, une tache,
пятенъ; весло, une rame, веселъ; число, le nombre, чиселъ
et числъ; стекло, le verre, стёколъ; окно, la fenêtre, оконъ;
сукно, le drap, суконъ, et de même le subst. pl. кресла, un
fauteuil, креселъ. S'il y a un ь entre les deux consonnes, il se
change en е; ex. письмо, une lettre, писемъ. Mais les suivants:
гнѣздо, un nid; горло, la gorge; дышло, le timon; масло,
l'huile; ремесло, le métier, n'ajoutent rien au génitif pluriel.

2. Quelques-uns font leur pluriel en ья, gén. ьевъ, dat.
ьямъ, etc., comme перо, une plume, перья; полѣно, une bûche
de bois, полѣнья; крыло, l'aile, крыла et крылья, gén. крылъ
et крыльевъ, etc.; дерево, l'arbre, дерева et деревья, gén.
деревъ et деревьевъ, etc. Cela vient de ce que quelques-uns
d'entre eux ont un collectif en ье, comme крылье, перье; ce qui
répond aux collectifs français *plumage, feuillage, branchage*.

3. Les suivants sont irréguliers:
Небо, le ciel, nom. pl. небеса, gén. небесъ, etc.
Око, l'œil, nom. pl. очи, gén. очей, etc. (sl. очеса, очесъ, etc.)
Плечо, l'épaule, nom. pl. плечи, gén. плечъ, etc.
Судно, un navire, nom. pl. суда, gén. судовъ, etc.; mais s'il si-
gnifie un *vase*, il est régulier, nom. pl. судна, gén. суденъ, etc.

Тѣло, un corps, nom. pl. тѣлеса́, gén. тѣлёсъ, etc., s'il s'agit des *corps célestes;* sinon il est régulier, pl. тѣла́, тѣлъ, etc.

У́хо, l'oreille, nom. pl. у́ши, gén. ушéй, etc.

Чу́до, le miracle, nom. pl. чудеса́, gén. чудéсъ, etc.

Я́блоко, une pomme, nom. pl. я́блока et я́блоки, gén. я́блокъ et я́блоковъ, etc.

2) Sur les substantifs en е.

1. Les substantifs dont la terminaison en це est précédée d'une consonne ajoutent е au génitif pluriel; ex. сéрдце, le cœur, сердéцъ; et si це est précédé de ь, alors ь se change en е; ex. кольцё, un anneau, кóлецъ; крыльцё, un perron, крылецъ; et de même le subst. plur. пя́льца, un métier (à broder), пя́лецъ. Il faut excepter сóлнце, le soleil, qui fait au pluriel сóлнцы, gén. сóлнцевъ, etc.

2. Ceux en ье ont le gén. plur. en ьевъ et ей; ex. копьё, une lance, копьёвъ et кóпей; ружьё, un fusil, ружьёвъ et ру́жей.

3. Ceux en ое se déclinent comme le neutre des adjectifs (voyez § 68); ex. жаркóе, le rôti, gén. жаркáго, dat. жаркóму; морóженое, des glaces, gén. морóженаго; живóтное, un animal, gén. живóтнаго, pl. живóтныя, etc.

3) Sur les substantifs en мя.

1. Autrefois on déclinait les substantifs en мя en mettant à tous les cas la voyelle я au lieu de е, comme врéмяни, вре-мяná, etc. Cette manière, quoique plus régulière, n'est plus en usage.

2. Quelques substantifs neutres qui désignent les petits des animaux, se terminent en я (ou en а, suivant la consonne qui précède), et changent я en яти pour le génitif, le datif et le

prépositional sing., et en ятисмъ pour l'instrumental [1]. Si nous n'avons point donné de paradigme pour ces substantifs, c'est qu'ils sont slavons et qu'ils ne s'emploient plus qu'au pluriel; au singulier on se sert des diminutifs en ёнокъ. Ainsi le singulier de ces substantifs est masculin, et appartient à la première déclinaison, tandis que le pluriel est neutre, et par conséquent de la seconde. Ex. ослёнокъ, un ânon, gén. ослёнка, etc., nom. pl. ослята, gén. et acc. ослятъ, dat. ослятамъ, instr. ослятами, prép. объ ослятахъ; et de même

Волчёнокъ, un louveteau, pl. волчата.

Жеребёнокъ, un poulain, pl. жеребята.

Поросёнокъ, un cochon de lait, pl. поросята.

Ребёнокъ, un enfant, pl. ребята.

Телёнокъ, un veau, pl. телята.

Цыплёнокъ, un poulet, pl. цыплята.

Щенókъ, un petit chien, pl. щенята [2].

Ягнёнокъ, un agneau, pl. ягнята.

3. Le substantif дитя, l'enfant, est neutre au singulier, et appartient à cette déclinaison; mais au pluriel il est masculin, et de la première. Il se décline ainsi:

---

[1] Ces substantifs, ainsi que ceux en мя, se distinguent de tous les autres par l'augment qui accompagne tous les cas. On peut les considérer comme *apocopés*, c'est-à-dire des mots auxquels on a retranché une ou deux lettres de la fin. Ainsi имя, le nom, vient peut-être de имянъ et теля, le veau, de телятъ. Cette supposition peut être fondée sur les autres dialectes slavons; par exemple, dans le mot polonais imię, le nom, l'e a un son nasal qui approche beaucoup du mot français *mien*.

[2] Щенókъ se dit non-seulement d'un petit chien, mais aussi du petit d'un quadrupède quelconque; comme le mot latin *catulus*.

	SINGULIER.	PLURIEL.
N.	Дитя́, l'enfant.	Дѣ́ти, les enfants.
G.	Дитя́ти.	Дѣте́й.
D.	Дитя́ти.	Дѣтя́мъ.
A.	Дитя́.	Дѣте́й.
I.	Дитя́темъ [1].	Дѣтя́ми et дѣтьми́.
P.	о Дитя́ти.	о Дѣтя́хъ.

4) Sur les augmentatifs et les diminutifs.

1. Les augmentatifs qui se forment des substantifs neutres ont le nominatif pluriel en a, comme окни́ще, une grande fenêtre, окни́ща; личи́ще, un grand visage, личи́ща.

2. Les diminutifs en ко et цо (ou це) qui se forment des substantifs neutres ont le nominatif pluriel en a et ы (ou и pour ceux en ко); ex. зе́ркальце, un petit miroir, pl. зе́ркальца et зе́ркальцы; ушко́, une petite oreille, ушки́.

---

[1] On trouve aussi дитя́тею pour l'instrumental de дитя́; mais aujourd'hui le seul usité est дитя́темъ.

TROISIÈME

§ 51. La troisième déclinaison comprend les substantifs fémi-
nins terminés en a, я et ь. Ils se déclinent d'après les six para-
digmes suivants.

SINGU

N.	Вод-а́,		Рук-а́,		Пу́л-я,	
G.	Вод-ы́,		Рук-и́,		Пу́л-и,	
D.	Вод-ѣ́,	l'eau.	Рук-ѣ́,	la main.	Пу́л-ѣ,	une balle
A.	Во́д-у,		Ру́к-у,		Пу́л-ю,	(d'arme à feu).
I.	Вод-о́ю, о́й,		Рук-о́ю, о́й,		Пу́л-ею, ей,	
P.	о Вод-ѣ́,		о Рук-ѣ́,		о Пу́л-ѣ,	

PLU

N.	Во́д-ы,		Ру́к-и,		Пу́л-и,	
G.	Вод-ъ,		Рук-ъ,		Пул-ь,	
D.	Вод-а́мъ,	les eaux.	Рук-а́мъ,	les mains.	Пу́л-ямъ,	des balles.
A.	Во́д-ы,		Ру́к-и,		Пу́л-и,	
I.	Вод-а́ми,		Рук-а́ми,		Пу́л-ями,	
P.	о Вод-а́хъ,		о Рук-а́хъ,		о Пу́л-яхъ,	

Ainsi se déclinent les subst. inanimés en a, excepté les suivants. Mais les masc. et fémin. animés, comme воево́да, le gouverneur; вдова́, une veuve,	Ainsi se déclinent les subst. inanimés en га, ка, ха, жа, ча, ша, ща. Mais les masc. et fémin. animés, comme слуга́, le serviteur; му́ха, la mouche,	Ainsi se déclinent les subst. inanimés en я précédé d'une consonne. Mais les masc. et fém. animés, comme дя́дя, l'oncle; княги́ня, la princesse,

diffèrent des paradigmes précédents en ce qu'ils ont l'accusatif
pluriel semblable au génitif.

---

[1] Les substantifs masculins de cette déclinaison qui sont en très-
petit nombre, n'ont pas l'accusatif singulier semblable au génitif;
mais si, étant à l'accusatif, ils sont accompagnés d'un adjectif,

DÉCLINAISON.

Remarque. Parmi ces substantifs il s'en trouve quelques-uns
qui sont masculins [1].

L I E R.

un geai.		l'orateur.		le cheval.	
Со́-я,		Вит-ія,		Ло́шад-ь,	
Со́-и,		Вит-іи,		Ло́шад-и,	
Со́-ѣ,		Вит-іи,		Ло́шад-и,	
Со́-ю,		Вит-ію,		Ло́шад-ь,	
Со́-ею, ей,		Вит-іею, іей,		Ло́шад-ію, ью,	
о Со́-ѣ,		о Вит-іи,		о Ло́шад-и,	

R I E L.

des geais.		les orateurs.		les chevaux.	
Со́-и,		Вит-іи,		Ло́шад-и,	
Со-й,		Вит-ій,		Лошад-е́й,	
Со́-ямъ,		Вит-іямъ,		Лошад-я́мъ,	
Со-и,		Вит-іи,		Лошад-е́й,	
Со́-ями,		Вит-іями,		Ло́шад-я́ми, ьми́,	
о Со́-яхъ,		о Вит-іяхъ,		о Лошад-я́хъ,	

Ainsi se déclinent les
subst. animés en я,
précédé de а, е, ѣ,
о, у, ь. Mais les
inanimés, comme
шея, le cou,

Ainsi se déclinent les
substant. animés en
ія. Mais les inani-
més, comme импé-
рія, l'empire,

Ainsi se déclinent les
subst. fém. animés
en ь. Mais les inani-
més, comme мысль,
la pensée,

diffèrent des paradigmes précédents en ce qu'ils ont l'accusatif
pluriel semblable au nominatif.

alors l'accusatif de cet adjectif sera semblable au génitif; ex.
они избра́ли сего́ учёнаго вития, ils ont choisi ce savant
orateur.

D'après le premier paradigme (водá) se déclinent les substantifs en a, comme

Весна́, le printemps.

Голова́, la tête.

Гора́, une montagne.

Жена́, une femme.

Звѣзда́, une étoile.

Зима́, l'hiver.

Коро́ва, une vache.

Ку́рица, une poule.

Ме́льница, un moulin.

Побѣ́да, la victoire.

Пчела́, une abeille.

Ро́за, une rose.

Ры́ба, un poisson.

Сторона́, le côté.

Трава́, l'herbe.

Труба́, la trompette.

Уби́йца, un meurtrier.

Узда́, une bride.

У́лица, la rue.

Шля́па, un chapeau.

D'après le second paradigme (рукá) se déclinent les substantifs en га, ка, ха, жа, ча, ша, ща, comme

Блоха́, une puce.

Бума́га, le papier.

Вельмо́жа, un seigneur.

Гру́ша, une poire.

Доро́га, le chemin.

Душа́, l'âme.

Кни́га, un livre.

Ко́жа, la peau.

Нога́, le pied.

Ро́ща, le bosquet.

Рѣка́, une rivière.

Соба́ка, un chien.

Супру́га, une épouse.

Таре́лка, une assiette.

Ту́ча, une nuée obscure.

Шпа́га, une épée.

Щека́, la joue.

Щу́ка, un brochet.

D'après le troisième paradigme (пу́ля) se déclinent les substantifs en я précédé d'une consonne, comme

Ба́ня, un bain.

Боги́ня, une déesse.

Бу́ря, la tempête.

Во́ля, la volonté.

До́ля, la portion.

Ды́ня, un melon.

Заря́, l'aurore.

Коню́шня, l'écurie.

Мона́хиня, une religieuse.

Недѣ́ля, la semaine.

Посте́ля, un lit.

Пусты́ня, un désert.

D'après le quatrième paradigme (соя) se déclinent les substantifs en я précédé de а, е, ѣ, о, у, ь, en observant que ceux en ья ont le génitif pluriel en ей, comme

Верея́, un poteau.

Збру́я, une armure.

Змѣя́, un serpent.

Игу́менья, une abbesse.

Ке́лья, une cellule.

Лодья́, une nacelle.

Ля́двея, la hanche.

Свая́, un pieu.

Свинья́, un cochon.

Семья́, la famille.

Струя́, un torrent.

Судья́, le juge.

D'après le cinquième paradigme (витія) se déclinent les substantifs en ія, comme

Би́блія, la Bible.

Колле́гія, un collége.

Коме́дія, une comédie.

Ли́лія, un lis.

Ли́нія, une ligne.

Мо́лнія, un éclair.

Стихі́я, l'élément.

Траге́дія, une tragédie.

D'après le sixième paradigme (лошадь) se déclinent les substantifs féminins en ь, comme

Болѣ́знь, la maladie.

Вѣтвь, une branche.

Грудь, la poitrine.

Доброде́тель, la vertu.

Кровь, le sang.

Крѣ́пость, une forteresse.

Мече́ть, la mosquée.

Мышь, une souris.

О́сень, l'automne.

Па́мять, la mémoire.

Печа́ть, le cachet.

Свекро́вь, la belle-mère.

Сельдь, un hareng.

Страсть, la passion.

Тѣнь, l'ombre.

Честь, l'honneur.

Observations.

1) Sur les substantifs en а.

1. L'instrumental singulier en ой et ей est une apocope (ou abréviation) de ою et ею.

2. Les substantifs en a précédé des dentales ж, ч, ш, щ, et de la linguale ц, ont l'instrumental singulier en ею (au lieu de ою, § 48) ; ex. кóжа, la peau, кóжею ; душá, l'âme, душéю ; тýча, une nuée obscure, тýчею ; рóща, le bosquet, рóщею ; овцá, la brebis, овцёю.

3. Les substantifs en жа, ча, ша, précédés d'une consonne, et ceux en ща, ont le génitif pluriel en ей ; ex. вожжá, la rêne, вожжéй ; ханжá, un bigot, ханжéй ; вéкша, un écureuil, вéкшей ; парчá, étoffe d'or, парчéй ; рóща, le bosquet, рóщей ; et de même les substantifs qui n'ayant point de singulier se terminent ainsi au pluriel, comme брыжжи, une fraise (manchette), брыжжéй ; мóщи, les reliques, мощéй.

4. Les substantifs en ка précédé d'une consonne, de ь ou de й, forment leur génitif pluriel en ajoutant е ou о avant ка, savoir :

a) Lorsque ка est précédé des dentales ж, ч, ш, on ajoute е ; ex. лóжка, une cuillère, лóжек ; бóчка, un tonneau, бóчек ; пýшка, un canon, пýшек ; et de même дрóжки, espèce de voiture, дрóжек.

b) Si ка est précédé d'autres consonnes que ж, ч, ш, on ajoute о ; ex. трýбка, une pipe, трýбок ; дéвка, une fille, дéвок ; вóдка, l'eau-de-vie, вóдок ; скáзка, un conte, скáзок ; пáлка, un bâton, пáлок ; ямка, une fossette, ямок ; шáпка, un bonnet, шáпок ; ярка, une jeune brebis, ярок ; доскá, une planche, досóк ; ýтка, un canard, ýток. De même les substantifs pluriels слúвки, la crème, слúвок ; носúлки, une civière, носúлок ; чётки, un chapelet, чёток ; сýтки, espace de vingt-quatre heures, сýток.

c) Si ка est précédé de ь ou de й, alors е prend la place de ces deux lettres ; ex. люлька, un berceau, люлек ; нянька, une bonne d'enfant, нянек ; байка, la frise (étoffe de laine), баек ; гайка, un écrou, гаек.

5. Les substantifs en ба, га, ма, на, ра, ца précédés d'une consonne (autre que г, к, х), de ь ou de й, ajoutent aussi е au

génitif pluriel, ou changent ь et й en е; ex. сосна, un pin, сосенъ; сестра, la sœur, сестёръ; овца, la brebis, овёцъ; судьба, le sort, судёбъ; серьга, une boucle d'oreille, серёгъ; тюрьма, une tour, тюрёмъ; райна, une antenne, раенъ; кайма, une bordure, каёмъ. Si la consonne qui précède est une des gutturales г, к, х, alors on ajoute о; ex. игла, une aiguille, иголъ; игра, le jeu, игоръ; кукла, une poupée, куколъ; икра, le gras de jambe (ou le caviar), икоръ.

2) Sur les substantifs en я.

1. Les substantifs en ля et ня précédés d'une consonne, de ь ou de й, forment leur génitif pluriel en ajoutant е entre les deux consonnes, ou en changeant ь et й en е; ex. земля, la terre, земёль; капля, une goutte, капель; башня, une tour, башень [1]; басня, une fable, басень; водопойня, un abreuvoir, водопоснь; спальня, une chambre à coucher, спаленъ. Il faut excepter кухня, la cuisine, qui fait кухонь et кухней; клёшня, une serre d'écrevisse, клёшней; цапля, un héron, цаплей et цапель.

2. Les substantifs en ля et ря (et quelques autres en ля et ня) précédés d'une voyelle ont le génitif pluriel en ей; ex. дядя, l'oncle, дядей; буря, la tempête, бурей et бурь; заря, l'aurore, зарей; доля, une portion, долей et доль; шóня, un coup de filet, тоней.

3. Quelques substantifs en ая se déclinent comme le féminin des adjectifs (voyez § 68) ; ex. вселённая, l'univers, gén. вселённой ou вселённыя, etc.

---

[1] Quelques grammairiens veulent que les substantifs en ля se terminent en ь au génitif pluriel, et ceux en ня en ъ; mais c'est sans raison. Les substantifs en я prennent à tous les cas des voyelles douces; il n'y a aucune raison pour que quelques-uns d'entre eux prennent la muette dure au génitif pluriel.

3) Sur les substantifs féminins en ь.

1. Quelques substantifs perdent dans tous les cas, excepté à l'instrumental singulier, la voyelle e ou o qui se trouve dans leur dernière syllabe; ex. ложъ, le mensonge, gén. лжи, etc., inst. лóжію; лесть, la flatterie, gén. льсти, inst. лéстію; любóвь, l'amour, gén. любви, inst. любóвію.

2. L'instrumental singulier en ью, et pluriel en ьми, est une syncope de ію et ями.

3. Ceux en ь précédé des dentales ж, ч, ш, щ, prennent а au lieu de я au datif, à l'instrumental et au prépositional du pluriel; ex. ночь, la nuit, нóчамъ, нóчами et нóчахъ; вещь, la chose, вéщамъ, вéщами et вéщахъ. Ajoutez aussi цéрковь, l'église, qui fait irrégulièrement, et sans raison, ces trois cas, церквáмъ, церквáми et церквáхъ.

4. Les substantifs мать, la mère, et дочь, la fille (qui dérivent du Slavon), ajoutent dans tous les autres cas la syllabe ер; gén. мáтери et дóчери, inst. мáтерью et дóчерью, etc.

ARTICLE DEUXIÈME.

Déclinaison des substantifs propres.

§ 52. Les substantifs propres, tant ceux de pays et de villes que ceux de personnes, se déclinent comme les substantifs communs auxquels ils ressemblent par leur terminaison. Ainsi Ивáнъ, Jean, se décline sur вóинъ; Кíевъ, la ville de Kiew, sur смолъ; Пáвловичъ, fils de Paul, sur мужъ; Россíянинъ, un Russe, sur крестьянинъ; Ѳомá, Thomas, sur воевóда; Илíя, Élie, sur винíя, etc. Il faut excepter les noms de familles et de villes en овъ, евъ, ынъ, инъ, скъ et цкъ, qui se déclinent sur les adjectifs possessifs de personne (§ 73), à l'exception des masculins et des

neutres qui ont le prépositional singulier en ѣ (au lieu de омъ).
Ils se déclinent d'après les trois paradigmes suivants :

	nom de famille	nom de village	nom de village
N.	Орлóв ъ,	Бородин-ó,	Мýрин-а,
G.	Орлóв-а,	Бородин-á,	Мýрин-ой,
D.	Орлóв-у,	Бородин-ý,	Мýрин-ой,
A.	Орлóв-а,	Бородин-ó,	Мýрин-у,
I.	Орлóв-ымъ,	Бородин-ымъ,	Мýрин-ою,
P.	объ Орлóв-ѣ,	о Бородин-ѣ,	о Мýрин-ѣ,

Ainsi se déclinent les noms de famille en овъ, евъ, ынъ et инъ. Mais les noms de ville, comme Ростóвъ, Архáнгельскъ, ont l'acc. semblable au nomin.

Ainsi se déclinent les noms de ville et de village en ово, ево, ыно et ино.

Ainsi se déclinent les noms de ville et de famille en ова, ева, ына et ина.

Remarque. Ceux en скъ et цкъ prennent и au lieu de ы (§ 48).

Le pluriel se termine, comme celui des adjectifs possessifs (§ 73), en ы, ыхъ, ымъ, ыми et ыхъ.

Première Remarque. Il y a des noms de famille et de ville qui se déclinent comme les adjectifs qualificatifs (§ 68) ; ex. Толстóй, nom de famille, gén. Толстáго, dat. Толстóму, etc.

Seconde Remarque. Il y a des noms de villes composés dont les deux mots se déclinent; comme Нóвгородъ, Novgorod, gén. Новагóрода, dat. Новугóроду, instr. Новымгóродомъ, prépos. Новѣгóродѣ; Царьгрáдъ, Constantinople, gén. Царягрáда, dat. Царюгрáду, inst. Царемгрáдомъ, prép. Царѣгрáдѣ.

§ 53. Les noms propres de personnes, et quelques-uns de pays, qui viennent du Grec et du Latin, subissent en Russe un changement d'après lequel ils se déclinent, savoir :

1. Les noms d'hommes en *es* et *us*, ou en ης et ος, précédés d'une consonne, rejettent ces terminaisons, et prennent ъ à la fin ; Людóвикъ (de *Ludovicus*) ; Діогéнъ (de Διογένης) ; Ѳеофúлъ (de Θεόφιλος) ; Филúппъ (de Φίλιππος) ; Алексáндръ (de Ἀλέξανδρος).

5

2. Ceux en *as* ou *ας* précédé d'une consonne retranchent *s*; ex. Лука́ (de Λουκᾶς); Θома́ (de *Thomas*).

Remarque. Si le mot latin est de la troisième déclinaison latine, ou si c'est un féminin en *as* ou en *is* de la même déclinaison, le mot russe se forme alors du génitif en changeant *is* en ъ pour le masculin, et en a pour le féminin; ex. Палла́нтъ, Pallas, nom d'homme (du gén. *Pallantis*); Па́ллада, Pallas, nom de femme (du gén. *Palladis*); Ко́лхида, la Colchide, province (du gén. *Colchidis*).

3. Ceux en *as* et *us*, ou en *ας* et *ος*, précédés d'une voyelle, changent ces terminaisons en й; ex. Гора́цій (de *Horatius*); Андре́й (de *Andreas*); Эне́й (de Αἰνείας).

4. Ceux en *o* ajoutent нъ, et ceux en *ων*, ъ; ex. Цицеро́нъ (de *Cicero*); Плато́нъ (de Πλάτων).

5. Les noms de femme en *ia*, et ceux de pays en *ia* et *ium* changent *a* et *um* en я; ex. Со́фія (de Σοφία); Марı́я (de *Maria*); А́зія (de *Asia*); Ла́ція (de *Latium*).

Remarque. Ce changement se trouve aussi dans les substantifs communs; ex. Филосо́фія (de φιλοσοφία); Колле́гія (de *collegium*).

ARTICLE TROISIÈME.

Formation des substantifs dérivés.

§ 34. Les substantifs *dérivés* sont ceux qui se forment d'autres mots, appelés par cette raison *primitifs* (первообра́зныя), au moyen de certaines terminaisons; comme ча́йникъ, une théière, de чай, le thé; ра́дость, la gaieté, de радъ, gai. Ils se distinguent par les terminaisons suivantes : ачъ, ба, ка, ецъ, ина, никъ, ніе, ня, окъ, ость, ство, тель, тіе, унъ, щикъ, янинъ. Mais il est d'autres substantifs dérivés qui méritent une attention particulière; ce sont :

I.   Les féminins formés des masculins;
II.   Les augmentatifs;
III. Les diminutifs;
IV.   Les substantifs nationaux;
V.   Les substantifs patronymiques.

I. Substantifs féminins dérivés des masculins.

§ 55. Pour distinguer un être féminin d'un être masculin de la même espèce, on a désigné l'un et l'autre par un nom différent; comme мужъ, un homme, жена, une femme; отецъ, le père, мать, la mère; сынъ, le fils, дочь, la fille; братъ, le frère, сестра, la sœur; пѣтухъ, un coq, курица, une poule; баранъ, un bélier, овца, une brebis, etc. ; ou bien on les a désignés tous deux par le même nom, comme сорока, une pie; ласточка, une hirondelle, soit qu'on parle du mâle ou de la femelle. Mais souvent on a distingué le féminin, en le désignant par un substantif dérivé du masculin avec un changement de la terminaison. Ce changement se fait de la manière suivante :

1. Les masculins polysyllabes en бъ, въ, гъ, дъ, лъ, ръ, пъ, хъ, changent ъ en ка, en observant que la gutturale x se change en dentale ш; ex. сосѣдъ, le voisin, сосѣдка, la voisine; суевѣръ, un superstitieux, суевѣрка, une superstitieuse; хлѣбосолъ, un homme hospitalier, хлѣбосолка, une femme hospitalière; пастухъ, un berger, пастушка, une bergère; вертопрахъ, un étourdi, вертопрашка, une étourdie. Il faut excepter орёлъ, l'aigle, орлица, l'aigle femelle; козёлъ, un bouc, коза, une chèvre; поваръ, un cuisinier, повариха, une cuisinière; осёлъ, un âne, ослица, une ânesse.

2. Les monosyllabes en ъ changent ъ en овка; ex. щеглъ, un chardonneret, щеглóвка, un chardonneret femelle; чижъ, un serin, чижóвка, une serine. Il faut excepter кумъ, le compère, кума, la commère; волкъ, un loup, волчица, une louve; левъ, un lion, львица, une lionne; слонъ, un éléphant, слониха, un

éléphant femelle; сватъ, un parent, сватья, une parente; mais si сватъ signifie *un entremetteur*, il fait сваха, une entremetteuse.

3. Les masculins en анъ et унъ changent ъ en ья; ex. губанъ, un boudeur, губанья, une boudeuse; лгунъ, un menteur, лгунья, une menteuse; mais болванъ, un homme stupide, fait болваниха, une femme stupide.

4. Ceux en инъ changent инъ en ка; ex. дворянинъ, un gentilhomme, дворянка, une dame noble; крестьянинъ, un paysan, крестьянка, une paysanne. Il faut excepter хозяинъ, le maître, хозяйка, la maîtresse; бояринъ, un seigneur, боярыня, une grande dame (боярышня, la fille d'un seigneur); господинъ, monsieur, госпожа, madame; павлинъ, un paon, пава, une paonne.

5. Ceux en ецъ et икъ changent ces terminaisons en ица; ex. старецъ, un moine, старица, une religieuse; грѣшникъ, un pécheur, грѣшница, une pécheresse. Il faut excepter купецъ, un marchand, купчиха, une marchande; старикъ, un vieillard, старуха, une vieille femme; мельникъ, un meunier, мельничиха, une meunière; самецъ, un mâle, самка, une femelle.

6. Les substantifs étrangers en ъ et ь changent ces terminaisons en ша, en observant que dans ceux en лъ et рь on ajoute ь avant ша; ex. генералъ, un général, генеральша; маіоръ, un major, маіорьша; аптекарь, un apothicaire, аптекарьша. Il faut excepter графъ, un comte, графиня, une comtesse; императоръ, un empereur, императрица, une impératrice; герцогъ, un duc, герцогиня, une duchesse; баронъ, un baron, баронесса, une baronne; монахъ, un moine, монахиня, une religieuse.

7. Les masculins en ь changent ь en иха; ex. щёголь, un petit-maître, щеголиха, une petite maîtresse; журавль, une grue mâle, журавлиха, une grue femelle. Il faut excepter государь, le souverain, государыня, la souveraine; царь, un tsar, царица, une tsarine; князь, un prince, княгиня, une princesse

(княжна́, la fille d'un prince); коро́ль, un roi, короле́ва, une reine; медвѣдь, un ours, медвѣ́дица, une ourse.

Les trois suivants font aussi leur féminin en иха, дьячёкъ, un chantre d'office, дьячи́ха, la femme d'un chantre; за́яцъ, un lièvre, зайчи́ха, une hase; ста́роста, un ancien de village, ста́ростиха.

8. Les masculins en тель font leur féminin en ajoutant ница; ex. благодѣ́тель, un bienfaiteur, благодѣ́тельница, une bienfaitrice; преда́тель, un traître, преда́тельница, une traîtresse.

9. Ceux en й ajoutent ка; ex. злодѣ́й, un malfaiteur, злодѣ́йка, une scélérate; негодя́й, un vaurien, негодя́йка, une méchante femme; excepté геро́й, un héros, герои́ня, une héroïne; казначе́й, un caissier, казначе́я, etc.

Remarque. Les noms des femmes d'artisans s'expriment par les terminaisons ница et иха. La terminaison ница indique toujours la profession qu'exerce la femme, comme хлѣ́бница, la femme qui fait du pain; ша́пошница, une faiseuse de bonnets; tandis que la terminaison иха désigne seulement la femme d'un artisan, et ne s'emploie que dans le langage familier; comme сапо́жниха, la femme d'un cordonnier; портни́ха, la femme d'un tailleur.

II. Augmentatifs.

§ 56. Les *augmentatifs* (увели́чительныя) sont des substantifs dérivés dont la propriété est de donner une idée de grandeur ou de grosseur[1]. Ils se terminent en ище, ища et ина, et se forment ainsi :

---

[1] La langue française n'a point d'augmentatifs; elle a ses diminutifs, tels que *poutrelle, tourelle, fillette, globule, monticule,* etc.; mais ils sont moins nombreux que ceux de la langue russe; d'ailleurs ils plaisent moins à l'oreille.

1. Les substantifs masculins en ъ, ь et й changent ces terminaisons en ище, et quelques-uns en ина; ex. домъ, une maison, домище et домина, une grande maison; гвоздь, un clou, гвоздище, un gros clou; сарай, une remise, сарáище, une grande remise; дѣтина, un garçon, du pluriel дѣти.

2. Les neutres en о et мя changent о et я en ище; ex. окнó, une fenêtre, окнище, une grande fenêtre; вымя, le pis, вымище, etc.

3. Les féminins en а, я et ь changent ces terminaisons, les inanimés en ища, et les animés en ище; ex. лáпа, une patte, лáпища; бáни, un bain, бáнища; кáдь, une cuve, кáдища; бáба, une femme (terme de mépris), бáбище.

4. Les substantifs qui ne s'emploient qu'au pluriel forment leurs augmentatifs en ищи; ex. сáни, un traîneau, сáнищи; часы́, une montre, часи́щи.

Remarque. S'il se trouve dans la terminaison les gutturales г, к, х, elles se changent en dentales ж, ч, ш; ex. сапóгъ, une botte, сапожище; старикъ, un vieillard, старичище; брюхо, le ventre, брюшище.

Diminutifs.

§ **57.** Les *diminutifs* (уменьшительныя) sont des substantifs dérivés dont la propriété est de représenter les objets sous un point de vue de petitesse; ce qui arrive lorsque nous parlons favorablement d'une chose, ou lorsque nous en parlons avec dédain. De là deux sortes de diminutifs : les diminutifs de *politesse* (привѣтственныя), qui emportent dans leur signification une idée agréable, et les diminutifs de *mépris* (уничижительныя), qui emportent dans leur signification une idée désagréable; comme домъ, une maison, дóмикъ, une maisonnette, une jolie petite maison, et домишко, une vilaine petite maison.

§ **58.** Les diminutifs de politesse se terminent :

Les masculins en окъ, икъ, чикъ, екъ, ецъ :

Les neutres en цо (ou це), ко, ечко;
Les féminins en ка, ица, et se forment de la manière suivante.

1) MASCULINS.

1. Les masculins en ъ précédé des consonnes б, в, м, н, с,
forment leurs diminutifs en changeant ъ en окъ; ex. грибъ, un
champignon, грибо́къ; о́стровъ, une île, островокъ; комъ, un
monceau, комо́къ; челнъ, une nacelle, челпо́къ; лѣсъ, une
forêt, лѣсо́къ; зубъ, une dent, зубо́къ et зу́бикъ. Il faut excep-
ter ровъ, un fossé, ро́викъ; левъ, un lion, лёвикъ; заливъ, un
golfe, заливецъ; черносливъ, un pruneau, черносливецъ; каф-
та́нъ, un habit, кафта́нецъ.

2. Ceux en ъ précédé des dentales ж, ч, ш, щ, et de л, н, р,
т, changent ъ en икъ; ex. ножъ, un couteau, но́жикъ; мячъ,
une paume, мя́чикъ; шала́шъ, une cabane, шала́шикъ; плащъ,
un manteau, пла́щикъ; столъ, une table, сто́likъ; шаръ, une
boule, ша́рикъ; крестъ, une croix, кре́стикъ. Il faut excepter
цвѣтъ, une fleur, цвѣто́къ; мо́лотъ, un marteau, молото́къ;
заборъ, une haie, забо́рецъ et забо́рикъ; листъ, une feuille,
листикъ et листо́къ; ко́локолъ, une cloche, колоко́льчикъ;
de même que ceux en ышъ qui changent ъ en екъ, comme
барышъ, le gain, барыше́къ.

3. Ceux en ецъ changent ецъ en чикъ; ex. огуре́цъ, un con-
combre, огу́рчикъ; па́лецъ, un doigt, па́льчикъ.

4. Ceux en ъ précédé des gutturales г, к, х, changent ъ en
екъ, et les gutturales en dentales ж, ч, ш; ex. бе́регъ, le rivage,
береже́къ; сукъ, une branche, суче́къ; пѣту́хъ, un coq;
пѣтуше́къ. Il faut ajouter quelques-uns en нь qui changent нь
en шекъ, comme ка́мень, une pierre, ка́мешекъ; реме́нь, une
courroie, реме́шекъ.

5. Ceux en ь et й changent ces terminaisons en екъ; ex.
у́голь, le charbon, уголёкъ; руче́й, un ruisseau, руче́къ. Il
faut excepter гвоздь, un clou, гво́здикъ; го́лубь, un pigeon,

голубо́къ et голу́бчикъ [1]; кора́бль, un vaisseau, кора́бликъ; поко́й, une chambre, поко́ецъ; сара́й, une remise, сара́ецъ.

6. Ceux en ъ précédé de д et de з changent ъ en ецъ; ex. заво́дъ, une fabrique, заво́децъ; арбу́зъ, un melon d'eau, арбу́зецъ. Il faut excepter го́дъ, l'année, го́дикъ et годо́къ; го́родъ, une ville, городо́къ; са́дъ, un jardin, са́дикъ; гла́зъ, un œil, гла́зикъ et глазо́къ.

Remarque. Il y a quelques masculins qui ont leurs diminutifs en юшка ou ушка; comme, дя́дя, l'oncle, дя́дюшка; дѣдъ, le grand-père, дѣ́душка; ба́тя (mot vulgaire), le père, ба́тюшка. Ces diminutifs sont des termes d'amitié. L'on trouve aussi des sur-diminutifs, c'est-à-dire des diminutifs formés de diminutifs [2], comme сту́льчикъ, une très-petite chaise; поко́йчикъ, une très-petite chambre; но́жичекъ, un très-petit couteau.

2) NEUTRES.

1. Les neutres en o précédé des consonnes в, д, п, с, т, changent o en цо (ou plus régulièrement en це, § 48); ex. де́рево, un arbre, деревцо́; блю́до, un plat, блю́дце; сѣ́но, le foin, сѣнцо́; колесо́, une roue, колесцо́. Si o est précédé de deux consonnes, on ajoute е ou o, comme гумно́, une aire, гуме́нце [3]; сукно́, le drap, суко́нце. Il faut excepter зерно́, un

---

[1] Le diminutif голу́бчикъ, dont le féminin est голу́бушка, est un terme d'amitié; en Français, *mon cher, mon petit cœur*.

[2] Ces sur-diminutifs se trouvent aussi dans la langue latine; comme *homulus, homullus, homuncio, homuncalus*, petit homme, pauvre homme; quatre termes qui peignent nécessairement diverses nuances, vu que dans aucune langue il n'y a de synonymes parfaits.

[3] Le diminutif гуме́нце signifie aussi la *tonsure des religieux*, c'est-à-dire une couronne qu'on leur fait en leur rasant les cheveux en rond au sommet de la tête.

grain, зёрнышко ; бревнó, une poutre, бревéшко ; мѣ́сто, un endroit, мѣстéчко.

2. Ceux en ло précédé d'une voyelle changent o en ьце, et ceux en ло précédé d'une consonne changent o en еце ; ex. жáло, un aiguillon, жáльце ; одѣя́ло, une couverture, одѣя́льце ; веслó, une rame, веслецó et весéльце ; мáсло, l'huile, мáслеце ; et de même ceux en бро, comme серебрó, l'argent, серебрецó. Il faut excepter крылó, l'aile, крылышко ; ребрó, une côte, рéбрышко.

3. Ceux en ье ajoutent це ; ex. копьё, une lance, копьецó ; плáтье, un habit, плáтьеце.

4. Ceux en o précédé des gutturales г, к, x, changent o en ко, et les gutturales en dentales ж, ч, ш ; ex. и́го, le joug, и́жко ; лыко, l'écorce, лычко ; ýхо, une oreille, ушкó. La linguale ц se change aussi en dentale ч, comme яйцё, un œuf, яичко. Mais лицё, le visage, fait личико ; сéрдце, le cœur, сердéчко ; сóлнце, le soleil, сóлнышко ; ajoutez плечó, l'épaule, плéчико.

5. Ceux en мя changent я en ечко ; ex. сѣмя, la semence, сѣмечко. Дитя́, l'enfant, fait дитятко.

Remarque. Les neutres ont aussi des sur-diminutifs, comme словéчко, un très-petit mot ; сердечýшко, un très-petit cœur.

3) FÉMININS.

1. Ceux en a précédé d'une consonne et en ь, changent а et ь en ка ; ex. рыба, le poisson, рыбка ; травá, l'herbe, трáвка ; лóшадь, un cheval, лошáдка. Si devant a et ь il se trouve deux consonnes, on ajoute o ou e, comme иглá, une aiguille, игóлка ; вервь, une corde, верёвка. Il faut excepter сестрá, la sœur, сестрица ; кумá, la commère, кýмушка ; мать, la mère, мáтушка ; вѣтвь, une branche, вѣтка.

2. Ceux en a précédé des gutturales г, к, x, changent a en ка, et les gutturales, comme les masculins et les neutres, en dentales ; ex. кни́га, un livre, книжка ; рѣкá, une rivière, рѣчка ;

кроха́, une miette, кро́шка. La linguale ц se change aussi en ч, comme пти́ца, un oiseau, пти́чка. Il faut excepter тётка, la tante, тётушка.

3. Ceux en жа, ща et щь, changent а et ь en ица; ex. ко́жа, la peau, ко́жица; ро́ща, le bosquet, ро́щица; вещь, la chose, вещи́ца. Mais рого́жа, une natte, fait рого́жка.

4. Ceux en я ajoutent ка à la terminaison du génitif pluriel; ex. ги́ря, un pendule, ги́рька; ды́ня, un melon, ды́нька; змѣ́й, un serpent, змѣ́йка; семья́, la famille, семе́йка; ба́шня, une tour, ба́шенька; са́бля, un sabre, са́белька.

Remarque. Les féminins ont aussi des sur-diminutifs, comme кни́жечка, un très-petit livre; голо́вочка, une très-petite tête; ле́нточка, un très-petit ruban.

§ 59. Les diminutifs de mépris se terminent en енко, ение, итко, енка, енца, ишка; ex. стари́къ, un vieillard, старичёнко et старичёнце; столъ, une table, столи́шко; лицё, le visage, личи́шко; рука́, la main, ручёнка; ба́ба, une femme, бабёнца; ска́терть, une nappe, ска́тертишка, etc.; en attachant toujours à ces diminutifs une idée désagréable.

Première Remarque. On voit par là qu'en Russe comme en Français, les diminutifs sont du même genre que le substantif dont ils dérivent. Il y a cependant quelques exceptions; par exemple, гребёнка, un petit peigne, est féminin, et son primitif гре́бень est masculin; бочёнокъ, un petit tonneau, est masculin, et son primitif бо́чка est féminin.

Seconde Remarque. Les noms propres de personnes ont aussi leurs diminutifs, et c'est là surtout que paraît leur irrégularité qui est telle qu'on a bien de la peine à les reconnaître; ex. Пётръ, Pierre, Петру́ша, Петру́шка; Ива́нъ, Jean, Ваню́ша, Ваню́шка, Ва́ня, Ва́нька; Алекса́ндръ, Alexandre, Алекса́ша, Са́ша, Са́шенька; Елисаве́та, Élisabeth, Ли́за, Ли́зинька; Авдо́тья, Eudoxie, Ду́нька, etc.

IV. Substantifs nationaux.

§ 60. Des noms de pays et de villes se forment les noms de leurs habitants. Ils se terminent en

       ецъ   ou en   инъ,

анецъ, атецъ, итанецъ;   янинъ, анинъ, итянинъ [1],

et se forment de la manière suivante.

1. Les noms de villes en овъ, дъ, ль, forment leurs substantifs nationaux en changeant ъ et ь en ецъ; ex. Ростóвъ, Ростóвецъ; Нóвгородъ, Новгорóдецъ; Каргопóль (masc.), Каргопóлецъ. De même les suivants se terminent aussi en ецъ : Ярослáвль (masc.), Ярослáвецъ; Áстрахань (fém.), Астрахáнецъ; Казáнь (fém.), Казáнецъ; Владúміръ, Владúмірецъ; Могилéвъ, Могилéвецъ, etc.

2. Les noms de villes en а, ь, гъ, ецъ, скъ, forment leurs substantifs nationaux en инъ; ex. Москвá, Москвúтянинъ; Тверь (fém.), Тверúтянинъ; Олóнецъ, Олóнчанинъ; Смолéнскъ, Смолянинъ; et de même les suivants : Россíя, Россíянинъ; Кíевъ, Кíевлянинъ. Mais de Сибирь (fém. la Sibérie), on fait Сибирякъ; et de Тýла, Тулякъ.

Remarque. Il y a des noms de villes qui ont plusieurs terminaisons pour leurs substantifs nationaux, comme Новгорóдецъ et Новгорóдчанинъ; Москвитянинъ, Москóвецъ et Москвúчъ; Пермянúнъ et Пермякъ. Il y en a d'autres qui n'ont point de substantif national; alors on fait précéder la ville de la préposition изъ, de, avec le génitif; comme изъ Нáрвы; изъ Вы́борга, etc.

---

[1] Les terminaisons анецъ et янинъ répondent à la terminaison latine *anus,* атецъ à *aticus,* et итанецъ et итянинъ à *itanus.*

3. Les substantifs nationaux étrangers se terminent pour la plupart en ецъ ou en инъ ; comme Австріецъ, un Autrichien, de Австрія ; Испанецъ, un Espagnol, de Испанія ; Китаецъ, un Chinois, de Китай ; Швейцарецъ, un Suisse, de Швейцарія ; Нѣмецъ, un Allemand ; Аѳинянинъ, un Athénien, de Аѳины ; Римлянинъ, un Romain, de Римъ ; Англичанинъ, un Anglais, de Англія ; Датчанинъ, un Danois, de Данія ; Татаринъ (pl. Татары), un Tartare, de Татарія ; Грузинъ (plur. Грузинцы), un Géorgien, de Грузія ; Аравитянинъ, un Arabe, de Аравія. Mais les suivants sont irréguliers : Грекъ, un Grec ; Скиѳъ, un Scythe ; Арапъ, un Nègre ; Жидъ, un Juif ; Французъ, un Français ; Шведъ, un Suédois ; Лопарь, un Lapon ; Полякъ, un Polonais ; Прусакъ, un Prussien ; Турокъ, un Turc ; Камчадалъ, un Kamtchadale.

4. Les substantifs nationaux féminins se forment des masculins, au moyen des terminaisons ка, анка, чка, чанка ; comme Россіянка, une Russe ; Татарка, une Tartare ; Шведка, une Suédoise ; Нѣмка, une Allemande ; Гречанка, une Grecque ; Француженка, une Française ; Китайчанка, une Chinoise ; Жидовка, une Juive ; Полячка, une Polonaise, etc.

V. *Substantifs patronymiques.*

§ 61. Des noms de personnes se forment les *adjectifs possessifs de personnes* (§ 72), au moyen des terminaisons овъ, евъ, инъ ; comme Александровъ, ва, во, qui appartient à Alexandre ; Алексѣевъ, ва во, d'Alexis ; Ѳоминъ, на, но, de Thomas ; ex. Алексѣевъ сынъ, le fils d'Alexis ; Александрова побѣда, la victoire d'Alexandre ; Ѳомино имѣніе, le bien de Thomas.

De ces adjectifs se forment les substantifs *patronymiques* (отчественныя) [1], c'est à-dire des substantifs dérivés du nom

---

[1] *Patronymique* vient du Grec πατήρ, le père, et ὄνομα, le nom.

du père qui se joignent au nom d'une personne; comme Александръ Ивановичъ Соколовъ, Alexandre, fils de Jean, Sokolow ;
Марья Ивановна Соколова, Marie, fille de Jean, Sokolow. Ces
substantifs se forment

1. Les masculins, en changeant les terminaisons овъ et евъ
en овичъ et евичъ, et инъ en ичъ; ex. Александровичъ, fils
d'Alexandre; Алексѣевичъ, fils d'Alexis ; Григорьевичъ, fils
de Grégoire; Ѳомичъ, fils de Thomas; Лукичъ, fils de Luc.

2. Les féminins, en changeant les terminaisons овъ et евъ
en овна et евна, et инъ en ична; ex. Александровна, fille
d'Alexandre; Алексѣевна, fille d'Alexis; Григорьевна, fille de
Grégoire; Ѳоминична, fille de Thomas; Лукинична, fille de Luc.

Première Remarque. Dans le langage familier, les terminaisons овичъ et евичъ se contractent, la première en ичъ et la
seconde en ичъ; comme Александрычъ, Алексѣичъ, Григорьичъ. Mais ces contractions ne sont point admises dans le style
élevé.

Seconde Remarque. De la même manière on forme de царь,
un tsar, les substantifs patronymiques царевичъ, царевна, fils,
fille de tsar ; et de князь, un prince, княжичъ, княжна, fils,
fille de prince.

Les Grecs et les Latins avaient leurs noms patronymiques, comme
Πηλείδης, fils de Pélée (Achille) ; Κρονίδης, fils de Saturne (Jupiter);
Priamides, fils de Priam ; *Priameis,* fille de Priam. — Les Suédois et les Danois ont aussi des noms patronymiques, comme
Peterson, fils de Pierre; *Thomson,* fils de Thomas ; *Knutson,* fils
de Knut; *Nilson,* fils de Nicolas ; la syllabe *son* ou *sen* répond au
mot allemand Sohn, fils.

CHAPITRE DEUXIÈME.

De l'adjectif.

§ 62. L'*adjectif* (имя прилагáтельное) est un mot qui sert à qualifier les personnes ou les choses dont on parle. La langue russe a deux sortes d'adjectifs; les adjectifs *qualificatifs*, et les adjectifs *possessifs*.

1. Les adjectifs *qualificatifs* (кáчественныя) désignent simplement la qualité des objets, comme дóбрый отéцъ, un bon père; пріятная кнйга, un livre agréable.

2. Les adjectifs *possessifs* (притяжáтельныя) marquent la possession des choses. Ces adjectifs, étant propres à la langue russe, s'expriment en Français par le substantif avec la préposition *de*, ou par les périphrases *qui appartient à, qui est propre à;* comme Цáрскій дворéцъ, le palais des Tsars; Петрóвъ сынъ, le fils de Pierre; нарóдное прáво, le droit des gens. On voit qu'ils diffèrent essentiellement des pronoms possessifs.

§ 63. Les adjectifs, devant s'accorder avec les substantifs, ont des terminaisons pour les genres, les nombres et les cas. Voyez ci-joint le tableau des désinences des adjectifs.

TABLEAU DES DÉSINENCES DES ADJECTIFS.

	ADJECTIFS QUALIFICATIFS.			ADJECTIFS POSSESSIFS.					

SINGULIER.

	Masc.	Neut.	Fém.	Masc.	Neut.	Fém.	Masc.	Neut.	Fém.
N.	ый, ій,	ое, ее	ая, яя	ъ	о	а	ій	ье	ья
G.	аго,	яго	ой (ыя), ей (ія)	а		ой	ьяго		ьей
D.	ому,	ему	ой, ей	у		ой	ьему		ьей
A.	animé, = G. inanimé, = N.	ое, ее	ую, юю	= G. = N.	о	у	= G. = N.	ье	ью
I.	ымъ,	имъ	ою, ею	ымъ		ою	ьимъ		ьею
P.	омъ,	емъ	ой, ей	омъ		ой	ьемъ		ьей

PLURIEL.

	Mas.	Neut. et Fém.	Pour les trois genres.	Pour les trois genres.
N.	ые, іе	ыя, ія	ы	ьи
G.	ыхъ, ихъ		ыхъ	ьихъ
D.	ымъ, имъ		ымъ	ьимъ
A.	animé, comme le génitif. inanimé, comme le nominatif.		animé, comme le génitif. inanimé, comme le nominatif.	
I.	ыми, ими		ыми	ьими
P.	ыхъ, ихъ		ыхъ	ьихъ

ARTICLE PREMIER.

Adjectifs qualificatifs.

§ 64. Les adjectifs *qualificatifs* peuvent qualifier les objets sans aucun rapport à d'autres objets ou avec rapport à d'autres objets ; ce qui établit trois *degrés* de qualification : le *positif* (положительная степень), le *comparatif* (сравнительная) et le *superlatif* (превосходная).

§ 65. Le *positif* est l'adjectif même sans aucun rapport ; comme добрый отецъ, un bon père ; пріятная книга, un livre agréable ; тёплое время, un temps chaud.

§ 66. Le *comparatif* est l'adjectif avec comparaison d'un degré à un autre. Il résulte de cette comparaison ou un rapport de *supériorité*, ou un rapport d'*infériorité*, ou un rapport d'*égalité ;* comme весна пріятнѣе зимы , le printemps est plus agréable que l'hiver ; онъ меньше богатъ нежели вы, il est moins riche que vous ; я такъ молодъ какъ онъ, je suis aussi jeune que lui. Le comparatif de supériorité se forme en changeant la terminaison du positif.

1. Les adjectifs forment ordinairement leur comparatif en changeant la terminaison ый ou ій du positif en ѣе ; ex. слабый, faible, слабѣе, plus faible ; мудрый, sage, мудрѣе, plus sage ; страшный, terrible, страшнѣе, plus terrible ; свѣтлый, clair, свѣтлѣе, plus clair ; свѣжій, frais, свѣжѣе, plus frais ; древній, ancien, древнѣе, plus ancien.

2. Ceux dont la terminaison est précédée des gutturales г, к, х, ou de д et ст, prennent seulement е (au lieu de ѣе), et changent ces consonnes en dentales, savoir :

a) г et д en ж ; ex. дорогій, cher, дороже ; строгій, sévère, строже ; молодой, jeune, моложе ; твёрдый, ferme, твёрже ; худой, mauvais, хуже ; ajoutez поздній, tardif, позже.

b) к en ч; ex. лёгкій, léger, лёгче; крѣпкій, fort, крѣпче; прыткій, agile, прытче.

c) х en ш; ex. сухóй, sec, сýше; плóхóй, mauvais, плóше; глухóй, sourd, глýше.

d) ст en щ; ex. чúстый, propre, net, чúще; тóлстый, gros, тóлще; простый, simple, прóще.

Les exceptions à cette règle sont :

a) Ceux qui suivent la règle générale; comme милосéрдый, miséricordieux, милосéрдѣе; сѣдóй, gris, сѣдѣе; de même que ceux en стый qui dérivent des substantifs; comme горúстый (de горá), montagneux, горúстѣе; рѣчúстый (de рѣчь), éloquent, рѣчúстѣе.

b) Les sept suivants qui changent дк et зк en ж; гáдкій, vilain, гáже; глáдкій, uni, глáже; жидкій, liquide, жúже; рѣдкій, rare, рѣже; блúзкій, proche, блúже; нúзкій, bas, нúже; ýзкій, étroit, ýже. Mais слáдкій, doux (au physique), fait слáще.

c) De plus, дóлгій, long, дóлѣе; широкій, large, шúрѣе et шúре; далéкій, éloigné, дáлѣе et дáльше; гóрькій, amer, гóрчѣе et гóрче; тóнкій, mince, fin, тóнѣе et тóньше; корóткій, court, корóче; высóкій, haut, вы́ше; глубóкій, profond, глýбже.

d) Les quatre suivants qui forment leur comparatif tout à fait irrégulièrement ; велúкій, grand, бóльше ; мáлый, petit, мéнѣе et меньше; хорóшій, bon, лýчше; мнóгіе (adj. plur.), plusieurs, бóлѣе et бóльше. Ajoutez les deux suivants qui ont deux comparatifs avec une signification différente; l'un régulier, et l'autre irrégulier; дóбрый, bon, лýчше; s'il signifie *bienfaisant,* il fait добрѣе; крáсный, beau, крáше, et s'il signifie *rouge,* il fait краснѣе.

Première Remarque. On modifie le comparatif par la préposition по, et on le renforce par l'adverbe горáздо; comme полýчше, un peu meilleur; горáздо лýчше, beaucoup meilleur.

6

Seconde Remarque. Les adverbes au comparatif n'ont qu'une terminaison pour les trois genres, et sont indéclinables; ainsi le comparatif des adverbes est semblable à celui des adjectifs.

§ 67. Le *superlatif* exprime la qualité dans le plus haut degré, avec rapport ou sans rapport à un autre objet.

1. Il se forme en changeant la terminaison ый ou iй du positif en ѣйшій, fém. ѣйшая, neut. ѣйшее; ex. свѣтлый, clair, свѣтлѣйшій, ая, ее, le plus clair; твёрдый, ferme, твердѣйшій, ая, ее, le plus ferme; дрéвній, ancien, древнѣйшій, ая, ее, le plus ancien. Si la terminaison du positif est précédée des gutturales г, к, х, alors elles se changent en dentales ж, ч, ш, et la terminaison en айшій, ая, ее; ex. дорогóй, cher, дорожáйшій, ая, ее; лёгкій, léger, легчáйшій, ая, ее; сухóй; sec, сушáйшій, ая, ее; велúкій, grand, величáйшій, ая, ее; высóкій, haut, высочáйшій, ая, ее. Il faut excepter блúзкій, proche, ближáйшій; нúзкій, bas, нижáйшій; ýзкій, étroit, ужáйшій; худóй, mauvais, хýдшій. Des comparatifs бóльше, мéньше et лýчше se forment les superlatifs бóльшій, le plus grand; мéньшій, le plus petit; лýчшій, le meilleur, et de вáще, préférable, se forme вáщшій.

2. Cette manière de former le superlatif n'est applicable qu'aux adjectifs d'origine slavonne; mais on peut le former aussi en faisant précéder le positif du pronom сáмый, ая, ое, même, ou des adjectifs весьмá, вельмú, óчень, très; ex. сáмый полéзный, le plus utile; весьмá богáтый, très-riche; óчень трýдный, très-pénible.

3. L'adjectif neutre все, et la préposition inséparable пре [1], étant ajoutés au positif, lui donnent aussi la force d'un superlatif; ex. всеблагíй, très-clément; превысóкій, très-élevé.

Première Remarque. Pour donner plus d'énergie au superlatif

---

[1] Cette préposition répond aux prépositions *præ* et *per* que les Latins employaient aussi pour former le superlatif; comme *prædives*, très-riche; *perdoctus*, très-savant.

en шій, on le fait précéder de са́мый, ou on lui joint пре, все [1], ou la particule polonaise наи; ex. кни́га са́мая полезнѣ́йшая, le livre le plus utile; пресвѣтлѣ́йшій, illustrissime, sérénissime; всемилостивѣ́йшій Госуда́рь, très-gracieux Souverain; она́ наипрекрасиѣ́йшая же́нщина, elle est la plus belle de toutes les femmes.

Seconde Remarque. En Russe, comme en Français, la plupart des adjectifs qui se forment des substantifs s'emploient seulement au positif. Il en est de même des adjectifs possessifs et des nombres adjectifs.

---

[1] Les Allemands emploient aussi l'adjectif aller, tout, pour renforcer le superlatif; comme das allerbeste, le meilleur de tous.

DÉCLINAISON DES

§ 68. Les adjectifs qualificatifs se terminent au positif en ый ou iй, ая, ое; iй, яя, ее, et au superlatif en iй, ая, ее. Ils se déclinent d'après les quatre paradigmes suivants.

	Masc.	Neut.	Fém.	Masc.	Neut.	Fém.
N.	Му́др-ый, sage.	ое,	ая.	Мя́гк-iй, mou.	ое,	ая.
G.	Му́др-аго,		ой (ыя).	Мя́гк-аго,		ой (iя).
D.	Му́др-ому,		ой.	Мя́гк-ому,		ой.
A.	Му́др- { аго, ое.	ое,	ую.	Мя́гк- { аго, iй,	ое,	ую.
I.	Му́др-ымъ,		ою, ой.	Мя́гк-имъ,		ою, ой.
P.	о Му́др-омъ,		ой.	о Мя́гк-омъ,		ой.

	Masc.	Neut. et Fém.	Masc.	Neut. et Fém.
N.	Му́др-ые,	ыя.	Мя́гк-iе,	iя.
G.	Му́др-ыхъ.		Мя́гк-ихъ.	
D.	Му́др-ымъ.		Мя́гк-имъ.	
A.	Му́др- { ыхъ, ые,	{ ыхъ. ыя.	Мя́гк- { ихъ. iе.	{ ихъ. iя.
I.	Му́др-ыми.		Мя́гк-ими.	
P.	о Му́др-ыхъ.		о Мя́гк-ихъ.	

Ainsi se déclinent
1. Les adjectifs qualificatifs en ый, ая, ое.
2. Les participes passifs.
3. Quelques substantifs en ой, ая, ое.
4. Les adjectifs possessifs en ый, ая, ое.

Ainsi se déclinent
1. Les adjectifs qualificatifs en гiй, кiй, хiй, яя, ое.
2. Les adjectifs possessifs en окiй, яя, ое.

ADJECTIFS QUALIFICATIFS.

Remarque. Les mêmes règles qui ont été données (§ 48) pour la déclinaison des substantifs, s'observent aussi pour la déclinaison des adjectifs.

LIER.

Masc.	Neut.	Fém.	Masc.	Neut.	Fém.
Хорóш-ій, beau, bon.	ее,	ая.	Дрéвн-ій, ancien.	ее.	яя.
Хорóш-аго,		ей (ia).	Дрéвн-яго,		ей (ia).
Хорóш-ему,		ей.	Дрéвн-ему,		ей.
Хорóш- { аго, ій,	ее,	ую.	Дрéвн- { яго, ій,	ее.	юю.
Хорóш-имъ,		ею, ей.	Дрéвн-имъ,		ею, ей.
Хорóш-емъ,		ей.	о Дрéвн-емъ,		ей.

RIEL.

Masc.	Neut. et Fém.	Masc.	Neut. et Fém.
Хорóш-іе,	ia.	Дрéвн-іе,	ia.
Хорóш-ихъ.		Дрéвн-ихъ.	
Хорóш-имъ.		Дрéвн-имъ.	
Хорóш- { ихъ, іе,	{ ихъ, ia.	Дрéвн- { ихъ. іе.	{ ихъ. ia.
Хорóш-ими.		Дрéвн-ими.	
о Хорóш-ихъ.		о Дрéвн-ихъ.	

Ainsi se déclinent
1. Les adjectifs qualificatifs en жій, чій, шій, щій, ая, ee.
2. Les participes actifs.
3. Quelques substantifs en жій, чій, шій, щій.
4. Tous les superlatifs.

Ainsi se déclinent
1. Les adjectifs qualificatifs en ній, няя, нее.
2. Les adjectifs possessifs en ній, няя, нее.

D'après le premier paradigme (мудрый) se déclinent
1. Les adjectifs qualificatifs en ый, ая, ое, comme

Бѣлый, ая, ое, blanc.
Добрый, ая, ое, bon.
Жёлтый, ая, ое, jaune.
Здоровый, ая, ое, sain.
Слабый, ая, ое, faible.
Слѣпой, ая, ое, aveugle.

Счастливый, ая, ое, heureux.
Толстый, ая, ое, épais.
Хромой, ая, ое, boiteux.
Чёрный, ая, ое, noir.

2. Les participes passifs, comme

Двиганный, ая, ое, remué.
Любимый, ая, ое, aimé.
Мѣрянный, ая, ое, mesuré.

Мытый, ая, ое, lavé.
Питый, ая, ое, bu.
Читанный, ая, ое, lu.

3. Quelques substantifs en ый, ая, ое, comme

Вселённая, l'univers.
Выборный, un député.
Жаркое, le rôti.
Животное, un animal.
Мороженое, des glaces.

Насѣкомое, un insecte.
Портной, un tailleur.
Часовой, une sentinelle.
Чертёжная, la chambre à dessiner.

Et de même quelques substantifs propres, comme Толстой,
таго, nom de famille.

D'après le deuxième paradigme (мягкій) se déclinent les adjectifs qualificatifs en гій, кій, хій, ая, ое, comme

Великій, ая, ое, grand.
Высокій, ая, ое, haut.
Ветхій, ая, ое, vieux.
Глухой, ая, ое, sourd.
Горькій, ая, ое, amer.

Дорогой, ая, ое, cher.
Лёгкій, ая, ое, léger.
Прыткій, ая, ое, agile.
Строгій, ая, ое, sévère.
Сухой, ая, ое, sec.

Et de même quelques substantifs propres, comme Трубецкой,
каго, nom de famille; Павловское, каго, nom de ville.

D'après le troisième paradigme (хорóшій) se déclinent

1. Les adjectifs qualificatifs eu жій, чій, шій, щій, ая, ее, comme

Болышóй, áя, ёе, grand.

Горáчій, ая, ee, chaud.

Дюжій, ая, ес, robuste.

Нищій, ая, ee, pauvre.

Óбщій, ая, ee, commun.

Похóжій, ая, ее, ressemblant.

Пригóжій, ая, ee, joli.

Свѣжій, ая, ee, frais.

Тóщій, ая, ee, à jeun.

2. Les participes actifs, comme

Валящій, renversant.

Валившій, ayant renversé.

Двигающій, remuant.

Двигавшій, ayant remué.

Писавшій, ayant écrit.

Сущій, existant.

3. Quelques substantifs en жій, чій, шій, щій, comme

Крáвчій, un échanson.

Подьячій, un copiste.

Пѣвчій, un chanteur.

Прохóжій, un passant.

Пѣшій, un piéton.

Стряпчій, un avocat.

Ясéльничій, un écuyer (à la cour des tsars).

Et de même tous les superlatifs.

D'après le quatrième paradigme (дрéвній) se déclinent les adjectifs qualificatifs en ній, няя, нее, comme

Ближній, яя, ee, proche.

Вéрхній, яя, ee, supérieur.

Нижній, яя, ee, inférieur.

Порóжній, яя, ee, vide.

Послѣдній, яя, ee, dernier.

Прéжній, яя, ee, précédent.

Синій, яя, ee, bleu.

Срéдній, яя, ee, moyen.

Observations.

1. La terminaison ній se change souvent en ой, mais seulement lorsque l'accent est sur la dernière syllabe; ex. слѣпóй au lieu de слѣпый, aveugle; нѣмóй au lieu de нѣмый, muet; про-

стóй au lieu de простый, simple. Il en est de même de la terminaison ій, lorsqu'elle est précédée des gutturales г, к, х; ex. дорогóй au lieu de дорогíй, cher; глухóй au lieu de глухíй, sourd. La terminaison ій, précédée d'autres consonnes, se change aussi en ей.

2. La terminaison ыя ou ія du génitif singulier ne s'emploie que dans le style élevé et poétique; on se sert ordinairement de la terminaison ой ou ей.

3. La terminaison ой et ей de l'instrumental singulier est une apocope de ою et ею.

4. L'adjectif весь, вся, всё, tout, est irrégulier, et se décline ainsi :

		SINGULIER.			PLURIEL.
		Masc.	Neut.	Fém.	Pour les trois genres.
N.		Весь,	Всё,	Вся.	Всѣ.
C.		Всегó,		Всей (всея).	Всѣхъ.
D.		Всемý,		Всей.	Всѣмъ.
A.	anim.,	Всегó,	Всё,	Всю.	anim., Всѣхъ.
	inan.,	Весь,			inan., Всѣ.
I.		Всѣмъ,		Всéю, ей.	Всѣми.
P.		о Всёмъ,		о Всей.	о Всѣхъ.

§ 69. Les adjectifs qualificatifs peuvent être joints aux substantifs de deux manières, ou immédiatement; comme нóвый домъ, une maison neuve; счастлúвая женá, une femme heureuse; хорóшее лѣто, un bel été; ou par le moyen du verbe substantif *être*, qui ordinairement se sous-entend au présent (§ 91); comme э́тотъ домъ (есть) новъ, cette maison est neuve; онá былá счастлúва, elle était heureuse; гóры (суть) высóки, les montagnes sont élevées. Dans le premier cas, les terminaisons sont *entières* (пóлныя), et dans le second, elles sont *apocopées* (усѣчéнныя) [1].

---

[1] D'autres grammairiens appellent cette terminaison *syncopée,*

§ 70. Les terminaisons *entières* des adjectifs ont été données dans le tableau (§ 6). Les terminaisons *apocopées* sont : pour le masculin, ъ, ь ; féminin, a, я ; neutre, o, e ; pluriel, pour les trois genres, ы, и. Elles se forment des entières qui leur correspondent, savoir :

1. Les adjectifs en ый ou iй, aя, oe, font leur apocope en ъ, a, o, plur. ы (ou и après г, к, x) ; ex. добрый, bon, добръ, брá, брó, plur. добры ; дорогóй, cher, дóрогъ, гá, го, plur. дороги ; великiй, grand, великъ, кá, ко, plur. велики ; глухóй, sourd, глухъ, хá, хо, plur. глухи́.

2. Ceux en iй, aя, ee, font leur apocope en ъ, a, e, plur. и ; ex. дюжiй, robuste, дюжъ, жa, же, plur. дюжи ; хорóшiй, bon, хорóшъ, шá, шё, plur. хороши́.

3. Ceux en нiй, няя, нee, font leur apocope en ь, я, e, plur. и ; ex. сiнiй, bleu, синь, иня, ине, plur. сини ; порóжнiй, vide, порóжень, жня, жне, plur. порóжни ; excepté дрéвнiй, ancien, дрéвенъ, вня, вне, plur. дрéвни. Il faut observer que

a) S'il y a au masculin dans la terminaison entière deux ou plusieurs consonnes, alors on ajoute o ou e dans la terminaison apocopée ; mais cette addition n'a lieu qu'au masculin ; ex. дóлгiй, long, дóлогъ ; крóткiй, doux (au moral), крóтокъ ; злый, méchant, золъ ; тяжкiй, lourd, тяжекъ ; и́стинный, vrai, и́стиненъ, en remarquant que si la dernière consonne est н, on la fait précéder de la lettre e. Il faut excepter quelques adjectifs qui, bien qu'ils soient terminés par deux consonnes, font leur apocope sans addition ;

───────────────────────────────

mais la *syncope* est le retranchement d'une lettre ou d'une syllabe au milieu d'un mot, tandis qu'à la fin d'un mot ce retranchement s'appelle *apocope*, et au commencement *aphérèse ;* trois termes qui sont empruntés du Grec. — Ces adjectifs apocopés se trouvent aussi dans la langue bohémienne ; voyez Böhmische Grammatik von Johann Neglybe. Prag. 1804, page 163.

comme по́длый, vil, по́длъ; на́глый, violent, на́глъ, et d'au-
tres qui ont les deux manières ; тёплый, chaud, тёплъ et
тёпелъ.

b) Si avant la dernière consonne il se trouve ь ou й, on les
change tous deux en е; mais seulement pour le masculin, car
au féminin et au neutre, ainsi qu'au pluriel, ils reprennent ь
ou й; ex. си́льный, fort, силенъ (ou силёнъ), fém. сильна́;
споко́йный, paisible, споко́енъ, fém. споко́йна.

c) Quelques adjectifs en нный retranchent un н dans la
terminaison apocopée; mais seulement au masculin; ex.
блаже́нный, heureux, блаже́нъ, fém. блаже́нна, etc. Les
participes passifs en нный retranchent aussi un н, et cela
dans tous les genres; ex. пи́санный, écrit, пи́санъ, сана, сано,
plur. пи́саны.

Première Remarque. La terminaison apocopée s'emploie seu-
lement au positif; le superlatif ne saurait l'avoir, et encore
moins le comparatif. Il faut encore observer que l'apocope ne
se fait pas dans tous les adjectifs possessifs.

Seconde Remarque. La terminaison apocopée s'employant seu-
lement lorsque l'adjectif est séparé de son substantif par le
verbe *être* (§ 69), il est clair que les adjectifs apocopés n'ont que
le nominatif. Mais en poésie on fait usage de l'adjectif apocopé
dans bien des cas où il n'est pas permis d'en faire usage en
prose (voyez la versification).

§ 71. Les adjectifs ont aussi leurs augmentatifs et leurs di-
minutifs.

1. Les augmentatifs se forment en changeant la terminaison
ый, ou ій, en ехонекъ et сшенекъ, fém. нька, neut. нько; ex.
зелёный, vert, зеленёхонекъ et зеленёшенекъ, bien vert; бѣлый,
blanc, бѣлёхонекъ et бѣлёшенекъ, bien blanc. Ces augmentatifs,
qui équivalent à un superlatif, ne s'emploient qu'au nominatif
et dans la forme apocopée. Lorsqu'ils sont joints à l'instrumen-
tal de l'adjectif dont ils se forment, cela donne encore plus de
force à leur signification; comme чёрнымъ чернёхонекъ, tout à

fait noir. On ajoute aussi quelquefois l'instrumental au positif de l'adjectif, comme пóлнымъ пóлонъ, ce qui équivaut à полнѣхонекъ, bien plein.

2. Les diminutifs se forment en changeant la terminaison en оватый, онькій ou енькій, fém. ая, neut. ое; ex. плохóй, mauvais, плоховáтый et плохóнькій; сырóй, cru, сыровáтый et сырéнькій. Ces diminutifs, dont la forme apocopée est овашъ, et онекъ ou енекъ, ne s'emploient pas l'un pour l'autre.

a) Ceux en оватый marquent un défaut de qualité dans les objets; ex. э́тотъ столъ маловáтъ, cette table est un peu trop petite; мои́ сапоги́ узковáты, mes bottes sont un peu trop étroites.

b) Ceux en онькій ou енькій s'emploient avec les diminutifs des substantifs, parce qu'il faut que l'adjectif s'accorde en tout avec son substantif; ex. мáленькая дѣвочка, une petite fille; чернéлькіе сапожки́, de petites bottes noires. Dans la forme apocopée ils s'emploient dans la conversation au lieu de l'adjectif simple, pour adoucir l'expression; ainsi une mère en parlant de son enfant dira : онъ ещё мáленекъ; ему́ э́то и простúшь мóжно, il est encore un peu petit; on peut lui pardonner cela.

Remarque. Des diminutifs en оватый se forment des substantifs qui ont la même signification; comme мягковáтый, un peu trop mou, мягковáшость, un peu trop de mollesse.

ARTICLE SECOND.

Adjectifs possessifs.

§ 72. Les adjectifs *possessifs* sont de deux espèces, les adjectifs possessifs *de personnes*, et les adjectifs possessifs *de familles*.

1. Les adjectifs possessifs *de personnes* (ли́чныя) se terminent en овъ, евъ, ынъ, инъ, fém. a, neut. o, et se forment des sub-

stantifs, en changeant ъ en овъ ; ь et й en евъ ; a, я et ь (fém.)
en инъ, et ца en цынъ ; ex. монáховъ, ва, во, qui appartient au
moine, de монáхъ ; царéвъ, ва, во, qui est au tsar, de царь ;
Николáевъ, ва, во, qui est à Nicolas, de Николáй ; воевóдинъ,
на, но, du gouverneur, de воевóда ; дя́динъ, на, но, de l'oncle,
de дя́дя ; свекрóвинъ, на, но, de la belle-mère, de свекрóвъ ;
птицынъ, на, но, de l'oiseau, de птúца.

2. Les adjectifs possessifs *de familles* (родовы́я) se terminent
en ый, скій, ая, ое ; ній, няя, нее, et ій, ья, ье, et se forment
aussi des substantifs ; ex. львúнный, ая, ое, qui concerne les
lions, de левъ ; жéнскій, ая, ое, qui est propre aux femmes, de
женá ; зúмній, няя, нее, de l'hiver, de зимá ; ры́бій, ья, ье, qui
appartient aux poissons, de ры́ба.

Déclinaison des adjectifs possessifs.

§ 73. Les adjectifs possessifs en овъ, евъ, ынъ et инъ, de
même que ceux en ій, ья, ье, se déclinent d'après les deux pa-
radigmes suivants. Ceux en ый, скій et ній se déclinent sur les
adjectifs qualificatifs.

SINGULIER.

	Masc.	N.	Fém.	Masc.	N.	Fém.
N.	Попóв-ъ, du prêtre.	о,	а.	Ры́б-ій, de poisson.	ье,	ья.
G.	Попóв-а,		ой.	Ры́б-ьяго,		ьей.
D.	Попóв-у,		ой.	Ры́б-ьему,		ьей.
A.	Попóв-{ а, ъ,	о,	у.	Ры́б-{ ьяго, ій,	ье,	ью.
I.	Попóв-ымъ,		ою, ой.	Ры́б-ьимъ,		ьею, ьей.
P.	о Попóв-омъ,		ой.	о Ры́б-ьемъ,		ьей.

PLURIEL.

	Pour les trois genres.		Pour les trois genres.
N.	Попо́в-ы.		Ры́б-ьи.
G.	Попо́в-ыхъ.		Ры́б-ьихъ.
D.	Попо́в-ымъ.		Ры́б-ьимъ.
A.	Попо́в- { ыхъ. / ы.		Рыб- { ьихъ. / ьи.
I.	Попо́в-ыми.		Рыб-ьими.
P.	о Попо́в-ыхъ.		о Рыб-ьихъ.

Ainsi se déclinent les adjectifs possessifs de personnes en овъ, евъ, ынъ, инъ, fém. а, neut. о.

Ainsi se déclinent les adjectifs possessifs de familles en iй, ья, ье.

D'après le premier paradigme (Попо́въ) se déclinent les adjectifs possessifs de personnes en овъ, евъ, ынъ, инъ, fém. а, neut. о, comme

Го́рлицынъ, на, но, de la tourterelle, de го́рлица.

Илья́инъ, на, но, d'Élie, de Илья́.

Купцёвъ, ва, во, du marchand, de купе́цъ.

Мона́ховъ, ва, во, du moine, de мона́хъ.

Отцёвъ, ва, во, du père, de оте́цъ.

Петро́въ, ва, во, de Pierre, de Пётръ.

Пти́цынъ, на, но, de l'oiseau, de пти́ца.

Слуги́нъ, на, но, du serviteur, de слуга́.

Свекро́винъ, на, но, de la belle-mère, de свекро́вь.

D'après le second paradigme (рыбiй) se déclinent les adjectifs possessifs de familles en iй, ья, ье, comme

Велблю́жiй, жья, жье, de chameau, de велблю́дъ.

Во́лчiй, чья, чье, de loup, de волкъ.

Ко́зiй, зья, зье, de chèvre, de коза́.

Овéчій, чья, чье, de brebis, de овцá.

Птичій, чья, чье, d'oiseau, de птица.

Собóлій, лья, лье, de zibeline, de сóболь.

Les adjectifs possessifs de familles en ый, ая, ое, se déclinent sur le premier paradigme (мýдрый) des adjectifs qualificatifs, comme

Гусиный, ая, ое, d'oie, de гусь.

Землянóй, ая, ое, de terre, de земля́.

Львиный, ая, ое, de lion, de левъ.

Небéсный, ая, ое, céleste, de нéбо.

Столóвый, ая, ое, de table, de столъ.

Ceux en скій, ая, ое, se déclinent sur le second paradigme (мя́гкій), comme

Госпóдскій, ая, ое, de seigneur, de господинъ.

Деревéнскій, ая, ое, de village, de дерéвня.

Жéнскій, ая, ое, de femme, de женá.

Звѣ́рскій, ая, ое, de bête sauvage, de звѣрь.

Человѣ́ческій, ая, ое, humain, de человѣкъ.

Ceux en ній, няя, нее, se déclinent sur le quatrième paradigme (дрéвній), comme

Домáшній, няя, нее, domestique, de домъ.

Зимній, няя, нее, d'hiver, de зимá.

Сынóвній, няя, нее, filial, de сынъ.

Observations.

1. L'adjectif possessif Госпóдень, дня, дне, du Seigneur, prend dans tous les cas les voyelles douces au lieu des dures; gén.

Госпóдня, fém. дней, dat. Госпóлню, fém. дней, etc. plur.
Госпóдни, днихъ, etc.

2. L'adjectif possessif Бóжiй, de Dieu, fém. жiя ou жья, neut.
жiе ou жье, prend dans tous les cas i ou ь, et a le génitif sing.
masc. et neut. Бóжiи ou жья, et le datif Бóжiю ou жью; les autres
cas sont réguliers. Il faut remarquer que des deux terminaisons,
celle qui prend i s'emploie de préférence dans le style élevé.

3. Les adjectifs possessifs de personnes diffèrent des adjectifs
possessifs de familles, en ce que les premiers n'ont rapport qu'à
un seul individu, tandis que les seconds conviennent à tous les
individus de la même classe. Exemple, адмирáловъ домъ signi-
fie *la maison d'un amiral, qui appartient à un amiral*, et адми-
рáльскій флагъ, signifie *le pavillon amiral, qui appartient à la
dignité d'amiral* [1]. Le premier exprime la dépendance de la per-
sonne, et le second la dépendance de la dignité.

CHAPITRE TROISIÈME.

Des noms de nombre.

§ 74. Les *noms de nombre* sont des noms qui représentent la
quotité ou le calcul. On les distingue en nombres *cardinaux*,
nombres *ordinaux*, nombres *collectifs*, nombres *distributifs* ou
fractionnaires et nombres *proportionnels*.

1. Les nombres *cardinaux*	2. Les nombres *ordinaux*
(колúчественныя) [2] servent à	(порядочныя) marquent le rang

---

[1] C'est la différence qui existe dans le Latin entre *Aristoteleus* et
Aristotelicus; le premier concerne seulement Aristote, et s'emploie
au lieu du génitif *Aristotelis*, tandis que le second a rapport à tous
les sectateurs d'Aristote.

[2] Du Latin *cardo, dinis, gond, pivot ;* ainsi appelés parce qu'ils

exprimer la quantité des per-
sonnes ou des choses ; ce sont :

que les personnes et les choses
occupent entre elles. Ils se for-
ment des nombres cardinaux :

Одинъ,	un.	Пéрвый, ая, ос,	1ᵉʳ.
Два; двóе, deux ; óба, tous les deux.		Вторóй, áя, óс, Другóй, áя, óс,	2ᵉ.
Три; трóе,	trois.	Трéтій, ья, ье,	3ᵉ.
Четы́ре; чéтверо,	quatre.	Четвёртый,	4ᵉ.
Пять; пя́теро,	cinq.	Пя́тый,	5ᵉ.
Шесть,	six.	Шестóй,	6ᵉ.
Семь,	sept.	Седьмóй,	7ᵉ.
Вóсемь,	huit.	Осьмóй,	8ᵉ.
Дéвять,	neuf.	Девя́тый,	9ᵉ.
Дéсять,	dix.	Деся́тый,	10ᵉ.
Одѝннадцать,	onze.	Одѝннадцатый,	11ᵉ.
Двѣнáдцать,	douze.	Двѣнáдцатый,	12ᵉ.
Тринáдцать,	treize.	Тринáдцатый,	13ᵉ.
Четы́рнадцать,	quatorze.	Четы́рнадцатый,	14ᵉ.
Пятнáдцать,	quinze.	Пятнáдцатый,	15ᵉ.
Шестнáдцать,	seize.	Шестнáдцатый,	16ᵉ.
Семнáдцать,	dix-sept.	Семнáдцатый,	17ᵉ.
Восемнáдцать,	dix-huit.	Восемнáдцатый,	18ᵉ.
Девятнáдцать,	dix-neuf.	Девятнáдцатый,	19ᵉ.
Двáдцать,	vingt.	Двадцáтый,	20ᵉ.
Двáдцать одѝнъ,	vingt-un.	Двáдцать пéрвый,	21ᵉ.
Двáдцать два,	vingt-deux.	Двáдцать вторóй,	22ᵉ.
Трѝдцать,	trente.	Тридцáтый,	30ᵉ.
Сóрокъ,	quarante.	Сороковóй,	40ᵉ.
Пятьдеся́ть,	cinquante.	Пятидеся́тый,	50ᵉ.

sont les nombres primitifs d'où dérivent les autres ; ils en sont
comme les pivots.

Шестьдесять,	soixante.	Шестидесятый,	60ᵉ.
Семьдесять,	soixante-dix.	Семидесятый,	70ᵉ.
Восемьдесять,	quatre-vingts.	Восьмидесятый,	80ᵉ.
Девяносто,	quatre-vingt-dix.	Девяностый,	90ᵉ.
Сто,	cent.	Сотый,	100ᵉ.
Сто одинъ,	cent et un.	Сто первый,	101ᵉ.
Двѣсти,	deux cents.	Двухсотый,	200ᵉ.
Триста,	trois cents.	Трёхсотый,	300ᵉ.
Четыреста,	quatre cents.	Четырехсотый,	400ᵉ.
Пять-сотъ,	cinq cents.	Пятисотый,	500ᵉ.
Шесть-сотъ,	six cents.	Шестисотый,	600ᵉ.
Тысяча,	mille.	Тысячный,	1000ᵉ.
Двѣ тысячи,	deux mille.	Двухтысячный,	2000ᵉ.
Пять тысячъ,	cinq mille.	Пятитысячный,	5000ᵉ.
Милліонъ,	million.	Милліонный,	1000000ᵉ.

Remarque. Les nombres ordinaux depuis le *onzième* jusqu'au *dix-neuvième*, formés de пéрвый, вторый, etc., et de нáдесять, sont slavons, et s'emploient de préférence dans le style élevé, pour marquer la date du mois, et pour distinguer entre eux les souverains du même nom; ex. Лудовикъ Шестый-нáдесять, Louis XVI; сегó дня пятос-нáдесять (числó), c'est aujourd'hui le quinze.

3. Les nombres *collectifs* (собирáтельныя) servent à exprimer une quantité déterminée de personnes ou de choses réunies; comme пятóкъ, un nombre de cinq; десятокъ, une dizaine; дюжина, une douzaine; полдюжина, une demi-douzaine; сóтня, une centaine; двóйца, une couple; трóйка, un attelage de trois chevaux; четвёрка et четверня, un attelage de quatre chevaux.

4. Les nombres *distributifs* ou *fractionnaires* (дрóбныя) servent à exprimer les différentes parties d'un tout; comme половина, la moitié; треть, le tiers; чéтверть, le quart; пятина, le cinquième; полтора́, un et demi; полтретья, deux et

demi; полчетвертá, trois et demi; полпятá, quatre et demi.

5. Les nombres *proportionnels* (помнóженныя) servent à marquer combien de fois une quantité est répétée ; comme двойнóй, сугýбый, double; тройнóй, triple; четвернóй, quadruple; стократный, centuple ; многократный, répété plusieurs fois.

§ 75. Les noms de nombre sont ou substantifs ou adjectifs. Les substantifs sont ceux qui ont une terminaison pour indiquer leur genre; tels sont сорокъ, сто, тысяча, миллióнъ, половина, etc. Les nombres три, четыре, пять, шесть, семь, восемь, etc., n'ont ni genre, ni nombre. Les nombres adjectifs sont ceux qui ont des terminaisons pour les genres ; tels sont tous les ordinaux et les proportionnels, les cardinaux одинъ, два et óба, les distributifs полторá, полтретья, etc.

Déclinaison des noms de nombre.

§ 76. Les nombres substantifs se déclinent comme les substantifs auxquels ils ressemblent par leur terminaison; ainsi сорокъ, quarante; десятокъ, une dizaine; миллióнъ, un million, se déclinent d'après la première déclinaison; сто, cent; девяносто, quatre-vingt-dix, d'après la deuxième; et ceux en а, я et ъ d'après la troisième. Les nombres composés, comme пятьдесятъ, cinquante, se déclinent chacun comme le simple, en observant seulement que l'instrumental du premier est en и au lieu de ью, comme пятидесятью, et non пятьюдесятью. Три, trois; четыре, quatre; двѣсти, deux cents, se déclinent ainsi :

N.	Три, trois.	Четы́ре, quatre.	Двѣсти, 200.
G.	Трёхъ.	Четырёхъ.	Двухъ сотъ.
D.	Трёмъ.	Четырёмъ.	Двумъ стамъ.
A.	Трёхъ. / Три.	Четырёхъ. / Четы́ре.	Двѣсти.
I.	Тремя́.	Четырьмя́.	Двумя́ стами.
P.	о Трёхъ.	о Четырёхъ.	о Двухъ стахъ.

Les nombres трúста, trois cents ; четы́реста, quatre cents, se déclinent comme двѣсти ; et de même les suivants, comme пять-сóтъ, cinq cents ; шесть-сóтъ, six cents, etc. Il en est de même des nombres composés, comme

N. Пять-сóтъ шестьдеся́тъ семь, 567.

G. Пяти́ сотъ шести́десяти семи́.

D. Пяти́ стамъ шести́десяти семи́.

I. Пятью́ стáми шести́десятью семью́.

P. о Пяти́ стахъ шести́десяти семи́.

§ 77. Les nombres adjectifs en ый, ая, ое, se déclinent d'après le premier paradigme des adjectifs qualificatifs (§ 68) ; трéтій, ья, ье, troisième, se décline d'après le second paradigme des adjectifs possessifs (§ 73). Les nombres adjectifs suivants ont une déclinaison particulière.

	SINGULIER.			PLURIEL.	
	Masc.	Neut.	Fém.	Masc. et Neut.	Fém.
N.	одúнъ, un.	однó,	однá, une.	одни́, les uns.	однѣ́, les unes.
G.	одногó,		однóй.	одни́хъ,	однѣ́хъ.
D.	одномý,		однóй.	одни́мъ,	однѣ́мъ.
A.	одногó, / одúнъ,	однó,	однý.	одни́хъ, / одни́,	однѣ́хъ. / однѣ́.
I.	одни́мъ,		однóю, ой.	одни́ми,	однѣ́ми.
P.	объ однóмъ,		объ однóй.	объ одни́хъ,	объ однѣ́хъ.

Remarque. Le pluriel de одúнъ s'emploie comme pronom ; alors il signifie *quelques* ou *les uns.* Одúнъ signifie aussi *seul.*

	Masc. et Neut.	Fém.	Masc. et Neut.	Fém.
N.	два,	двѣ,	óба,	óбѣ,
	deux.		tous les deux.	toutes les deux.
G.	двухъ.		обóихъ,	обѣихъ.
D.	двумъ.		обóимъ,	обѣимъ.
A.	двухъ, два,	двухъ. двѣ.	обóихъ, óба,	обѣихъ. óбѣ.
I.	двумя́.		обóими,	обѣими.
P.	о двухъ.		объ обóихъ,	объ обѣихъ.

Remarque. La différence entre два et óба est que два désigne *deux* objets dont l'un peut être employé au lieu de l'autre; tandis que óба signifie *l'un et l'autre*, en parlant d'objets distincts. C'est la différence qui existe entre les nombres latins *duo* et *ambo*.

N.	двóе ou двóи, deux.	чéтверо ou чéтверы, quatre.
G.	двóихъ.	четверы́хъ.
D.	двóимъ.	четверы́мъ.
A.	двóихъ. двóе, двóи.	четверы́хъ. чéтверо, чéтверы.
I.	двóими.	четверы́ми.
P.	о двóихъ.	о четверы́хъ.

Ainsi se décline трóе ou трóи, trois. Quant à l'emploi de ces nombres, voyez la syntaxe.

Ainsi se déclinent пя́теро ou ры, cinq; шéстеро ou ры, six; сéмеро ou ры, sept, etc.

	SINGULIER.		PLURIEL.
	Masc. et Neut.	Fém.	Pour les 3 genres.
N.	полтора́, un et demi,	полторы́, une et demie.	полу́торы.
G.	полу́тора,	полу́торы.	полу́торыхъ.
D.	полу́тору,	полу́торой.	полу́торымъ.
A.	полтора́,	полторы́.	полу́торы.
I.	полу́торымъ,	полу́торою.	полу́торыми.
P.	о полу́торѣ,	о полу́торой.	о полу́торыхъ.

Ainsi se déclinent полчетверта́, trois et demi; полпята́,

quatre et demi, etc. ; et de même полтретья, deux et demi,
en observant qu'il garde ь à tous les cas, et qu'il prend les
voyelles douces au lieu des dures, gén. полу́третья, dat. полу́-
третью, etc.

Remarque. Dans les nombres ordinaux composés, comme
пе́рвый-надесять, второ́й-надесять, etc., on décline seule-
ment пе́рвый, второ́й, et надесять reste indéclinable. Dans un
nombre ordinal composé de plusieurs nombres, il n'y a que le
dernier qui soit ordinal et qui se décline ; les autres sont cardi-
naux et ne se déclinent pas ; comme въ ты́сяча во́семъ-сотъ
два́дцать пе́рвомъ году́, Апре́ля два́дцать седьма́го дня, l'an
mil huit cent vingt-un, le vingt-sept d'Avril.

CHAPITRE QUATRIÈME.

Du pronom.

§ **78.** Le *pronom* (мѣстоиме́ніе) est un mot qui se met à la
place du nom. On divise les pronoms, d'après leur signification,
en huit espèces, savoir :

1. Les pronoms *personnels* (ли́чныя), qui désignent les per-
sonnes. Il y a trois personnes ; la première est celle qui parle,
la seconde celle à qui l'on parle, et la troisième celle de qui l'on
parle. Ces pronoms я, je, moi ; ты, tu, toi ; онъ, она́, оно́, il,
elle, lui.

2. Le pronom *réfléchi* (возвра́тное), qui marque le rapport
d'une personne à elle-même, est себя́, moi, toi, soi. Ce pro-
nom sert pour les trois personnes.

3. Les pronoms *possessifs* (притяжа́тельныя), qui dérivent
des pronoms personnels et réfléchi, et qui marquent que la
chose dont on parle appartient à la personne qu'ils désignent,
sont : мой, моя́, моё, mon, le mien ; твой, твоя́, твоё, ton,

le tien; свой, своя, своё, mon, ton, son; нашъ, нáша, нáше, notre, le nôtre; вашъ, вáша, вáше, votre, le vôtre.

4. Les pronoms *démonstratifs* (указáтельныя), qui servent à montrer la personne ou la chose dont on parle; ce sont сей, сiя, сié, ce, cet; тотъ, та, то, celui-ci; этотъ, эта, это, celui-là; óный, ая, ое, celui; сáмый, тотъ, le même.

5. Les pronoms *relatifs* (относительныя), qui ont rapport à un nom ou pronom qui précède, et qu'on appelle par cette raison *antécédent;* ce sont котóрый, ая, ое, qui; кой, кóя, кóе, qui, lequel; кто, celui qui; что, ce qui.

6. Les pronoms *interrogatifs* (вопросительныя), qui servent à interroger; ce sont кто? qui? qui est-ce qui? что? que? quoi? чей? чья? чьё? à qui? котóрый? ая, ое, lequel? какóй? áя, óе, quel? каковóй? áя, óе, de quelle espèce?

7. Les pronoms *indéfinis* (неопредѣлéнныя), qui ont une signification générale et indéterminée; ce sont нѣкоторый, ая, ое, quelque; нѣкiй, ая, ое, un certain; нѣкто, quelqu'un; нѣчто, quelque chose; кто-нибýдь, ктó-либо, quiconque, qui que ce soit; что-нибýдь, чтó-либо, quelque chose, quoi que ce soit; кáждый, ая, ое, chaque; всякiй, ая, ое, chacun; другóй, áя, óе, autre; инóй, áя, óе, un autre; нѣсколько, quelque; таковóй, áя, óе, tel; какóй-то, áя-то, óе-то, quelque; и тотъ и другóй, l'un et l'autre.

8. Les pronoms *négatifs* (отрицáтельныя), qui servent à nier; ce sont никтó, personne; ничтó, rien; никакóй, áя, óе, aucun, nul; ни одúнъ, днá, днó, pas un.

Déclinaison des pronoms.

§ 79. Les pronoms se mettant à la place des noms, ont, comme eux, les genres, les nombres et les cas. Parmi ces pronoms il y en a qui sont purement adjectifs, et qui se déclinent d'après les paradigmes des adjectifs; tels sont ceux en ый et iй, ая, ое. Les autres se déclinent ainsi :

SINGULIER.

	1re personne. Pour les 3 genres.	2e personne. Pour les 3 genres.	3e personne. Masc.	Neut.	Fém.
N.	я, je, moi.	ты, tu, toi.	онъ, il, lui,	оно́,	она́, elle.
G.	меня́.	тебя́.	его́,		ея́, её.
D.	мнѣ.	тебѣ.	ему́,		ей.
A.	меня́.	тебя́.	его́,		её.
I.	мно́ю, ой.	тобо́ю, о́й.	имъ,		е́ю.
P.	о мнѣ.	о тебѣ.	о нёмъ,		о ней.

PLURIEL.

	Pour les 3 genres.	Pour les 3 genres.	Masc. et Neut.	Fém.
N.	мы, nous.	вы, vous.	они́, ils, eux.	онѣ, elles.
G.	насъ.	васъ.	ихъ.	
D.	намъ.	вамъ.	имъ.	
A.	насъ.	васъ.	ихъ [1].	
I.	на́ми.	ва́ми.	и́ми.	
P.	о насъ.	о васъ.	о нихъ.	

A ces pronoms personnels on joint souvent, pour leur donner plus de force, le pronom самъ, сама́, само́, même, qui se décline ainsi :

<table>
<tr><th colspan="5" style="text-align:center">SINGULIER.</th><th>PLURIEL.</th></tr>
<tr><td></td><td>Masc.</td><td>Neut.</td><td>Fém.</td><td></td><td>Pour les 3 genres.</td></tr>
<tr><td>N.</td><td>самъ, même,</td><td>само́,</td><td>сама́.</td><td></td><td>са́ми, mêmes.</td></tr>
<tr><td>G.</td><td colspan="2" style="text-align:center">самого́,</td><td>само́й.</td><td></td><td>сами́хъ.</td></tr>
<tr><td>D.</td><td colspan="2" style="text-align:center">самому́,</td><td>само́й.</td><td></td><td>сами́мъ.</td></tr>
<tr><td>A.</td><td>самого́,</td><td>само́,</td><td>саму́.</td><td></td><td>сами́хъ.</td></tr>
<tr><td>I.</td><td colspan="2" style="text-align:center">сами́мъ,</td><td>само́ю, о́й.</td><td></td><td>сами́ми.</td></tr>
<tr><td>P.</td><td colspan="2" style="text-align:center">о само́мъ,</td><td>о само́й.</td><td></td><td>о сами́хъ.</td></tr>
</table>

[1] L'accusatif pluriel du pronom de la troisième personne est toujours semblable au génitif, et ne met point de différence entre les objets animés et inanimés. De même l'accusatif singulier neutre est

Ce pronom se joint aussi au pronom réfléchi suivant :

N.	Ce pronom est sans nominatif.	Le pronom réflé-
G.	себя́, de moi, de toi, de soi, etc.	chi est des trois per-
D.	себѣ́.	sonnes, des trois gen-
A.	себя́.	res, et des deux nom-
I.	собо́ю, собо́й.	bres. Voyez les obser-
P.	о себѣ́.	vations ci-après.

SINGULIER.   PLURIEL.

	Masc.	Neut.	Fém.	Pour les 3 genres.
N.	мой, mon,	моё,	моя́, ma.	мои́, mes.
G.	моего́,		моéй, (ея́).	мои́хъ.
D.	моему́,		моéй.	мои́мъ.
A.	моего́, мой,	моё,	мою́.	мои́хъ. мои́.
I.	мои́мъ,		моéю, ей.	мои́ми.
P.	о моёмъ,		о моéй.	о мои́хъ.

Ainsi se déclinent тво́й, а́я, оё, ton, le tien ; сво́й, а́я, оё, mon, ton, son, notre, votre, leur ; ко́й, о́я, о́е, lequel, en observant que ce dernier garde toujours l'accent sur la première syllabe ; et нѣ́кій, оя, oe, un certain.

SINGULIER.   PLURIEL.

	Masc.	Neut.	Fém.	Pour les 3 genres.
N.	нашъ, notre,	на́ше,	на́ша.	на́ши, nos.
G.	нашего́,		на́шей, (ея).	на́шихъ.
D.	нашему́,		на́шей.	на́шимъ.
A.	нашего́, нашъ,	на́ше,	на́шу.	на́шихъ. на́ши.
I.	на́шимъ,		на́шею, ей.	на́шими.
P.	о на́шемъ,		о на́шей.	о на́шихъ.

Ainsi se décline ва́шъ, ва́ша, ва́ше, votre, le vôtre, la vôtre.

---

semblable au génitif, au lieu d'être comme le nominatif, ce qui est contre toute analogie. L'usage veut qu'on dise : я́блоко хорошо́ ; прими́те егó (et non онó), cette pomme est bonne ; acceptez-la. Ainsi quelques grammairiens se sont trompés en faisant cet accusatif neutre semblable au nominatif.

SINGULIER.   PLURIEL.

	Masc.	Neut.	Fém.	Pour les 3 genres.
N.	сей, ce, cet,	сіе,	сія, cette.	сіи, ces.
G.	сего,		сей, (сея).	сихъ.
D.	сему,		сей.	симъ.
A.	сего, сей,	сіе,	сію.	сихъ. сіи.
I.	симъ,		сею, сей.	сими.
P.	о семъ,		о сей.	о сихъ.

Ainsi se décline le pronom interrogatif чей, чья, чьё, appartenant à qui? en observant qu'il prend dans tous les cas ь après ч, gén. чьего, dat. чьему, plur. чьи, чьихъ, etc.

SINGULIER.   PLURIEL.

	Masc.	Neut	Fém.	Pour les 3 genres.
N.	тотъ, celui-ci,	то, ceci,	та, celle-ci.	тѣ, ceux-ci, celles-ci.
G.	того,		той, (тоя).	тѣхъ.
D.	тому,		той.	тѣмъ.
A.	того, тотъ,	то,	ту.	тѣхъ. тѣ.
I.	тѣмъ,		тою, ой.	тѣми.
P.	о томъ,		о той.	о тѣхъ.

Ainsi se déclinent этотъ, эта, это, celui-là, celle-là, cela, en observant qu'il prend и au lieu de ѣ à l'instrumental singulier, et à tous les cas du pluriel.

SINGULIER.

N.	кто, qui? qui est-ce qui?	что, que? qu'est-ce qui?
G.	кого.	чего.
D.	кому.	чему.
A.	кого.	что.
I.	кѣмъ.	чѣмъ.
P.	о комъ.	о чёмъ.

Ces deux pronoms n'ont pas de pluriel.

Ainsi se déclinent les pronoms composés de кто et что; comme кто-нибудь, кто-либо, quelqu'un; что-нибудь, что-либо, quelque chose; никто́, personne; ничто́, rien, en observant que нибудь et либо restent indéclinables, et que никто́ et ничто́, au lieu de faire au prépositif о нико́мъ, о ничёмъ, transposent la préposition entre la particule négative ни et le pronom, et font ни о комъ, ни о чёмъ; et de même pour toutes les prépositions, et pour tous les cas.

Le pronom indéfini нѣсколько, quelque, est des trois genres et des deux nombres; gén. plur. нѣсколькихъ, dat. нѣсколькимъ, instrum. нѣсколькими, prép. о нѣсколькихъ.

Observations.

1. Lorsque le pronom de la troisième personne est précédé, aux cas obliques, d'une des prépositions въ, къ, съ, для, за, на, о, по, про, у, on ajoute un н; ex. къ нему́, chez lui; для него́, pour lui; у нея́, chez elle; съ ними, avec eux. Mais cela n'arrive que lorsque le pronom est le complément de la préposition; ex. для его́ жены́, pour sa femme.

2. Le pronom réfléchi себя́ sert pour les trois personnes et les deux nombres, *me, nous, te, vous, se, soi*, lorsque ces pronoms sont *réfléchis;* et ils sont réfléchis quand ils se rapportent au sujet de la phrase; ex. я защища́ю себя́, je me défends; ты самъ себя́ хва́лишь, tu te loues toi-même; мы должны́ ополча́ть себя́ терпѣ́ніемъ, nous devons nous armer de patience.

3. Il en est de même de свой. Il signifie *mon, ton, son, notre, votre, leur,* suivant le sujet de la phrase auquel il se rapporte; ex. я беру́ свою́ шля́пу, je prends mon chapeau; почита́й свои́хъ роди́телей, honore tes parents (père et mère); они́ мнѣ показа́ли свою́ библіоте́ку, ils m'ont montré leur bibliothèque.

4. La terminaison ея et оя du génitif singulier féminin ne s'emploie que dans le style élevé; ordinairement on se sert de la terminaison ей et ой.

5. Les pronoms маковóй, tel, et каковóй? quel? s'emploient aussi dans la forme apocopée, comme les adjectifs, lorsqu'ils sont séparés de leur substantif par le verbe *être;* ex. какова дорóга, comment est le chemin ? этотъ человѣкъ таковъ, какъ вы желáете, cet homme est tel que vous le désirez.

6. Le pronom другóй, autre, se trouve aussi quelquefois dans la forme apocopée ; ex. они любúли другъ друга, ils s'aimaient l'un l'autre ; нарóды имѣютъ нýжду другъ въ другѣ, les nations ont besoin les unes des autres; dans ce cas , il se décline comme un substantif, et s'emploie seulement au singulier. Mais cela n'arrive que lorsqu'il est répété; car on dit одúнъ стóитъ другáго, l'un vaut l'autre ; они слѣдовали одúнъ за другúмъ, ils se suivaient l'un l'autre.

CHAPITRE CINQUIÈME.

Du verbe.

§ 80. Le *verbe* (глагóлъ) est un mot dont le principal usage est de signifier l'affirmation. En effet, quand on dit, *la science est utile*, учéніе (есть) полéзно, le mot *science* exprime l'idée à laquelle on affirme que convient la qualité d'*utile*, et le verbe *est* forme cette affirmation. Le mot *verbe* vient du Latin *verbum*, mot [1], parce qu'il est le mot par excellence ; il est l'âme de la pensée ou proposition ; car ici pensée et proposition sont termes synonymes. Ainsi la plus petite proposition doit avoir au moins trois mots ; le *sujet* (подлежáщее), qui est ce dont on affirme quelque chose, le *verbe* (глагóлъ) qui marque l'affirma-

---

[1] En Russe on le nomme aussi глагóлъ, *mot*, terme slavon, d'où le verbe slavon глагóлати, parler.

tion, et l'*attribut* (сказу́емое) qui est ce qu'on affirme du sujet. Mais le plus souvent le verbe et l'attribut se trouvent réunis ensemble; et même dans plusieurs langues un verbe fait à lui seul une proposition entière [1].

§ 81. Les verbes russes se divisent, d'après leur signification, en six espèces que l'on nomme *voix* (зало́ги), savoir:

1. Les verbes *actifs* (дѣйстви́тельные), qui expriment une action faite par le sujet, et qui passe hors du sujet; comme люби́ть, aimer; писа́ть, écrire.

2. Les verbes *neutres* (сре́дніе), qui expriment une action qui ne passe pas hors du sujet, ou qui ne tombe pas directement sur un objet: comme ходи́ть, aller; спать, dormir. Dans les verbes neutres on doit comprendre les verbes *inchoatifs* (начина́тельные), qui expriment le commencement d'une action; comme сѣдѣть, devenir gris; краснѣть, devenir rouge.

3. Les verbes *réfléchis* (возвра́тные), qui expriment l'action d'un sujet qui agit sur lui-même; comme мы́ться, se laver; хвали́ться, se louer. Le verbe réfléchi n'est autre chose que le verbe actif auquel on ajoute le pronom réfléchi себя́, et par syncope ся.

4. Les verbes *réciproques* (взаи́мные), qui expriment l'action de deux ou plusieurs sujets qui agissent les uns sur les autres de la même manière. Ils se terminent de même que les verbes réfléchis; comme би́ться, se battre; боро́ться, lutter (avec quelqu'un).

5. Les verbes *communs* (о́бщіе), qui, se terminant de même que les verbes réfléchis, ont la signification ou active ou neutre; comme боя́ться, craindre; смѣя́ться, rire. Ce sont les verbes déponents des Grecs et des Latins.

6. Les verbes *passifs* (страда́тельные), dont le sujet reçoit

---

[1] Telle est cette lettre si connue de César au Sénat: *Veni, vidi, vici,* je suis venu, j'ai vu, j'ai vaincu, пришёлъ, уви́дѣлъ, побѣди́лъ, où il y a autant de propositions que de verbes.

l'action marquée par le verbe. En Russe, comme en Français,
ils se forment du participe passif joint à un autre verbe qu'on
nomme par cette raison *auxiliaire* (вспомогáтельный); comme
быть любúму, être aimé; быть хвалúму, être loué.

§ 82. Dans les verbes russes il y a six choses à considérer,
savoir : 1) les modes, 2) les temps, 3) les branches, 4) les nom-
bres, 5) les personnes, 6) les genres.

§ 83. Les *modes* (наклонéнiн) sont les différentes manières
dont on manifeste l'affirmation. Mode est synonyme de manière.
Les verbes russes n'ont que trois modes, savoir :

1. L'*infinitif* (неокончáтельное), qui est simplement la déno-
mination de l'action [1]; ex. любúть, aimer; писáть, écrire;
сказáть, dire.

2. L'*indicatif* (изъявúтельное), qui affirme d'une manière
positive qu'une chose est, qu'elle a été, ou qu'elle sera; ex. я
люблю́, j'aime; ты писáл, tu écrivis; онъ скáжетъ, il dira.

3. L'*impératif* (повелúтельное), qui énonce l'action avec
l'idée accessoire du commandement; ex. любú, aime; пишú,
écris; скажú, dis.

Remarque. Les verbes russes n'ont pas le *subjonctif* (сослагá-
тельное); voyez, § 124, la manière dont ils expriment ce mode.

§ 84. Les *temps* (временá) sont des inflexions des verbes qui
désignent à quel temps on doit rapporter ce qu'on affirme d'une

---

[1] Ainsi l'infinitif est un *nom-verbe;* en effet, dans plusieurs lan-
gues, il remplace le substantif, en faisant toutes ses fonctions au
moyen de l'article neutre; comme τὸ κατηγορεῖν ἄνευ τοῦ δεικνύναι,
λοιδορία ἐστί, une accusation sans preuve est une calomnie (propre-
ment, *le accuser* sans *le prouver*); das Vollziehen meines Ge-
lübbes, l'accomplissement de mon vœu; et de même en Français,
le manger et *le boire; le* doux *parler* ne nuit à rien. Les Anglais
emploient l'infinitif avec l'article *to,* emprunté du Grec; comme *to
write,* écrire.

chose. Or le temps peut être passé, ou présent, ou à venir; et de là les trois temps que l'on nomme le *présent* (настоящее), le *prétérit* (прошéдшее), et le *futur* (будущее). Voyez, Article second, les différentes nuances des temps des verbes russes.

§ 85. Ces modes et ces temps présentent plusieurs points de vue sous lesquels leur signification peut être envisagée; de là dans les verbes russes les *branches* (виды)[1], qui sont les différentes formes qui caractérisent ces différents points de vue. Ces branches sont au nombre de six, savoir :

1. La branche *indéfinie* (неопредѣленный), qui n'exprime que le fait de l'action, sans rapport essentiel à aucune époque déterminée; ex. писáть, écrire; ходи́ть, aller; я хожý, je vais; я ходи́лъ, j'allais; я бýду ѣздить верхóмъ, je monterai à cheval[2].

2. La branche *définie* (опредѣленный), qui détermine le temps où arrive l'action; ex. я идý тепéрь въ тeáтръ, je vais main-

---

[1] **M.** de Jacob, dans sa Grammaire générale, Leipzig, 1814, dit en parlant des dialectes slavons, page 135 : In den slawonischen Sprachen finden sich, so wie in der griechischen, mehrere Formen aus ähnlichen Wörtern, oder ähnlichen Dialecten, welche anfänglich synonymisch gebraucht werden mochten, in der Folge aber zur Unterscheidung verschiedener Modificationen angewandt wurden, — um theils eine Nebenbestimmung, Vollendung, Anfang, u. s. w. anzudeuten, theils das fehlende Tempus zu ergänzen, weil das Verbum derivatum nicht üblich ist, oder gar nicht existirt. — Page 187. — Die vier (ou plutôt sechs) verschiedenen Formen des Infinitivs in der russischen Sprache drücken gar keine Verschiedenheit der Zeit, sondern andere Nebenbestimmungen der Handlung aus.

[2] Cette branche indéfinie répond à l'*aoriste* des verbes grecs, de ἀ privatif, et ὁρίζειν, déterminer.

tenant au théâtre; она шла сего утра пó городу, elle allait ce matin par la ville; я буду ѣхать завтра на сѣрой лошади, je monterai demain un cheval gris.

3. La branche *sémelfactive* (однократный) [1], qui exprime l'action avec l'idée accessoire qu'elle n'est arrivée qu'*une fois*, qu'elle n'a été que de peu de durée, ou qu'elle ne s'est pas répétée ; ex. молнія блеснула, il a fait *un* éclair; вѣтръ дунетъ, le vent soufflera *un moment*.

4. La branche *itérative* (многократный), qui exprime une action qui s'est répétée *plusieurs fois;* ex. я хаживалъ, je suis allé plusieurs fois ; въ Парижѣ я гуливалъ, je me promenais souvent à Paris.

5. La branche *imparfaite* (несовершённый), qui exprime une action non consommée ; ex. я сказывалъ, je disais ; я буду переписывать до семи часовъ, je m'occuperai à copier jusqu'à sept heures.

6. La branche *parfaite* (совершённый), qui exprime une action entièrement accomplie; ex. я сказалъ, j'ai dit, j'ai fini de dire ; я перепишу всё это до семи часовъ, à sept heures j'aurai achevé de copier tout cela.

Remarque. Toutes les branches ont le prétérit; toutes, excepté

---

[1] La plupart des grammairiens appellent cette branche, particulière à la langue slavonne, *simple;* mais le mot *simple* n'exprime point le russe однократный. Il faudrait, pour rendre однократный et многократный, deux termes qui exprimassent leur sens *d'une fois* et de *plusieurs fois;* de одинъ, un, ou многіе, plusieurs, et du Slavon крата, fois. A défaut de ces termes, j'y ai suppléé par *sémelfactif* et *itératif,* du Latin *semel,* une fois, et *factus,* fait, arrivé, et de *iterare,* répéter. Si je n'ai point appelé la branche многократный, *fréquentative,* c'est pour la distinguer des verbes appelés proprement *fréquentatifs* (учащательные). Au reste les mots ne font rien à la chose ; l'essentiel est de les bien définir.

l'itérative, ont le futur, et seulement trois, l'indéfinie, la défi-
nie et l'imparfaite, ont le présent.

§ 86. Les *nombres* (чи́сла) sont dans les verbes russes
comme dans les verbes français, le *singulier* et le *pluriel;* ex. я
пишу́, j'écris; мы пи́шемъ, nous écrivons; ты люби́лъ, tu ai-
mais; вы люби́ли, vous aimiez; онъ ска́жетъ, il dira; они́
ска́жутъ, ils diront.

§ 87. Les *personnes* (ли́ца) sont au nombre de trois, répon-
dant aux trois pronoms personnels; ex. я люблю́, j'aime; ты
лю́бишь, tu aimes; онъ лю́битъ, il aime.

Remarque. Sous le rapport des personnes les verbes se divi-
sent en *personnels* (ли́чные), qui ont les trois personnes, et en
unipersonnels (одноли́чные), qui ne s'emploient qu'à la troisième
personne du singulier (voyez Article cinquième).

§ 88. Les *genres* (ро́ды) se trouvent aussi dans les verbes
russes, le *masculin*, le *féminin* et le *neutre*. Ils sont dans tous
les temps des verbes passifs; mais dans les autres verbes, ils
sont seulement dans le singulier des prétérits; ex. онъ люби́лъ,
il aimait; она́ люби́ла, elle aimait; et (en parlant d'un substan-
tif neutre) оно́ люби́ло, il aimait.

§ 89. Les verbes russes ont encore deux autres modifica-
tions :

1. Le *participe* (прича́стіе), ainsi appelé parce qu'il tient de la
nature du verbe et de l'adjectif. Il tient du verbe en ce qu'il en a la
signification et le régime; il tient de l'adjectif en ce qu'il qualifie
comme lui les objets avec lesquels il s'accorde en genre, en
nombre et en cas. Ex. любя́щій, ая, ее, aimant; люби́вшій, ая,
ее, ayant aimé; люби́мый, ая, ое, aimé, étant aimé.

2. Le *gérondif* (дѣеприча́стіе), qui exprime une circonstance
présente ou passée, et qui peut être regardé comme un cas de
l'infinitif [1]; ex. любя́, en aimant; люби́вши, en ayant aimé.

---

[1] C'est ce que prouve la langue allemande où le gérondif se forme

Remarque. Le participe et le gérondif ont chacun un présent et un prétérit qui tous deux ont les mêmes branches que le présent et le prétérit de l'indicatif.

§ 90. Les changements de terminaisons des verbes dans les modes, les temps, les branches, les nombres, les personnes et les genres, se nomment *conjugaison* (спряжéніе).

Remarque. Les verbes actifs et neutres (aussi bien que les verbes réfléchis, réciproques et communs), ont des règles de conjugaison qui leur sont communes, et qui ne concernent point les verbes passifs; ce qui divise les règles de conjugaison en deux parties. Les verbes réfléchis, réciproques et communs qui se distinguent des autres verbes par l'addition du pronom réfléchi, seront mis dans un article séparé.

Conjugaison du verbe auxiliaire.

§ 91. Le verbe auxiliaire de la langue russe a deux branches, l'une définie, быть, être, et l'autre indéfinie ou fréquentative, бывáть, être souvent, avoir l'habitude d'être (§ 110). Ces deux branches se conjuguent ainsi:

Branche définie.	*Branche indéfinie.*

INFINITIF.

Быть, être.	Бывáть, être souvent.
infinitif itératif.	Бы́вывать, avoir été plusieurs fois.

---

de l'infinitif précédé de l'article avec la préposition in; comme im lieben, pour in bem lieben, en aimant; comme si l'on disait *dans l'aimer, dans l'action d'aimer.*

Branche définie. | *Branche indéfinie.*

PRÉSENT.

	Branche définie		Branche indéfinie	
Sing.	Я есмь,	je suis.	Я бываю,	je suis souvent.
	Ты еси,	tu es.	Ты бываешь,	tu es.
	Онъ / Она́ } есть, / Оно́	il / elle } est. / il	Онъ / Она́ } бываетъ, / Оно́	il / elle } est. / il
Plur.	Мы есмы́,	nous sommes.	Мы бываемъ,	nous sommes.
	Вы есте,	vous êtes.	Вы бываете,	vous êtes.
	Они́ / Онѣ́ } суть,	ils / elles } sont.	Они́ / Онѣ́ } бываютъ,	ils / elles } sont.

Remarque. La première et la seconde personne, dans les deux nombres, du présent défini sont presque toujours sous-entendues; ex. я здѣсь, je suis ici; бо́ленъ ли ты? es-tu malade? мы здоро́вы, nous sommes en bonne santé; вы счастли́вы, vous êtes heureux. La troisième personne se sous-entend aussi, mais elle s'exprime plus souvent que les deux autres. Le présent indéfini, au contraire, s'exprime toujours, parce qu'il marque la continuation d'un état; ex. онъ безпа́мятенъ signifie *il est* sans mémoire, la mémoire lui manque *dans ce moment,* et онъ быва́етъ безпа́мятенъ signifiera *il est parfois* sans mémoire, *il y a des moments* où la mémoire lui manque. — Il faut encore observer que c'est après ce verbe que s'emploie la forme apocopée des adjectifs et des participes (§ 69).

PRÉTÉRIT.

	Branche définie		Branche indéfinie	
Я { былъ, / была́, / бы́ло, }		j'ai été.	Я { быва́лъ, / быва́ла, / быва́ло, }	je fus souvent.
Ты	былъ, ла́, ло,	tu as été.	Ты быва́лъ, ла, ло,	tu fus.
Онъ	былъ, il		Онъ быва́лъ, il	
Она́	была́, elle } a été.		Она́ быва́ла, elle } fut.	
Оно́	бы́ло, il		Оно́ быва́ло, il	
Мы	бы́ли, nous avons été.		Мы быва́ли, nous fûmes.	
Вы	бы́ли, vous avez été.		Вы быва́ли, vous fûtes.	
Они́ / Онѣ́ } бы́ли,	ils / elles } ont été.		Они́ / Онѣ́ } быва́ли,	ils / elles } furent.

Remarque. Le neutre de ce prétérit, бывáло ou бы́ло, sert à former un second et un troisième plus-que-parfait (§ 101). — De l'infinitif itératif бывывать se forme un prétérit itératif, я бывывалъ, j'ai été plusieurs fois. Il se conjugue comme бывáлъ, en intercalant la syllabe вы.

FUTUR.

Я бýду, je serai.
Ты бýдешь, tu seras.
Онъ ⎫
Онá ⎬ бýдетъ, elle ⎬ sera.
Онó ⎭ il
Мы бýдемъ, nous serons.

Вы бýдете, vous serez.
Они́ ⎫ ils ⎫
Онѣ́ ⎬ бýдутъ, elles ⎬ seront.

Я стáну, je deviendrai.
Ты стáнешь, tu deviendras.
Онъ ⎫ il ⎫
Онá ⎬ стáнетъ, elle ⎬ deviendra.
Онó ⎭ il ⎭
Мы стáнемъ, nous deviendrons.
Вы стáнете, vous deviendrez.
Они́ ⎫ ils ⎫
Онѣ́ ⎬ стáнутъ, elles ⎬ deviendront.

Remarque. La branche indéfinie du verbe auxiliaire n'a pas de futur; mais стáну est le futur du verbe стать, devenir. Ce futur sert, ainsi que бýду, à la formation du futur indéfini de tous les verbes (§ 102). Le prétérit du même verbe, я сталъ, est aussi en quelque façon auxiliaire; en se joignant à l'infinitif indéfini d'un autre verbe, il a la signification de *commencer;* comme я сталъ писáть, je commençais, je me mettais à écrire.

IMPÉRATIF.

Бýдь, sois.
Пусть онъ бýдетъ, qu'il soit.
Бýдьте, soyez.
Пусть они́ бýдутъ, qu'ils soient.

Бывáй, sois souvent.
Пусть онъ бывáетъ, qu'il soit.
Бывáйте, soyez.
Пусть они́ бывáютъ, qu'ils soient.

PARTICIPES.

Prés.	Сýщій, ая, ее, étant.	Бывáющій, ая, ее, étant souvent.
Prét.	Бы́вшій, ая, ее, ayant été.	Бывáвшій, ая, ее, ayant été.
Futur.	Бýдущій, ая, ее, devant être.	

Remarque. Le participe сущій est plutôt employé comme adjectif que comme participe; il signifie alors *vrai, réel;* comme это сущая правда, c'est la pure vérité; онъ сущій Христіáнинъ, c'est un vrai Chrétien.

GÉRONDIFS.

Prés.	Будучи, en étant.	Бывáя ou бывáючи, en étant souvent.
Prét.	Бывши ou бывъ, en ayant été.	Бывáвши ou бывáвъ, en ayant été.

ARTICLE PREMIER.

Conjugaison des verbes actifs et neutres.

Remarque. Lomonossow, le premier grammairien russe, en 1755, admettait deux conjugaisons, probablement d'après l'ancienne grammaire slavonne; la première pour les verbes qui ont la seconde personne du présent en ешь, et l'autre pour ceux qui l'ont en ишь. — Tous les grammairiens après lui ont suivi cette division jusqu'en 1802, où l'Académie Impériale de Saint-Pétersbourg a établi quatre conjugaisons d'après la terminaison de l'infinitif indéfini, à l'exemple des conjugaisons latines; la première pour les verbes qui ont l'infinitif en ать et ять, la seconde pour ceux qui l'ont en ть précédé de с et ѣ, la troisième pour ceux qui l'ont en ить et ыть, et la quatrième pour ceux qui l'ont en оть et уть. — Cette division a été encore étendue par M. Vater, en 1808, qui admet ces quatre conjugaisons pour les verbes qui ont la première personne du présent en ю, et en joint trois autres pour ceux qui l'ont en y. Il place tous les verbes russes sous dix-sept paradigmes, et donne six formes pour le présent. — MM. Born et Gretsch ne reconnaissent qu'une seule conjugaison [1], et divisent les verbes russes en quatre classes. Cette méthode est la plus simple et la plus facile ; c'est aussi celle que nous suivrons.

§ 92. Tous les verbes russes sont *simples* (простыя) ou *composés* (сложныя). Les premiers sont sans préposition ; comme писать, écrire ; видѣть, voir ; et les autres sont joints à des prépositions ; comme подписать, souscrire ; предвидѣть, prévoir. Les verbes simples peuvent être *indéfinis*, lorsqu'ils n'ont que deux branches, l'indéfinie et l'itérative ; *complets*, lorsqu'ils ont les trois branches indéfinie, sémelfactive et itérative ; ou *doubles*, lorsqu'ils ont deux branches distinctes de la même signification.

§ 93. C'est sur cette distinction qu'est fondée la division des verbes russes en quatre classes, savoir :

1. Les verbes simples *indéfinis* (неопредѣлённые) ; ils comprennent tous les verbes simples de la langue russe qui n'appartiennent pas aux deux classes suivantes.

2. Les verbes simples *complets* (полные), qui diffèrent des autres en ce qu'ils désignent toujours quelque action physique produite par un objet animé ou inanimé. Comme il n'y a que les verbes de cette classe qui expriment l'action arrivée une fois, on les nomme verbes *sémelfactifs* (однократные).

---

[1] M. Gretsch, en 1811, présenta son *Essai sur les conjugaisons russes* (Опытъ о Рускихъ спряжéніяхъ) à la Société des amateurs de la Littérature, des Sciences et des Arts. Elle chargea un de ses membres, M. Vostokow, de l'examiner ; voyez le jugement qu'il en a porté, ajouté à la fin de cet Essai. — M. de Jacob dit, page 139 : Die Lehre von den ruffifchen Conjugationen würden daher fehr an Deutlichkeit gewinnen, wenn man die verfchiedenen Verba von einander trennte, und die Formen, welche blos eine Nebenbedeutung, aber keine eigentliche Zeitbeftimmung ausdrücken, von einander feparirte.

3. Les verbes simples *doubles* (сугу́бые), qui ont deux branches de la même signification, l'une indéfinie, et l'autre définie. Ces deux branches se conjuguent comme deux verbes séparés. Comme ces verbes indiquent toujours un changement de place, ou une action continuée, on les appelle verbes *fréquentatifs* (учащáтельные).

4. Les verbes *composés* (слóжные), qui diffèrent des verbes simples en ce qu'ils se joignent toujours à des prépositions. Comme ces verbes expriment une action entièrement consommée, on les nomme aussi verbes *parfaits* (совершéнные) [1].

§ 94. Dans la conjugaison de ces quatre classes de verbes, il faut observer les règles suivantes.

Règles communes de conjugaison.

1. Chaque branche a nécessairement un *infinitif* qui est la base des autres modes et temps, et dont la finale caractéristique est ть ou ти, et quelquefois чь.

2. Chaque branche a un *prétérit* dont la finale caractéristique est лъ, et quelquefois par syncope ъ.

3. Il n'y a que les branches indéfinie, définie et imparfaite qui aient un *présent* avec la finale caractéristique ю ou у, (très-rarement мъ).

4. Les *futurs* n'ont pas une terminaison particulière; car ils se forment de l'infinitif avec l'auxiliaire бýду (ou стáну), ou bien ils se terminent comme le présent, en remarquant que toutes les branches, excepté la branche itérative, ont un futur.

5. Chaque branche, excepté la branche itérative, a un *impératif* dont la finale caractéristique est и long, c'est-à-dire avec

---

[1] Dans la langue bohémienne les verbes se divisent aussi en *durativa, singularia, frequentativa* et *iterativa*. Voyez Böhmifche Grammatif von J. Negledy, page **224**.

l'accent, ou и bref, c'est-à-dire ь après une consonne et ï après
une voyelle (§ 11).

Remarque. On voit que le point principal, dans la conjugaison
des verbes, est de former de l'infinitif les temps de l'indicatif,
l'impératif, et les participes et gérondifs.

I. Des verbes simples indéfinis.

§ 95. Les verbes simples *indéfinis* sont ceux qui expriment
une action d'une manière générale et indéterminée. De cette na-
ture sont presque tous les verbes considérés comme simples dans
la Grammaire générale; comme дѣлать, faire, machen, *facere*,
to make. Ces verbes ont (voyez le tableau)

1. deux infinitifs, l'indéfini et l'itératif;
2. dans l'indicatif, le présent, les prétérits indéfini et ité-
   ratif, et le futur indéfini;
3. un impératif indéfini;
4. aux participes, et ⎫ le présent, et les prétérits indéfini
5. aux gérondifs,   ⎭ et itératif.

1. INFINITIF	{	*indéfini,* ть précédé de а, я, е, ѣ, и, ы, о, у.
		itératif, ы/и-вать.

2. INDICATIF	*présent.*	*prétérit indéfini.*	*prétérit itératif.*	*futur indéfini.*
singul. — ю, ou у.	лъ, ла, ло.	ы/и-валъ, ла, ло.	буду
ешь, ишь.	..ъ, ла, ло.	— — —	будешь
етъ, итъ.	— — —	— — —	будетъ } ть.
pluriel. — емъ, имъ.	ли.	ы/и-вали.	будемъ
ете, ите.	—	—	будеше
ю/у-тъ, я/а-тъ.	—	—	будутъ } ть.

3. IMPÉRATIF *indéfini*	{	seconde personne sing. и́, ь, й.
		— — plur. и́те, ьте, и́те.

	présent.	*prétérit indéfini.*	*prétérit itératif.*
4. PARTICIPES.	ю/у-щій, я/а-щій, ая, ее.	вшій, ая, ее.	ы/и-вавшій, ая, ее.
5. GÉRONDIFS.	я, а, ю/у-чи.	вши, въ.	ы/и-вавши, вавъ.

1. INFINITIF.

§ 96. L'infinitif indéfini est la base primitive des autres temps. Il se termine en ть précédé d'une des voyelles а, я, е, ѣ, и, ы, о, у; ex. желáть, désirer; мѣрять, mesurer; терéть, frotter; владѣть, dominer; говорить, parler; мыть, laver; молóть, moudre; блёкнуть, se faner.

Remarque. Les verbes terminés en ть ou ти précédé d'une consonne, et en чь, de même que presque tous les verbes monosyllabes, s'écartent des règles générales de la formation, et sont appelés verbes *irréguliers* (непрáвильные); voyez Article sixième.

§ 97. L'infinitif itératif se termine en ывать ou ивать, et se forme de l'infinitif indéfini de la manière suivante :

1. Les verbes en ать, оть et ыть changent ces terminaisons en ывать, et ceux en ять, ѣть et ить en ивать, de même que ceux en ать précédé des gutturales г, к, х, ou des dentales ж, ч, ш, щ; ex. дѣлать, faire, дѣлывать; воевáть, faire la guerre, воёвывать; писáть, écrire, пúсывать; полóть, sarcler, пáлывать; крыть, couvrir, крывáть; мыть, laver, мывáть; мѣрять, mesurer, мѣривать; гулять, se promener, гýливать; смотрѣть, regarder, смáтривать; болѣть, sentir de la douleur, бáливать; говорить, parler, говáривать; лечить, guérir, лéчивать; плáкать, pleurer, плáкивать; держáть, tenir, дéрживать; слýшать, entendre, слýшивать. Il faut excepter кричáть, crier, крикивать; велѣть, ordonner, велѣвáть; глядѣть, regarder, глядывать; вертѣть, tourner, вéртывать; de même que ceux en ерѣть qui changent ерѣть en ирать, comme мерéть, mourir, мирáть; терéть, frotter, тирáть; перéть, presser, пирáть, et les suivants.

2. Ceux en ить précédé des labiales б, в, м, п, ajoutent la consonne л avant ивать; ex. любить, aimer, любливать; ловить, prendre, лáвливать; кормить, nourrir, кáрмливать;

топи́ть, chauffer, та́пливать. Ajoutez терпѣ́ть, souffrir, дрема́ть, sommeiller; ка́пать, dégoutter; колеба́ть, agiter; трепа́ть, tiller (le chanvre), qui changent aussi ѣть et ать en ливать.

3. Ceux en ить précédé de д, з, т, с, ст, en prenant la terminaison ивать, changent ces consonnes en dentales, savoir д et з en ж, т en ч, с en ш, ст en щ; ex. суди́ть, juger, су́живать; грузи́ть, charger, гру́живать; плати́ть, payer, пла́чивать; проси́ть, prier, пра́шивать; чи́стить, nettoyer, чи́щивать; et de même сидѣ́ть, être assis, си́живать.

Première Remarque. Si dans la formation de l'infinitif itératif l'accent, qui était sur la dernière syllabe, se transporte sur la syllabe précédente où il se trouve un o, alors cet o se change en a; comme ора́ть, labourer, а́рывать; ходи́ть, aller, ха́живать; лома́ть, briser, ла́мывать.

Seconde Remarque. Plusieurs verbes n'ont pas l'infinitif itératif; entre autres ceux en нуть, (excepté тяну́ть, tirer, тя́гивать; со́хнуть, sécher, сыха́ть; гнуть, courber, гиба́ть), et dans d'autres il n'est pas usité. Alors ces verbes n'ont pas les temps itératifs.

2. INDICATIF.

§ 98. La première personne du présent de l'indicatif se termine en ю ou у. Elle se forme de l'infinitif indéfini en changeant ть en ю; ex. жела́ть, жела́ю, je désire; мѣ́рять, мѣ́ряю, je mesure; краснѣ́ть, краснѣ́ю, je deviens rouge. Les exceptions sont les verbes qui changent les terminaisons

1.	{ ить et ять précédés d'une voyelle, ить précédé de л, н, р, et оть,	en ю.
2.	ить précédé de б, в, м, п, ...	en лю.
3.	ить précédé de ж, ч, ш, щ, ...	en у.
4.	ыть, ...	en ою.
5.	свать, ...	en юю.

6.	овать, ...	en ую.
7.	уть, ...	en у.
8.	среть, ...	en ру.
9.	дить, дѣть, зить, зать, ...	en жу.
10.	тить, тѣть, кать, тать, ...	en чу.
11.	сить, сѣть, сать, ...	en шу.
12.	стить, стѣть, скать, ...	en щу.

D'après ce tableau on voit clairement que

1. Les verbes en ить et ять précédés d'une voyelle, en ить précédé de л, н, р, et en оть, changent les trois dernières lettres en ю; ex. стрóить, bâtir, стрóю; сѣять, semer, сѣю; винить, accuser, виню; говорить, parler, говорю; полóть, sarcler, полю́. Les suivants бдѣть, veiller; болѣть, sentir de la douleur; велѣть, ordonner; горѣть, brûler; зрѣть, voir; звенѣть, sonner; смотрѣть, regarder; орáть, labourer; глагóлать, parler, changent aussi ѣть et ать en ю. Mais сиять, briller, fait сияю; зиять, ouvrir la gueule, зияю; мыслить, penser, мышлю; молóть, moudre, мелю́.

2. Ceux en ить précédé des labiales б, в, м, п, changent aussi ить en ю, et ajoutent, comme à l'infinitif itératif, la consonne л; ex. любить, aimer, люблю́; ловить, prendre, ловлю́; томить, fatiguer, томлю́; топить, chauffer, топлю́. Tous ceux en пѣть qui ne sont pas d'une syllabe, comme терпѣть, souffrir, et les suivants гремѣть, tonner; скорбѣть, s'affliger; шумѣть, faire du bruit; дремáть, sommeiller; зыбáть, balancer; кáпать, dégoutter; клепáть, accuser faussement; колебáть, agiter; сыпать, répandre; трепáть, tiller; щипáть, pincer, changent aussi ѣть et ать en лю. Mais клеймить, contrôler, fait клеймлю́; вопить, s'écrier, воплю́. Les monosyllabes suivants changent ить en ью, бить, battre, бью; вить, tordre, вью; пить, boire, пью; et de même лить, verser, лью; шить, coudre, шью.

3. Ceux en ить précédé des dentales ж, ч, ш, щ, changent

итъ en у; ex. служи́тъ, servir, служу́; учи́тъ, instruire, учу́; души́тъ, étrangler, душу́; мо́рщитъ, rider, мо́рщу. Mais почи́тъ, se reposer, fait почію. Les suivants en атъ précédé des dentales changent aussi атъ en у, бренча́тъ, sonner; брюжжа́тъ, gronder; визжа́тъ, gémir; ворча́тъ, grommeler; держа́тъ, tenir; дрожа́тъ, trembler; дыша́тъ, respirer; журча́тъ, gazouiller; крича́тъ, crier; молча́тъ, se taire; мыча́тъ, mugir; пища́тъ, glapir; слы́шатъ, entendre; пыша́тъ, brûler; стуча́тъ, heurter; торча́тъ, porter dehors; треща́тъ, petiller. Mais бѣжа́тъ, courir, fait бѣгу́.

4. Ceux en ытъ changent ытъ en ою; ex. мытъ, laver, мо́ю; крытъ, couvrir, кро́ю; рытъ, creuser, ро́ю. Mais плытъ, nager, fait плыву́; слытъ, passer pour, слыву́, et de même житъ, vivre, живу́.

5. Ceux en ватъ changent ватъ en юю; ex. воева́тъ, faire la guerre, вою́ю; горева́тъ, s'affliger, горю́ю; et de même ночева́тъ, passer la nuit, ночу́ю; жева́тъ, mâcher, жу́ю; врачева́тъ, guérir, врачу́ю, parce que ю après les dentales se change en y (§ 48).

6. Ceux en оватъ changent оватъ en ую; ex. тре́боватъ, exiger, тре́бую; цѣлова́тъ, baiser, цѣлу́ю; слѣ́доватъ, suivre, слѣ́дую. Mais упова́тъ, espérer, fait упова́ю.

7. Ceux en утъ changent у́тъ en у; ex. блёкнутъ, se faner, блёкну; тяну́тъ, tirer, тяну́; et de même стона́тъ, gémir, стону́; ревѣ́тъ, rugir, реву́; жа́ждатъ, avoir soif, жа́жду; соса́тъ, sucer, сосу́. Mais дутъ, souffler, fait ду́ю.

8. Ceux en еретъ changent еретъ en ру; ex. пере́тъ, presser, пру; тере́тъ, frotter, тру; мере́тъ, mourir, мру; et de même стретъ ou стеретъ, étendre, стру.

9. Ceux en дитъ, дѣтъ, зитъ, затъ, changent ces terminaisons en жу; ex. ходи́тъ, aller, хожу́; ви́дѣтъ, voir, ви́жу; грузи́тъ, charger, гружу́; ма́затъ, oindre, ма́жу; et de même глода́тъ, ronger, гложу́. Mais твердѣ́тъ, devenir dur, (et généralement tous les inchoatifs en ѣтъ); владѣ́тъ, dominer; дерза́тъ,

oser; пóлзать, ramper; терзáть, déchirer, le font régulière-
ment en changeant ть en ю.

10. Ceux en шишь, пѣшь, кашь, шашь, changent ces termi-
naisons en чу; ex. плашить, payer, плачу́; вершѣть, tourner,
верчу́; плáкать, pleurer, плáчу; мешáть, jeter, мечу́. Mais
пошѣть, suer; сверкáть, étinceler; молкáть, frapper; бол-
тáть, babiller; глотáть, avaler; катáть, rouler, le font ré-
gulièrement en changeant ть en ю.

11. Ceux en сить, сѣть, сать, changent ces terminaisons
en шу; ex. просить, demander, прошу́; висѣть, être pendu,
вишу́; писáть, écrire, пишу́; et de même ces trois en хать;
брехáть, aboyer, брешу́; махáть, agiter, машу́; пахáть, la-
bourer, пашу́. Mais бросáть, jeter; кусáть, mordre; ужасáть,
effrayer; касáться, concerner (касáюсь), le font régulièrement
en changeant ть en ю.

12. Ceux en стить, сѣть, скать, changent ces terminai-
sons en щу; ex. чистить, nettoyer, чищу́; блестѣть, briller,
блещу́; искáть, chercher, ищу́; et de même ces trois en тить;
богатить, enrichir, богащу́; претить, menacer, прещу́; свя-
тить, sanctifier, свящу́; ces quatre en шать; клеветáть, ca-
lomnier, клевещу́; роптáть, murmurer, ропщу́; скрежетáть,
grincer les dents, скрежещу́; трепетáть, palpiter, трепещу́;
et ces deux en стать; свистáть, siffler, свищу́; хлыстáть,
frapper d'une houssine, хлыщу́.

§ **99.** La première personne du présent étant formée, la seconde se termine en ешь ou ишь, et de même les autres personnes, d'après les six paradigmes suivants.

Я	Жела́-ю,		Со́хн-у,		Бере-г-у́,
Ты	Жела́-ешь,		Со́хн-ешь,		Бере-ж-ёшь,
Онъ Она́ Оно́	Жела́-етъ,	je désire.	Со́хн-етъ,	je sèche.	Бере-ж-ётъ,
Мы	Жела́-емъ,		Со́хн-емъ,		Бере-ж-ёмъ,
Вы	Жела́-ете,		Со́хн-ете,		Бере-ж-ёте,
Они́ Онѣ́	Жела́-ютъ,		Со́хн-утъ,		Бере-г-у́тъ,

Ainsi se conjuguent 1. Les verbes qui ont la première personne en ю précédé d'une voyelle, et qui n'ont pas l'infinitif en ишь. 2. Ceux qui ont la première pers. en ю précédé d'une consonne, et qui n'ont pas l'infinitif en ишь ou ѣшь. 3. Ceux qui ont la première pers. en ью, et quelques-uns en ію.	Ainsi se conjug. 1. Les verbes qui ont la première pers. en у précédé des consonnes б, в, д, ш, з, с, м, н, р, qui pour la plupart sont des verbes monosyllabes. 2. Ceux qui, ayant l'infinitif en амъ précédé de з, к, ш, с, ск, changent ces consonnes en dentales, savoir : з en ж, к et ш en ч, с en ш, ск en щ, pour toutes les personnes du présent.	Ainsi se conjuguent les verbes qui ont la première pers. en у précédé des gutturales г et к, et qui sont des verbes irréguliers parce qu'ils ont l'infinitif en чь. Ces verbes changent ces consonnes en dentales, savoir : г en ж, к en ч, pour les autres personnes du présent, excepté la troisième du pluriel qui reprend la consonne de la première.

Remarque. Les verbes qui s'écartent dans quelques personnes de la conjugaison de ces six paradigmes, sont signalés à l'article des verbes irréguliers.

Говор-ю́, *(je parle)*	Служ-у́, *(je sers)*	Про-ш-у́, *(je prie)*
Говор-и́шь,	Слу́ж-ишь,	Про́-с-ишь,
Говор-и́тъ,	Слу́ж-итъ,	Про́-с-итъ,
Говор-и́мъ,	Слу́ж-имъ,	Про́-с-имъ,
Говор-и́те,	Слу́ж-ите,	Про́-с-ите,
Говор-я́тъ,	Слу́ж-атъ,	Про́-с-ятъ,

Ainsi se conjuguent

1. Les verbes qui ont la première pers. en ю précédé d'une consonne et l'infinitif en ить ou ѣть.

2. Ceux qui ont la première pers. en ю précédé de la voyelle о, et l'infinitif en ить ou ять.

3. Ceux qui, ayant l'infinitif en ить ou ѣть, ajoutent la consonne л à la première pers.; mais ils la retranchent aux autres personnes.

Ainsi se conjuguent les verbes qui, ayant l'infinitif en ить précédé des dentales ж, ч, ш, щ, gardent à la première pers. la consonne de l'infinitif.

Ces verbes ne diffèrent des précédents qu'à la première pers. du singulier et à la troisième du pluriel, en prenant у au lieu de ю, et а au lieu de я (§ 48).

Ainsi se conjuguent les verbes qui, ayant l'infinitif en ить ou ѣть précédé de д, з, т, с, ст, changent à la première pers. ces consonnes en dentales, savoir :

д et з   en ж,
т   en ч,
с   en ш,
ст en щ,

mais aux autres personnes ils reprennent la consonne de l'infinitif.

D'après le premier paradigme (желáю) se conjuguent

1. Les verbes qui ont la première pers. en ю précédé d'une voyelle, et qui n'ont pas l'infinitif en ить, comme

Дýмать, penser, маю.
Кýшать, manger, шаю [1].
Мѣшáть, mêler, шáю.
Пптáть, nourrir, шáю.
Уздáть, brider, дáю.
Лáять, aboyer, лáю.
Чáять, s'attendre à, чáю.
Чýять, sentir, чýю.
Гулáть, se promener, лáю.
Мѣрять, mesurer, ряю.
Блеáть, bêler, леῗ.
Вѣять, souffler, вѣю.
Сѣять, semer, сѣю.
Владѣть, dominer, дѣю.
Грѣть, chauffer, рѣю.
Имѣть, avoir, мѣю.
Выть, hurler, вóю.

Крыть, couvrir, крóю.
Мыть, laver, мóю.
Рыть, creuser, рóю.
Вѣровать, croire, рую.
Дѣйствовать, agir, вую.
Жáловать, gratifier, лу́ю.
Мúловать, avoir pitié, лу́ю.
Слѣдовать, suivre, дую.
Торговáть, trafiquer, гую.
Чýвствовать, sentir, вую.
Цѣловáть, baiser, лу́ю.
Врачевáть, guérir, чýю.
Воевáть, faire la guerre, воюю.
Дневáть, être de service pour la journée, днюю.
Горевáть, s'affliger, рюю.

2. Ceux qui ont la première pers. en ю précédé d'une consonne, et qui n'ont pas l'infinitif en ить ou ѣть, comme

Борóть, lutter, рю́.
Молóть, moudre, мелю́.
Полóть, sarcler, лю́.
Порóть, découdre, рю́.

Глагóлать, parler, óлю.
Орáть, labourer, рю́.
Дремáть, sommeiller, млю́.
Зыбáть, balancer, блю́.

---

[1] Le verbe кушать est un terme de politesse qui se dit aussi bien pour le boire que pour le manger, au lieu de ѣсть, manger, et пить, boire ; comme онъ кýшаетъ, il dîne, ou il soupe ; кýшали ли вы чай, avez-vous pris le thé ?

Колебáть, agiter, блю.

Трепáть, tiller, плю.

Сыпашь, répandre, плю.

Щипáть, pincer, плю.

3. Ceux qui ont la première pers. en ью, comme

Бить, battre, бью, бёшь.

Пить, boire, пью.

Вить, tordre, вью.

Шить, coudre, шью.

Лить, verser, лью.

De même ces trois en ію,

Гнить, pourrir, гнію.

Почить, se reposer, чію.

Вопить, s'écrier, пію.

D'après le second paradigme (сóхну) se conjuguent

1. Les verbes qui ont la première personne en у précédé de б, в, д, т, з, с, м, н, р, qui pour la plupart sont des verbes monosyllabes, comme

Блёкнуть, se faner, кну.

Терéть, frotter, тру.

Вянуть, se flétrir, яну.

Жить, vivre, живý.

Гáснуть, s'éteindre, сну.

Плыть, nager, плывý.

Тонýть, couler à fond, ону.

Слыть, passer pour, слывý.

Тянýть, tirer, яну.

Ревéть, rugir, вý.

Чáхнуть, devenir étique, хну.

Жáждать, avoir soif, жду.

Перéть, presser, пру.

Сосáть, sucer, сосý.

Et de même les verbes irréguliers qui ont une de ces consonnes à la première personne.

2. Ceux qui, ayant l'infinitif en ать précédé de з, к, т, с, ск, changent ces consonnes en dentales ж, ч, ш, щ, pour toutes les personnes du présent, comme

Вязáть, lier, яжý.

Лепетáть, balbutier, счý.

Казáть, montrer, ажý.

Топтáть, fouler, пчý.

Рѣзать, couper, рѣжу.

Хохотáть, rire aux éclats, очý.

Плáкать, pleurer, áчу.

9

Писа́ть, écrire, ищу́. Ропта́ть, murmurer, пщу́.
Пляса́ть, danser, яшу́. Скрежета́ть, grincer, сщу́.
Иска́ть, chercher, ищу́. Трепета́ть, palpiter, сщу́.
Клевета́ть, calomnier, сщу́.

Et de même глода́ть, ronger, гложу́; блестѣ́ть, briller, блещу́; свиста́ть, siffler, свищу́, en observant que ces deux derniers ont à la seconde personne бле́щешь ou блести́шь, сви́щешь ou свисти́шь, etc.

D'après le troisième paradigme (берегу́) se conjuguent les verbes qui ont la première personne en у précédé des gutturales г et к, et qui sont tous des verbes irréguliers; voyez Article sixième.

D'après le quatrième paradigme (говорю́) se conjuguent

1. Les verbes qui ont la première personne en ю précédé d'une consonne, et l'infinitif en ить ou ѣть, comme

Благодари́ть, remercier, рю́. Бдѣть, veiller, бдю.
Вини́ть, accuser, ню́. Болѣ́ть, avoir mal, лю́.
Клейми́ть, contrôler, млю́. Велѣ́ть, ordonner, лю́.
Кури́ть, fumer, рю́. Горѣ́ть, brûler, рю́.
Моли́ть, prier, лю́. Звенѣ́ть, ню́.
Пали́ть, brûler, лю́. Зрѣ́ть, voir, зрю.
Хвали́ть, louer, лю́. Смотрѣ́ть, regarder, рю́.

Et de même мы́слить, penser, qui change с en ш pour la première personne; mais qui reprend la consonne de l'infinitif aux autres personnes, мы́шлю, мы́слишь, etc.

2. Ceux qui ont la première personne en ю précédé de la voyelle о, et l'infinitif en ить ou ять, comme

Дои́ть, traire, дою́. Поко́ить, apaiser, ко́ю.
Крои́ть, tailler, рою́. Пои́ть, abreuver, пою́.

Стро́ить, bâtir, ро́ю.
Сто́ить, coûter, то́ю.

Стоя́ть, être debout, стою́.

Et de même

Кле́ить, coller, клею́.

Таи́ть, cacher, таю́.

3. Ceux qui, ayant l'infinitif en ить ou ѣть, ajoutent la consonne л à la première personne; mais qui la retranchent aux autres personnes, comme

Гра́бить, piller, блю, бишь.
Дыми́ть, fumer, млю́.
Корми́ть, nourrir, млю́.
Лови́ть, prendre, влю́.
Люби́ть, aimer, блю́.
Топи́ть, chauffer, плю́.

Кипѣ́ть, bouillir, плю́.
Сопѣ́ть, ronfler, плю́.
Скорбѣ́ть, s'affliger, блю́.
Терпѣ́ть, souffrir, плю́.
Хрипѣ́ть, être enroué, плю́.
Шумѣ́ть, faire du bruit, млю́.

Et de même ceux qui ayant la consonne л à l'infinitif, la gardent à toutes les personnes, comme скобли́ть, raboter, скоблю́, блишь; ма́слить, graisser, слю, слишь; ме́длить, différer, ме́длю, длишь.

D'après le cinquième paradigme (служу́) se conjuguent les verbes qui, ayant l'infinitif en ить ou ать précédé des dentales ж, ч, ш, щ, gardent à toutes les personnes la consonne de l'infinitif, comme

Верши́ть, décider, ршу́.
Должи́ть, prêter, лжу́.
Души́ть, étrangler, ушу́.
Лощи́ть, polir, ощу́.
Лечи́ть, guérir, ечу́.
Мо́рщить, rider, ршу́.
Утю́жить, repasser, ю́жу.
Учи́ть, instruire, учу́.

Вижжа́ть, gémir, жжу́.
Держа́ть, tenir, ржу́.
Дрожа́ть, trembler, ожу́.
Журча́ть, gazouiller, рчу́.
Молча́ть, se taire, лчу́.
Пища́ть, glapir, ищу́.
Слы́шать, entendre, ышу.
Стуча́ть, heurter, учу́.

D'après le sixième paradigme (прошу́) se conjuguent les verbes qui, ayant l'infinitif en нить ou ѣть précédé de д, з, т, с, ст, changent à la première pers. ces consonnes en dentales ж, ч, ш, щ; mais qui, aux autres personnes, reprennent la consonne finale de l'infinitif, comme

Будить, éveiller, ужу́.	Вертѣть, tourner, рчу́.
Гасить, éteindre, ашу́.	Видѣть, voir, йжу.
Грузить, charger, ужу́.	Висѣть, être pendu, ишу́.
Мстить, venger, мщу.	Глядѣть, regarder, яжу́.
Платить, payer, ачу́.	Ненавидѣть, haïr, йжу.
Судить, juger, ужу́.	Летѣть, voler, счу́.
Чистить, nettoyer, ищу.	Сидѣть, être assis, ижу́.
Шутить, badiner, учу́.	Хрустѣть, craquer, ущу́.

§ 100. Le prétérit indéfini a deux finales caractéristiques, et se conjugue d'après les deux paradigmes suivants.

Я	желá-лъ, ла, ло,		
Ты	желá-лъ, ла, ло,	} je désirais, ou je désirai.	
Онъ }		{ лъ,	
Онá }	желá-	{ ла,	
Онó }		{ ло,	
Мы	желá-ли,		
Вы	желá-ли,		
Онѣ }			
Онú }	желá-ли,		

Я	берёг-ъ, лá, лó,		
Ты	берёг-ъ, лá, лó,	} je gardais, ou je gardai.	
Онъ }		{ ъ,	
Онá }	берег-	{ лá,	
Онó }		{ лó,	
Мы	берег-лú,		
Вы	берег-лú,		
Онѣ }			
Онú }	берег-лú,		

Ainsi se conjuguent tous les verbes réguliers, en changeant ть de l'infinitif indéfini en лъ, fém. ла, neut. ло, plur. pour les trois genres ли; ex.

Тянýть, tirer, тянýлъ, ла.
Говорúть, parler, говорúлъ.
Мыть, laver, мылъ.
Мѣрять, mesurer, мѣрялъ.
Молóть, moudre, молóлъ.
Цѣловáть, baiser, цѣловáлъ.

Ainsi se conjuguent les verbes irréguliers qui ont au présent бу, гу, ку, зу, су, en changeant у en ъ, f. лá, n. лó, plur. pour les trois genres ли; ex.

Гребý, je rame, грёбъ, блá.
Пекý, je cuis, пёкъ.
Грызý, je ronge, грызъ.
Несý, je porte, нёсъ.
En ajoutant la consonne л au fém., au neut. et au plur.

Remarque. 1) Les verbes en cᴘᴇᴍь font leur prétérit par apocope en ᴇᴘъ, ᴇᴘᴧa, ᴇᴘᴧo ; ex. ᴍᴇᴩéᴍь, frotter, ᴛёᴩъ, ᴘᴧa, ᴘᴧo, plur. ᴛёᴩᴧᴎ ; ᴨᴇᴩéᴛь, presser, ᴨёᴩъ, ᴘᴧa, ᴘᴧo, plur. ᴨёᴩᴧᴎ. Ce dernier fait aussi au prétérit ᴨᴘᴀᴧъ, ᴧa, ᴧo.

2) Dans les verbes en ᴎyᴛь le prétérit se forme en retranchant la syllabe ᴎyᴧъ ; ex. ᴦáᴄᴎyᴛь, s'éteindre, ᴦacь (au lieu de ᴦáᴄᴎyᴧъ) ; ᴄóxᴎyᴛь, sécher, coxъ (au lieu de ᴄóxᴎyᴧъ) ; ᴦᴩя́ᴈᴎyᴛь, s'embourber, ᴦᴩᴙᴈъ (au lieu de ᴦᴩя́ᴈᴎyᴧъ) ; et de même dans les composés, comme ʙocᴋᴩéᴄъ, je suis ressuscité (au lieu de ʙocᴋᴩéᴄᴎyᴧъ) ; dans ce cas on ajoute aussi la consonne ᴧ au féminin et au neutre. Le verbe ʙя́ᴎyᴛь, se flétrir, a au prétérit ʙя́ᴎyᴧъ et ʙя́ᴧъ.

§ 101. Le prétérit itératif se forme de l'infinitif itératif en changeant ᴛь en ᴧъ, ᴧa, ᴧo, et se conjugue comme le prétérit indéfini ; ainsi de ᴦoʙáᴩᴎʙaᴛь on forme ᴦoʙáᴩᴎʙaᴧъ, ᴧa, ᴧo, j'ai parlé plusieurs fois ; de xáжᴎʙaᴛь, xáжᴎʙaᴧъ, ᴧa, ᴧo, j'avais l'habitude d'aller. — Ce prétérit désignant une action qui s'est répétée plusieurs fois, et qui a eu lieu dans un temps passé éloigné, se nomme aussi *plus-que-parfait* (ᴅaʙᴎoᴨᴩoшéᴅшee).

Remarque. Il y a encore deux autres prétérits appelés, d'après Lomonossow, second et troisième plus-que-parfaits. L'un se forme du prétérit indéfini auquel on joint l'auxiliaire ᴃыʙáᴧo, ou ᴃы́ᴧo, qui est invariable ; et l'autre du prétérit itératif joint à l'auxiliaire ᴃыʙáᴧo ; ex. я ᴃыʙáᴧo ᴃᴩocáᴧъ, j'avais jeté ; oᴎᴎ́ ʙoᴘʙaᴧᴎ́cь ᴃы́ᴧo, ils avaient pénétré ; я ᴃыʙáᴧo xáжᴎʙaᴧъ, j'ai eu jadis la coutume d'aller très-souvent.

§ 102. Le futur indéfini ne présente aucune difficulté ; il se forme en faisant précéder l'infinitif indéfini de l'auxiliaire ᴃýᴅy ou cᴛáᴎy [1], et se conjugue ainsi

---

[1] Cette manière de former le futur est un slavonisme qui répond au germanisme ich werde sprechen.

Я	бу́ду (ou ста́ну) говори́ть,
Ты	бу́дешь (ou ста́нешь) говори́ть,
Онъ) Она́ } Оно́)	бу́детъ (ou ста́нетъ) говори́ть,
Мы	бу́демъ (ou ста́немъ) говори́ть,
Вы	бу́дете (ou ста́нете) говори́ть,
Они́) Онѣ́ }	бу́дутъ (ou ста́нутъ) говори́ть,

je parlerai.

Remarque. **La** différence entre бу́ду et ста́ну est que celui-ci désigne un futur plus proche et plus déterminé, et qu'il s'emploie plus souvent dans le langage ordinaire.

3. IMPÉRATIF.

§ 103. L'impératif n'a point de première personne au singulier, et a trois finales caractéristiques pour la seconde. Il se forme de la seconde personne du présent en changeant

1) ешь ou ишь en й, si l'accent est sur la dernière syllabe à la première personne du présent;

2) ешь ou ишь en ь, si l'accent n'est pas sur la dernière syllabe;

3) ешь ou ишь en й, s'il y a une voyelle avant ешь ou ишь;

d'après les trois paradigmes suivants :

Singulier. Говор-и́, parle.	Вѣр-ь, crois.	Жела́-й, désire
Pluriel. Говор-и́те.	Вѣр-ьте.	Жела́-йте.

Ainsi des verbes qui ont l'accent sur la dernière syllabe à la première personne du présent : excepté les verbes en ю précédé d'une voyelle et avec l'accent sur la dernière, qui changent ешь ou ишь en й; ex. кро́ю, je coupe, 2ᵉ pers. кро́ишь, impér. крой; даю́, je donne, даёшь, impér. дай.	Ainsi tous les verbes qui n'ont pas l'accent sur la dernière syllabe.	Ainsi tous les verbes qui ont une voyelle avant ешь ou ишь.

Les troisièmes personnes de l'impératif s'expriment par celles
du présent que l'on fait précéder de пусть, пускай ou пущай,
(laisse) ; comme пусть онъ говоритъ, qu'il parle ; пускай они
желаютъ, qu'ils désirent ; et quelquefois aussi de la particule
да ; comme да святится имя Твоé, que Ton nom soit sancti-
fié. La première personne du pluriel est semblable à celle du
présent [1].

Remarque. 1) Les verbes qui ont la première pers. du pré-
sent en ью forment leur impératif de cette première pers. en
changeant ью en ей ; comme бью, je bats, бей ; пью, je bois,
пей. Mais ceux en ію le font en ій ; comme вопію, je m'écrie,
вопій.

2) Les verbes irréguliers en гу et ку le forment aussi de la
première pers. en changeant у en ѝ ; comme берегу́, je garde,
береги́ ; бѣгу́, je cours, бѣги́ ; пеку́, je cuis, пеки́.

4. PARTICIPES.

§ 104. 1. Le présent des participes se forme de la troisième
personne du pluriel du présent de l'indicatif, en changeant тъ
en щій, щая, щее ; ex. желаютъ, ils désirent, желающій, ая,
ее, désirant ; говорятъ, ils parlent, говорящій, parlant ; слу-
жатъ, ils servent, служащій, servant ; берегутъ, ils gardent,
берегущій, gardant.

2. Le prétérit indéfini des participes se forme du prétérit de
l'indicatif, en changeant

a) лъ en вшій, ая, ее ; ex. желалъ, je désirais, желавшій,
ayant désiré ; служилъ, je servais, служившій, ayant servi ;

---

[1] Dans le langage vulgaire on ajoute quelquefois à cette pre-
mière personne du pluriel la syllabe те ; comme пойдёмъ-те,
allons ; et de même à la seconde personne du singulier la syllabe
ка ; comme послу́шай-ка, écoute.

et de même le prétérit itératif; comme говáривалъ, je parlais
souvent, говáривавшій.

b) ъ de la seconde finale du prétérit (§ 100) en шій, зя,
ее; ex. грызъ, je rongeais, грызшій, ayant rongé; пёкъ, je
cuisais, пёкшій; тёръ, je frottais, тёршій; et de même les
verbes en ду et ну, quoiqu'ils aient leur prétérit en лъ, chan-
gent y du présent en шій; ex. веду́, je conduis (prét. вёлъ),
вéдшій; плету́, je tresse (prét. плёлъ), плéтшій; ajoutez
вяну, je me flétris (prét. вянулъ et вялъ), qui fait вянувшій
et вядшій. Mais крáду, je dérobe (prét. кралъ), fait крáвшій.

Remarque. Les participes se déclinent comme les adjectifs;
mais ils n'ont pas les degrés de qualification, et ceux des verbes
actifs n'ont pas la forme apocopée.

<h3 style="text-align:center">5. GÉRONDIFS.</h3>

§ 105. Le présent des gérondifs se forme de la seconde per-
sonne du singulier du présent de l'indicatif, en changeant ешь
ou ишь en я ou а (suivant la consonne qui précède) pour le style
élevé, et en ючи ou учи pour le langage ordinaire; ex. желáешь,
tu désires, желáя ou желáючи, en désirant; слýжишь, tu sers,
служá ou слýжучи, en servant.

Première Remarque. Plusieurs verbes, entre autres ceux en
лю précédé d'une consonne, n'ont pas la terminaison ючи, tan-
dis que les monosyllabes n'ont pas la terminaison я.

Seconde Remarque. Le prétérit se forme comme celui des
participes en mettant ши au lieu de шій; ex. желáвши, et par
apocope желáвъ, en ayant désiré; говáривавши et говáривавъ,
en ayant parlé souvent; вéдши, en ayant conduit; грызши, en
ayant rongé.

<h3 style="text-align:center">II. Des verbes simples sémelfactifs.</h3>

§ 106. Les verbes simples *sémelfactifs* sont ceux qui, outre
les branches des verbes simples indéfinis, ont encore la branche

sémelfactive. Ces verbes diffèrent des précédents en ce qu'ils dé-
signent ordinairement quelque action physique produite par un
objet animé ou inanimé, en un mot une action qui concerne un
de nos cinq sens. Ils indiquent pour la plupart un mouvement
momentané, un bruit qui a été de courte durée, ou qui ne s'est
pas répété ; comme j'ai toussé, j'ai éternué *une fois*, j'ai fait *un*
signe de tête. Cette branche, qui est particulière à la langue
russe (ou slavonne), se traduit en Français et dans les autres
langues par des adverbes ou par des périphrases qui expriment
que l'action n'est arrivée qu'*une fois ;* ex. увидѣвъ его я крик-
нулъ, en le voyant j'ai fait *un* cri ; громъ грянулъ, il y a eu *un*
coup de tonnerre (es erfolgte ein Donnerschlag).

107. Les verbes de cette classe ont, outre les temps des verbes
simples indéfinis (voyez le tableau),

    1.   Un infinitif sémelfactif ;
    2.   Dans l'indicatif, un prétérit et un futur sémelfactifs ;
    3.   Un impératif sémelfactif ;
    4.   Aux participes, et
    5.   Aux gérondifs   } un prétérit sémelfactif,

en observant que les temps indéfinis et itératifs se forment de la
même manière que ceux des verbes précédents.

<table>
<tr><td colspan="3">1. INFINITIF sémelfactif, нуть.</td></tr>
<tr><td>2. INDICATIF.</td><td>prétérit sémelf.</td><td>futur sémelf.</td></tr>
<tr><td>Sing.
Plur.</td><td>нулъ, ла, ло.
нули.</td><td>ну, нешь, нетъ,
немъ, нете, нутъ.</td></tr>
<tr><td colspan="3">3. IMPÉRATIF sémelf. { 2e pers. sing. ни́, нь.
— plur. ни́те, нь́те.</td></tr>
<tr><td colspan="3">4. PARTICIPE prétérit sémelf. нувшій, ая, ее.</td></tr>
<tr><td colspan="3">5. GÉRONDIF prétérit sémelf. нувши ou нувъ.</td></tr>
</table>

Remarque. Cette branche n'a point de présent, parce qu'une action qui n'arrive qu'une fois, semblable à un point mathématique, ne saurait occuper une place dans le présent.

§ 108. Les temps de la branche sémelfactive se forment de la manière suivante :

1. L'infinitif se forme de l'infinitif indéfini en changeant les trois (et quelquefois les quatre) dernières lettres en нуть, et si devant ces lettres, il se trouve un л, on ajoute alors un ь; ex. кликать, appeler, кликнуть; двигать, mouvoir, двигнуть ou двинуть; колоть, piquer, кольнуть. Il y a plusieurs exceptions, comme on peut le voir dans la liste des verbes de cette classe.

2. Les autres temps se forment de cet infinitif en changeant

a) нуть en нулъ, ла, ло, pour le prétérit ;

b) нуть en ну, нешь, etc., pour le futur;

c) нушь en ни́ avec l'accent, ou en нь sans l'accent, pour l'impératif;

d) нушь en нувшій, pour le prétérit des participes;

e) нушь en нувши ou нувъ, pour le prétérit des gérondifs.

EXEMPLE.

Prétérit sémelfactif.	*Futur sémelfactif.*	*Impér. sémelfact.*
Я Ты Онъ } Коль-ну́лъ, f. ла, n. ло. — Мы Вы Они́ } Коль-ну́ли, — *j'ai piqué une fois.*	Коль-ну́, Коль-нёшь, Коль-нётъ, Коль-нёмъ, Коль-нёте, Коль-ну́шь, — *je piquerai une fois.*	Коль-ни́, pique. Коль-ни́те. ou Дви-нь, remue. Дви́-ньте.
Ainsi tous les prétérits de la branche sémelfactive.	Ainsi tous les futurs de la branche sémelfactive.	Ainsi les impératifs selon qu'ils ont l'accent sur la dernière ou sur la pénultième.

§ 109. L'Académie, dans sa grammaire (§ 224), dit que cette branche se trouve dans les verbes simples terminés en бапь, гапь, капь, папь, хапь. Mais comme cette règle n'est pas sans exceptions, et que plusieurs des verbes dans lesquels se trouve cette branche, admettent quelques changements pour sa formation, nous donnons ici la liste alphabétique des verbes de cette classe.

Infinitif indéfini.	*Infin. sémelfact.*	*Présent.*
А́хапь, soupirer,	а́хнушь,	а́хаю, ешь.
Блевápь, vomir,	блю́пушь,	блюю́, ешь.
Блестѣпь, briller,	еснýшь,	ещу́, е́щешь et естни́шь.

Infinitif indéfini.	*Infin. sémelfact.*	*Présent.*
Бости́ , frapper des cornes,	боднýть,	бодý, ёшь,
Болтáть, babiller,	лпнýть,	лпáю, ешь.
Брехáть, aboyer,	хнýть,	сщý, шешь.
Брызгать, rejaillir,	бзнýть,	бзжу, жешь.
Брыкáть, ruer,	кнýть,	кáю, ешь.
Вергáть, jeter,	гнýть,	гáю, ешь.
Вертѣ́ть, tourner,	рнýть,	рчý, тишь.
Виля́ть, tergiverser,	льнýть,	ля́ю, ешь.
Ворошить, fouiller,	рохнýть,	ошý, шишь.
Глотáть, avaler,	глонýшь,	шáю, ешь.
Гляд́ѣть, regarder,	глянýть,	яжý, дишь.
Гремѣ́ть, tonner,	гря́нуть,	млю́, мишь.
Грызть, ronger,	знýть,	ызý, зёшь.
Давить, presser,	давнýть,	влю́, вишь.
Двигать, mouvoir,	двигнуть et двинуть,	гаю, ешь.
Дёргать, arracher,	дёрнуть,	гаю, ешь.
Дерзáть, oser,	знýть,	зáю, ешь.
Дрожáть, trembler,	óгнуть,	ожý, жишь.
Дуть, souffler,	дýнуть,	дýю, ешь.
Дышáть, respirer,	дохнýть,	дышý, шишь.
Жевáть, mâcher,	жевнýть,	жую, ешь.
Журчáть, gazouiller,	ркнýть,	журчý, чишь.
Зѣвáть, bâiller,	зѣвнýть,	вáю, ешь.
Икáть, avoir le hoquet,	икнýть,	икáю, ешь.
Кáпать, dégoutter,	кáпнуть et кáнуть,	плю́, лешь.
Кáркать, croasser,	кáркнуть,	каю, ешь.
Касáться, concerner,	коснýться,	сáюсь, ешься.
Качáть, bercer,	чнýть,	чáю, ешь.
Кáшлять, tousser,	ля́нуть,	ля́ю, ешь.
Квáкать, coasser,	áкнуть,	каю, ешь.

Infinitif indéfini.	*Infin. sémelfact.*	*Présent.*
Кивать, faire signe,	кивнуть,	ваю, ешь.
Кидать, jeter,	кинуть,	даю, ешь.
Клевать, becqueter,	клюнуть,	клюю, ёшь.
Кликать, appeler,	януть,	кличу, чешь.
Ковырять, curer,	рнуть,	ряю, ешь.
Козырять, jouer atout,	рнуть,	ряю, ешь.
Колебать, ébranler,	бнуть,	éблю, лешь.
Колоть, piquer,	льнуть,	лю, лешь.
Колупать, éplucher,	пнуть,	паю, ешь.
Колыхать, agiter,	хнуть,	ышу, ешь.
Копать, creuser,	пнуть,	паю, ешь.
Кричать, crier,	кнуть,	ичу, чишь.
Лизать, lécher,	знуть,	ижу, жешь.
Локать, laper,	кнуть,	чу, чешь.
Лопать, crever,	пнуть,	паю, ешь.
Лягать, ruer,	гнуть,	гаю, ешь.
Мазать, oindre,	знуть,	жу, жешь.
Макать, tremper,	кнуть,	чу, чешь.
Марать, salir,	рнуть,	раю, ешь.
Махать, agiter,	хнуть,	шу, шешь.
Мелькать, passer rapidement,	кнуть,	каю, ешь.
Метать, jeter,	тнуть,	чу, чешь.
Мигать, cligner,	гнуть,	гаю, ешь.
Миновать, s'écouler,	минуть,	нenvую, ешь.
Мотать, secouer,	тнуть,	таю, ешь.
Нырять, plonger,	рнуть,	ряю, ешь.
Нюхать, flairer,	хнуть,	хаю, ешь.
Обыкать, s'accoutumer,	кнуть,	каю, ешь.
Пикать, piauler,	кнуть,	каю, ешь.
Пихать, pousser,	хнуть,	хаю, ешь.
Плевать, cracher,	плюнуть,	плюю, ешь.
Плескать, faire rejaillir,	плеснуть,	ещу, щешь.

Infinitif indéfini.	*Infin. sémelfact.*	*Présent.*
Полоскáшь, rincer,	оснýшь,	ощý, щешь.
Порхáшь, voltiger,	хнýшь,	хáю, ешь.
Присягáшь, prêter ser- ment,	гнýшь,	гáю, ешь.
Прыгашь, sauter,	гнýшь,	гаю, ешь.
Прыскашь, arroser,	ы́снушь,	ы́щу, щешь.
Прядашь, bondir,	йнушь,	даю, ешь.
Пугáшь, effrayer,	гнýшь,	гáю, ешь.
Пырять, frapper,	рнýшь,	ряю, ешь.
Пышáшь, brûler,	ы́хнушь,	щý, тишь.
Рвашь, arracher,	рванýшь,	рву, вёшь.
Рыгáшь, roter,	гнýшь,	гáю, ешь.
Рычáшь, rugir,	кнýшь,	чý, чишь.
Рѣяшь, pousser,	ри́нушь,	рѣю, ешь.
Сверкáшь, étinceler,	кнýшь,	кáю, ешь.
Свистáшь, siffler,	снушь,	ищý, ищешь et свистишь.
Скакáшь, sauter, galoper,	скокнýшь,	ачý, чешь.
Скользяшь, glisser,	льзнýшь,	льзишь, *unip.*
Скрипѣшь, craquer, crier,	пнушь,	плю́, пишь.
Сморкáшь, se moucher,	кнýшь,	кáю, ешь.
Совáшь, pousser,	сýнушь,	сýю, ешь.
Стегáшь, fouetter,	гнýшь,	гáю, ешь.
Стрекáшь, aiguillonner,	кнýшь,	кáю, ешь.
Стричь, tondre,	стригнýшь,	игý, жёшь.
Стрѣляшь, tirer de l'arc, ou d'une arme à feu,	льнýшь,	ляю, ешь.
Случáшь, heurter,	ýкнушь,	учý, чишь.
Тáкашь, consentir,	кнýшь,	каю, ешь.
Тиснишь, serrer,	снушь,	сню, ишь.
Толкáшь, frapper,	кнýшь,	кáю, ешь.
Тóпашь, trépigner des pieds,	пнушь,	паю, ешь.

Infinitif indéfini.	*Infin. semelfact.*	*Présent.*
Торга́ть, arracher,	гнуть,	га́ю, ешь.
Треща́ть, petiller,	ёснуть,	щу́, щишь.
Тро́гать, toucher,	тро́нуть,	гаю, ешь.
Трясти́, secouer,	тряхну́ть,	ясу́, сёшь.
Ты́кать, enfoncer,	ткнуть,	ы́чу, чешь.
Ужаса́ть, effrayer,	сну́ть,	са́ю, ешь.
Улыба́ться, sourire,	бну́ться,	ба́юсь, ешься.
Хапа́ть, emporter,	пну́ть,	паю, ешь.
Ха́ркать, cracher,	ркнуть,	каю, ешь.
Хлеба́ть, manger à la cuiller,	бну́ть,	ба́ю, ешь.
Хлеста́ть et Хлыста́ть, frapper d'une houssine, rejaillir,	сну́ть,	щу́, щешь.
Хло́пать, claquer,	пнуть,	паю, ешь.
Храпе́ть, ronfler,	пну́ть,	плю, пишь.
Цара́пать, égratigner,	апнуть,	паю, ешь.
Че́рпать, puiser,	черпну́ть,	паю, ешь.
Чеса́ть, peigner,	чесну́ть,	щу́, сешь.
Чиха́ть, éternuer,	чихну́ть,	ха́ю, ешь.
Чкать, frapper contre,	чкнуть,	чка́ю, ешь.
Шага́ть, enjamber,	шагну́ть,	га́ю, ешь.
Ша́стать, marcher avec bruit,	снуть,	паю, ешь.
Шата́ть, secouer,	шатну́ть,	та́ю, ешь.
Швыря́ть, lancer,	швырну́ть,	ря́ю, ешь.
Шевели́ть, remuer,	льну́ть,	слю́, лишь.
Шепта́ть, chuchoter,	пну́ть,	пчу́, чешь.
Шиба́ть, jeter,	бну́ть,	ба́ю, ешь.
Шипе́ть, siffler comme le serpent,	пнуть,	плю́, пишь.
Шлёпать, claquer,	пнуть,	паю, ешь.
Шоро́шить, faire du bruit,	ро́хнуть,	ошу́, шишь.

Infinitif indéfini.	*Infin. sémelfact.*	*Présent.*
Щелкáть, donner des chiquenaudes,	кнуть,	кáю, ешь.
Щепáть, fendre,	пнýть,	плю́, лешь.
Шмкáть, moucher,	кнýть,	кáю, ешь.
Щипáть, pincer, cueillir,	пнýть,	плю́, лешь.

Première Remarque. Les verbes composés qui dérivent de ces verbes ont aussi la branche sémelfactive, voyez § 115.

Seconde Remarque. Il est quelques verbes composés qui ont cette branche sémelfactive, quoique leurs primitifs ne l'aient pas ; comme прибѣгнуть, accourir, de бѣгать ; встрепенýться, frissonner, de трепетáть ; помянýть, faire mention, de мнить.

III. *Des verbes simples fréquentatifs.*

§ 110. La langue russe a une autre espèce de verbes simples que nous ne trouvons dans aucune autre langue ; ce sont les verbes *fréquentatifs* [1], qui diffèrent des autres verbes simples en ce qu'ils indiquent toujours un changement de place, ou une action continuée. Ces verbes ont deux branches distinctes, l'une *indéfinie* ou *illimitée*, et l'autre *définie* ou *limitée*, avec la différence que la branche définie montre l'action comme étant sur le point d'arriver, et détermine le temps où elle arrive, tandis que la branche indéfinie désigne une action qui arrive habituellement, qui a coutume d'arriver ; ex. я идý въ садъ, je vais *en ce*

---

[1] La langue latine a bien des verbes fréquentatifs ; mais ces verbes répondent à la branche que nous avons appelée *itérative*, comme *cursitare*, courir souvent ; *fugitare*, fuir à différentes reprises. Il en est de même de quelques verbes français, tels que *criailler*, *craqueter*, *clignoter*.

moment dans le jardin, ou *je suis en chemin* pour aller dans le jardin, et я хожу́ въ садъ, *j'ai l'habitude* d'aller dans le jardin ; бѣгу́, je cours *maintenant, je suis* en course, et бѣгаю, *j'ai l'habitude* de courir.

§ 111. Chacune de ces deux branches se conjugue comme un verbe simple particulier, en remarquant qu'il n'y a que la branche indéfinie qui puisse avoir l'infinitif itératif. Les verbes de cette classe sont les suivants.

Branche indéfinie.	*Branche définie.*
Блистать, сіяю.	Блестѣть, ещу́, briller.
Бодать, даю.	Бости, боду́, frapper des cornes.
Бродить, ожу́, дить.	Брести, еду́, errer, rêver.
Брызгать, гаю.	Брести, брызжу, жешь, rejaillir.
Бывать, ваю.	Быть, есмь, еси́, être.
Бѣгать, гаю.	Бѣжать, ѣгу́, жишь, courir.
Валять, ляю.	Валить, лю́, renverser.
Величать, чаю.	Величить, ичу, чишь, exalter.
Вергать, гаю.	Верзить, ржу, зишь, jeter.
Видать, даю.	Видѣть, ижу, дишь, voir.
Водить, ожу́, дишь.	Вести, веду́, conduire.
Возить, ожу́, зишь.	Везти, везу́, transporter.
Ворочать, чаю.	Воротить, очу́, тишь, tourner.
Вѣшать, шаю.	Вѣсить, ѣшу, сишь, suspendre.
Глошать, таю.	Глотить, очу́, тишь, avaler.
Гнѣвать, ваю.	Гнѣвить, влю, irriter.
Гонять, няю.	Гнать, гоню́, chasser.
Двигать, гаю.	Двизать, ижу, жешь, mouvoir.
Дыхать, хаю.	Дышать, шу́, шишь, respirer.
Имать, маю.	Ять, емлю, лешь, prendre [1].

[1] Le verbe имать est slavon et n'est usité que dans les composés ; voyez § 114.

Branche indéfinie.	*Branche définie.*
Катать, таю.	Катить, ачу, тишь, rouler.
Кланяться, яюсь.	Клониться, июсь, saluer.
Корошать, таю.	Коротить, очу, тишь, abréger.
Кривлять, ляю.	Кривить, влю, courber.
Кусать, саю.	Кусить, кушу, сишь, mordre.
Лазить, ажу, зишь.	Лѣзть, ѣзу, grimper.
Летать, таю.	Летѣть, ечу, тишь, voler.
Ломать, маю.	Ломить, млю, rompre, briser.
Мѣнять, няю.	Мѣнить, ню, changer.
Мѣрять, раю.	Мѣрить, рю, mesurer.
Носить, ошу, сишь.	Нести, несу, porter.
Плавать, ваю.	Плыть, лыву, nager.
Ползать, заю.	Ползти, лзу, ramper.
Равнять, няю.	Равнить, ню, aplanir.
Ронять, няю.	Ронить, ню, faire tomber.
Сажать, жаю.	Садить, ажу, дишь, planter.
Слыхать, —	Слышать, шу, шишь, entendre.
Спать, сплю, пишь.	Снуть, сну, dormir, s'assoupir.
Стенать, наю.	Стонать, ону, gémir.
Страдать, даю.	— спражду, дешь, souffrir.
Строгать, гаю.	Стружить, жу, жишь, raboter.
Таскать, каю.	Тащить, щу, щишь, tirer.
Тискать, каю.	Тиснить, ню, serrer.
Труждать, даю.	Трудить, ужу, дишь, incommoder.
Тягаться, гаюсь.	Тяжиться, жусь, être en procès.
Ходить, ожу, дишь.	Итти, иду, дёшь, aller.
Читать, таю.	Честь, чту, тёшь, lire.
Ѣздить, зжу, дишь.	Ѣхать, ѣду, дешь, aller.

Remarque. La différence qui existe entre итти et ѣхать est que итти signifie aller *à pied*, et ѣхать, aller *à cheval, en voiture, en bateau*, ou de toute autre manière qu'à pied. Il en est de même de вести́ et везти́ : веду́, je conduis *à pied*, et везу́, je conduis *en voiture, à cheval,* etc.

IV. Des verbes composés ou parfaits.

§ 112. Les verbes *composés* ou *parfaits* sont ceux qui se forment des verbes simples dont nous venons de parler, et d'une préposition qui modifie plus ou moins le sens du verbe primitif, l'altère souvent, ou en accroît l'énergie. Il arrive quelquefois que le primitif est perdu, tandis que les composés sont très-usités ; comme воскреса́ть, ressusciter ; исчеза́ть, disparaître ; попрека́ть et упрека́ть, reprocher ; получа́ть, recevoir, etc.

§ 113. Les prépositions qui entrent dans la composition des verbes parfaits sont les suivantes :

1. Безъ, безо [1] (sans) marque une *privation;* ex. безпоко́ить, priver du repos, incommoder ; безобра́зить, défigurer. Cette préposition est quelquefois précédée de о ; comme обезче́стить, déshonorer ; обезси́лить, énerver.

2. Во, въ (dans) exprime une action qui passe *au dedans* d'une chose ; ex. войти́, entrer ; вста́вить, insérer ; влить, verser dedans ; вовле́чь, entraîner ; вонзи́ть, enfoncer.

3. Возъ, взъ, взо (en haut) marque une action qui passe *de bas en haut;* ex. восходи́ть, monter ; вознести́ся, s'élever ; взлѣзть, grimper sur. Dans quelques verbes elle marque un *commencement;* ex. возъимѣ́ть, commencer à avoir ; возненави́дѣть, concevoir de la haine ; возлюби́ть, concevoir de l'amour. Cette préposition est quelquefois précédée de пре; alors

---

[1] Les prépositions terminées par une consonne ajoutent ordinairement la voyelle о en se joignant aux verbes qui commencent par deux consonnes, afin d'adoucir la prononciation ; et de même avec le verbe идти́.

elle désigne la *supériorité;* ex. превзойти, surpasser; превоз-
неститься, s'exalter.

4. Вы (dehors) marque 1) une action qui passe *au dehors;*
ex. выйти, sortir; вывлечь, extraire; вынести, emporter;
выбрать, élire, choisir; выплюнуть, mépriser [1]; 2) une *perfec-
tion;* ex. выкрасить, peindre tout; выбѣлить, blanchir entiè-
rement; вымыть, bien laver; 3) une *acquisition,* un *gain;* ex.
выплакать, obtenir à force de pleurer; вылѣстить, obtenir
par des flatteries; выиграть, gagner au jeu.

5. До (jusqu'à) exprime la *borne* ou la *fin;* ex. доходить,
parvenir; дописать, écrire jusqu'au bout; додѣлать, achever;
доиграть, finir de jouer; доѣсть, manger tout.

6. За (derrière) exprime 1) un *commencement;* ex. загово-
рить, commencer à parler; засвистать, commencer à siffler;
закипѣть, commencer à bouillir; 2) l'action de *couvrir;* ex.
задѣлать, boucher; закласть, murer; закрасить, couvrir de
couleur; 3) un *éloignement,* un *écart;* ex. зайти, s'écarter;
заѣхать, entrer en passant (étant à cheval ou en voiture);
забыть, oublier; 4) un *excès;* ex. заговориться, aller trop loin
dans son discours; заспаться, dormir trop; зацѣловать, acca-
bler de baisers; залгать, abuser par des mensonges.

7. Изъ (de) a la signification de вы, et s'emploie dans le
style élevé; ex. изгнать, bannir; избрать, élire. Elle indique
aussi l'*entier emploi* d'une chose; ex. издержать, consommer,
dépenser; износить, user en portant; изписать, consommer en
écrivant; изорвать, mettre en pièces en déchirant.

8. На (sur) indique 1) l'action de *combler* ou de *remplir;* ex.
набросить, jeter en un tas; накласть, mettre une certaine
quantité; накормить, donner amplement à manger; 2) quelque

---

[1] De плюнуть, cracher; ce verbe signifie le peu de cas que l'on
fait d'une chose; on la compare à ce qui sort de la bouche; en Latin
despuere, et en Français *conspuer.*

accident ou *perte;* ex. наспáть, s'attirer une maladie à force de dormir; наплясáть, avoir des durillons à force de danser; 3) simplement une action *achevée;* ex. написáть, avoir écrit; нарисовáть, avoir fini un dessin; 4) avec le pronom réfléchi, une *suffisance;* ex. наигрáться, jouer suffisamment; наговорúться, parler à son aise; наплясáться, danser beaucoup; навидáться, être las de voir.

9. Надъ (dessus) marque une action produite *d'en haut* à l'égard de celle qui est en bas; ex. наддавúть, presser d'en haut; надстрóить, bâtir au-dessus; надписáть, intituler.

10. Низъ (en bas) marque une action dirigée *de haut en bas,* et s'emploie dans le style élevé au lieu de съ; ex. низходúть, descendre; низвéргнуть, précipiter, au lieu de сходúть et свéргнуть.

11. О, объ, обо (de, autour) exprime 1) une action produite *autour* de quelque chose; ex. обнять, embrasser; обойтú, faire le tour; обстáвить, entourer; оглядѣ́ться, regarder autour de soi; 2) un *examen* ou une *explication* dans tous les sens; ex. обдýмать, examiner mûrement; описáть, décrire; обольстúть, séduire.

12. Отъ (de) marque 1) le *retranchement* d'une partie; ex. отбúть, détacher en cassant; оторвáть, arracher; 2) un *éloignement* de soi; ex. оттолкнýть, repousser; отклонúть, détourner; отстáвить, placer de côté; 3) une *discontinuation;* ex. отписáть, cesser d'écrire; отдѣ́лать, mettre la dernière main; откýшать, finir de manger; отплáкать, cesser de pleurer; 4) avec le pronom réfléchi, une *délivrance;* ex. отдѣ́латься, se débarrasser; отговорúться, s'excuser; отплáкаться, éviter par des pleurs.

13. Пере, пре (sur) signifie 1) l'action d'*outre-passer* la mesure; ex. переполнишь, remplir trop; переспѣ́ть, être trop mûr; 2) un *changement* de place; ex. перелúть, transvaser; перевестú, transporter; 3) une action *renouvelée;* ex. переписáть, récrire; передѣ́лать, refaire; 4) l'action de passer *par-*

dessus ou *à travers* ; ex. переѣхать, traverser ; перейти, passer par-dessus ; преставиться, mourir ; c'est-à-dire passer le terme de la vie (en Latin *perire*) ; 5) réunie à une autre préposition, пре marque la *supériorité* : ex. превознестися, s'exalter ; превзойти, surpasser. — Dans le style élevé, пре s'emploie au lieu de пере.

14. По indique le *peu de durée*, et se traduit par *un peu* ; ex. поиграть, jouer un peu ; поговорить, parler un peu ; погостить, être peu de temps en visite ; побыть, être quelque temps.

15. Подъ (dessous) exprime 1) une action produite *par-dessous* ; ex. подложить, mettre dessous ; подставить, poser dessous ; 2) un *rapprochement* ; ex. подбѣжать, accourir ; подъѣхать, aborder ; подойти, s'approcher.

16. Предъ (avant) marque l'action de passer *devant* ou *avant* ; ex. предстоять, être devant ; предсказать, prédire ; предыграть, préluder ; предписать, prescrire ; предупредить, devancer.

17. При (auprès de) exprime 1) un *rapprochement* ; ex. пристать, aborder ; приѣхать, arriver ; прибѣжать, se réfugier ; прибрать, mettre à sa place, arranger ; 2) une *addition* ; ex. прилить, verser davantage ; присоединить, joindre ; приплясать, danser, joindre la danse à la musique.

18. Про (pour, devant) marque 1) une action qui passe *par* une chose ou *au travers* d'une chose ; ex. прорвать, trouer ; пронзить, percer d'une épée ; просѣять, cribler ; протечь, couler à travers ; 2) la *continuation* d'une action ; ex. простоять, rester quelque temps ; пробыть, séjourner ; 3) une *perte* ou une *privation* ; проспать, perdre, négliger en dormant ; пропить, dépenser en buvant ; проиграть, perdre au jeu ; проглядѣть, ne pas remarquer ; 4) avec le pronom réfléchi, une *faute* ou une *erreur* ; ex. проговориться, se méprendre en parlant.

19. Противъ (contre) marque une *opposition* ou une *contrariété* ; ex. противустоять, s'opposer ; противоположить, objecter ; противорѣчить, contredire.

20. Разъ (séparément) marque 1) une *division*, une *séparation;* ex. разобрáть, démontrer, défaire; разрѣзать, couper en morceaux; разорвáть, déchirer; разлáть, verser dans toutes les tasses; разстáвить, mettre en différents endroits; 2) avec le pronom réfléchi, la *continuation* et l'*augmentation* de l'action; ex. разговорúться, avoir un flux de paroles intarissable; разоснáться, dormir d'un long et profond sommeil; раскричáться, crier longtemps à tue-tête.

21. Со, съ (avec) désigne 1) le *rassemblement* des parties; ex. состáвить, composer; сплести, entrelacer; сотворúть, créer; 2) l'action d'*ôter de dessus* quelque chose; ex. стерéть, ôter en frottant, effacer; 3) une action qui passe *de haut en bas;* ex. соптú, descendre; сбрóсить, jeter en bas, précipiter; стащúть, tirer de haut en bas; 4) simplement un *accomplissement;* ex. сдѣлать, faire, avoir fait.

22. У (chez) exprime 1) un *éloignement;* ex. унестú, emporter; уѣхать, partir; улетѣть, s'envoler; 2) un *arrangement;* ex. убрáть, mettre en ordre; уклáсть, emballer; устáвить, mettre à sa place; устрóить, arranger, disposer; 3) la *diminution* d'une petite partie; ex. убыть, décroître; урвáть, arracher un peu; устружúть, emporter avec le rabot ce qui est de trop; 4) une *résistance;* ex. устоять, tenir ferme; удержáть, contenir; 5) une *persuasion;* ex. уговорúть, engager; упросúть, fléchir par des prières; убѣдúть, convaincre; 6) un *meurtre;* ex. убúть, tuer; удавúть, étrangler; умертвúть, assassiner (prés. умерщвляю); 7) simplement un *accomplissement;* ex. умыться, se laver; увúдѣть, voir; усмотрѣть, apercevoir.

§ 114. Les deux exemples suivants font voir les différentes acceptions que prennent les verbes selon les différentes prépositions dont ils sont composés.

De ходи́ть ou ити́ (Sl. ити́),
aller. | Du slavon имати ou яти,
prendre.

В-ходи́ть, entrer.

Вос- / Вс- } ходи́ть, monter, sortir de terre, se lever.

Вы-ходи́ть, sortir.

До-ходи́ть, parvenir.

За-ходи́ть, s'écarter.

Ис-ходи́ть, sortir.

На-ходи́ть, trouver.

Низ-ходи́ть, descendre.

Об-ходи́ть, parcourir.

От-ходи́ть, partir.

Пере-ходи́ть, traverser.

По-ходи́ть, ressembler.

По-ити́, aller.

Под-ходи́ть, s'approcher.

Пре-вос-ходи́ть, surpasser.

Пред-ходи́ть, précéder.

При-ходи́ть, arriver.

Про-ис-ходи́ть, provenir.

Про-ходи́ть, s'écouler.

Рас-ходи́ться, se séparer.

Вн-има́ть [1], entendre.

Вз-ять, prendre.

Вос-при-я́ть, prendre, tenir sur les fonts de baptême.

Вы-нима́ть, aveindre.

До-нима́ть, prendre tout.

За-нима́ть, emprunter.

Из-нима́ть, excepter.

На-нима́ть, prendre à louage.

Об-нима́ть, embrasser.

От-нима́ть, ôter.

Пере-нима́ть, intercepter.

По-нима́ть, comprendre.

По-йма́ть, attraper.

Под-нима́ть, soulever.

Пред-при-нима́ть, entreprendre, se charger de.

При-нима́ть, accepter.

При-под-нима́ть, élever, exhausser.

Про-нима́ть, percer.

Рас-нима́ть, séparer, disséquer.

---

[1] Cette consonne н, ajoutée entre la préposition et le verbe, est une consonne euphonique, pour éviter l'hiatus, comme *s* en Français dans *dé-s-espérer, dé-s-honorer.*

С-ходи́ть, descendre.	С-нима́ть, tirer en bas, ôter.
С-низ-ходи́ть, condescendre.	
У-ходи́ть, s'en aller.	У-нима́ть, arrêter.

§ 115. Les verbes composés ou parfaits ont (voy. le tableau) :

1. Deux infinitifs, l'imparfait et le parfait ;
2. Dans l'indicatif, le présent, les prétérits imparfait et parfait, et les futurs imparfait et parfait ;
3. Deux impératifs, l'imparfait et le parfait ;
4. Aux participes, et } le présent et les prétérits impar-
5. Aux gérondifs,   } fait et parfait.

Première Remarque. Les verbes composés, formés des verbes simples qui ont la branche sémelfactive, ont deux prétérits et deux futurs parfaits ; voyez-en la signification § 122.

Seconde Remarque. Les verbes composés dont le simple n'a pas l'infinitif itératif terminé en ывать ou ивать, ont leur infinitif imparfait terminé comme l'infinitif itératif ; ex. велѣть, ordonner, infinitif imparfait повелѣвать ; мерéть, mourir, умирать ; тереть, frotter, стирать.

1. INFINITIF { *imparfait,* ывать ои ивать (par sync. ять ои ать).
                parfait,   comme l'*infin. indéf.* du verbe simple.

2. INDICATIF	*présent.*	*prétérit imparfait.*	*prét. parf.*	*futur imparfait.*	*fut. parf.*
singul. / plur.	ы/и ваю. - ешь. - етъ. - емъ. - ете. - ютъ.	ы/и валъ, ла, ло. — вали.	comme le *prét. indéf.* du verbe simple.	буду будешь будетъ } ы/и вать. будемъ будете будутъ } ы/и вать.	comme le *présent* du verbe simple.

3. IMPÉRATIF.	*imparf.* —вай. —вайте.	*parfait.* comme l'*impératif indéfini* du verbe simple.

	présent.	*prétérit imparfait.*	*prétérit parfait.*
4. PARTICIPES.	ы/и вающій, ая, ее.	ы/и вавшій, ая, ее.	comme le *prét. indéf.* du verbe simple.
5. GÉRONDIFS.	ы/и вая, ваючи.	ы/и вавши, вавъ.	

§ **116. 1.** L'infinitif des verbes composés se forme de l'infi-
nitif des verbes simples. De la préposition et de l'infinitif indéfini
se forme l'infinitif *parfait;* de la préposition et de l'infinitif ité-
ratif se forme l'infinitif *imparfait;* ex.

дѣлать,	*inf. imp.*	отдѣлывать,	*inf. parf.*	отдѣлать;
faire,		achever,		
колоть,	—	закалывать,	—	заколоть;
piquer,		immoler,		
гулять,	—	прогуливать,	—	прогулять;
se promener,		se promener,		
смотрѣть,	—	усматривать,	—	усмотрѣть;
regarder,		observer.		

Mais dans les verbes composés dont le simple est en ить, l'infi-
nitif imparfait, au lieu d'être en ивать, se syncope en ять, et
se contracte en ять ou ать (suivant la consonne qui précède,
§ 48); ex.

любить,	*inf. imp.*	возлюблять,	*inf. parf.*	возлюбить;
aimer,		concevoir de l'amour,		
томить,	—	утомлять,	—	утомить;
fatiguer,		accabler,		
грузить,	—	нагружать,	—	нагрузить;
charger,		embarquer,		
гасить,	—	погашать,	—	погасить.
éteindre,		éteindre.		

Remarque. Cette contraction n'a pas lieu dans tous les verbes
en ить; elle se fait surtout dans ceux en бить, вить, мить,
дить, тить, зить et сить, et encore avec quelques exceptions,
comme on le verra § 120.

2. Dans l'indicatif les temps *imparfaits* se forment de l'infini-
tif imparfait en changeant ть en ю, ешь, etc., pour le *présent;*
en лъ, ла, ло, pour le *prétérit;* et en ajoutant l'auxiliaire буду

(ou стáну) pour le futur. Les temps *parfaits* sont comme les temps des verbes simples : le présent joint à une préposition devient un *futur* parfait, et le prétérit indéfini avec la même préposition devient un *prétérit* parfait.

3. Les impératifs *imparfait* et *parfait* se forment comme dans les verbes simples. Il en est de même des participes et des gérondifs.

Remarque. Les temps des verbes composés se conjuguant comme ceux des verbes simples, il est inutile d'en donner des paradigmes.

§ 117. Les verbes simples qui n'ont pas l'infinitif itératif forment différemment leurs composés.

1. Ceux en ю précédé d'une voyelle gardent la terminaison du verbe simple dans les composés ; ex. вергáю, présent composé повергáю, je renverse ; касáюсь, прикасáюсь, je concerne ; (имáю, *inus.*), понимáю, je comprends. Il en est de même de quelques autres, comme выхожý, je sors, de хожý, je vais ; возношý, j'élève, de ношý, je porte.

2. Ceux en ю précédé d'une consonne changent ю en лю pour leurs composés ; ex. веселю́, présent composé увеселя́ю, je divertis ; багрю́, обагря́ю, je teins en pourpre ; далю́, удаля́ю, j'éloigne. Mais de борю́ on fait поборя́ю, je combats, et de горю́, выгорáю, сгорáю, je brûle.

3. Ceux en ну changent ну en аю pour leurs composés ; ex. гибну, présent composé погибáю, je péris ; мёрзну, замерзáю, je gèle ; (чéзну, *inus.*), исчезáю, je disparais ; (креснý, *inus.*), воскресáю, je ressuscite ; excepté вяну, увядáю, je me flétris. Mais гну, сóхну et мянý, qui ont l'infinitif itératif, font сгибáю, je courbe ; посыхáю, je sèche ; вытя́гиваю, je tire dehors.

4. Ceux en жу, qui dérivent des slavons, quoiqu'ils aient l'infinitif itératif, changent у en даю pour leurs composés ; ex. сужý, разсуждáю, je juge ; нужу, принуждáю, je contrains ; бужý, разбуждáю, j'éveille ; et de même побѣждáю, je vaincs ; досаждáю, je chagrine.

§ **118.** En général, pour former le prétérit et le futur parfaits d'un verbe simple, il ne faut qu'ajouter une préposition au présent et au prétérit de ce verbe. Mais quelle est la préposition qui doit être jointe dans ce cas à chaque verbe? — Les verbes simples qui ont des composés empruntent leurs temps parfaits d'un de ces composés qui a à peu près la même signification; mais pour ceux qui n'ont point de composé, il n'y a que l'usage qui puisse faire connaître la préposition qu'ils prennent pour former leurs temps parfaits. On observera seulement que

1. Les verbes qui expriment une action produite subitement, ou parvenue au dernier degré d'accomplissement, prennent возъ ou взъ pour former leurs temps parfaits; tels sont алка́ть, avoir faim; бунтова́ть, se révolter; бѣси́ться, être enragé; волнова́ть, agiter; вопи́ть, s'écrier (inf. parf. возопи́ть); гнуша́ться, avoir en horreur; горди́ться, s'enorgueillir; лелѣ́ять, dorloter; мужа́ть, atteindre l'âge viril; потѣ́ть, suer; препя́тствовать, mettre des obstacles; чу́вствовать, sentir.

2. Ceux qui expriment un changement dans l'extérieur des objets prennent вы; comme золоти́ть, dorer; луди́ть, étamer; лощи́ть, polir; сини́ть, bleuir; утю́жить, repasser avec le fer; чекани́ть, ciseler.

3. Ceux qui expriment une action renforcée prennent за; comme владѣ́ть, dominer; клейми́ть, contrôler; ржавѣ́ть, se rouiller; et d'autres разъ; comme богатѣ́ть, s'enrichir; бу́хнуть, s'enfler; свирѣпѣ́ть, devenir farouche; серди́ться, se fâcher.

4. Les verbes prennent изъ pour marquer une action poussée au dernier point; comme балова́ть, polissonner; ходатайствовать, intercéder; ча́хнуть, devenir étique; тупи́ть, émousser.

5. Ceux qui expriment quelque image prennent на; comme рисова́ть, dessiner; черти́ть, esquisser.

6. Les verbes neutres qui désignent le passage d'un état à un autre prennent о ou объ; comme бородатѣ́ть, commencer avoir de la barbe; брюзгнуть, avoir un visage défait; блѣднѣ́ть,

devenir pauvre ; ветшáть, vieillir ; злиться, se fâcher ; зябнуть, avoir froid ; каменѣть, se pétrifier ; рáдоваться, se réjouir ; робѣть, perdre courage ; тощáть, maigrir.

7. Ceux qui marquent un séjour déterminé prennent пере (ou пре) ; comme годовáть, demeurer l'espace d'une année ; дневáть, passer la journée, être de service ; зимовáть, passer l'hiver ; ночевáть, passer la nuit.

8. La plus grande partie des verbes qui n'ont point de composé forment leurs temps parfaits avec по ; comme алѣть, devenir rouge ; багровѣть, devenir couleur de pourpre ; божиться, jurer ; бурѣть, devenir alezan (roux fauve) ; русѣть, devenir blond ; рыжѣть, devenir roux ; темнѣть, devenir sombre ; краснѣть, devenir rouge ; голубѣть, devenir bleu ; дѣйствовать, agir ; жáловать, gratifier ; жалѣть, regretter ; желáть, désirer ; жéртвовать, sacrifier ; корыстоваться, s'approprier ; мúловать, avoir pitié ; линять, se ternir, muer ; мýскнуть, se troubler ; яснѣть, s'éclaircir.

9. Quelques-uns ajoutent со ou съ ; comme брéдить, rêver ; варить, cuire, bouillir ; хоронить, cacher. D'autres у ; comme вязнуть, s'embourber ; жáлить, piquer ; старѣть, vieillir ; et quelques autres про ; comme длить, différer ; гóрькнуть, devenir amer.

§ 119. Quelques verbes simples forment leurs temps parfaits sans préposition ; on les appelle verbes *parfaits simples* (совершéнные простые). Tels sont les suivants :

Inf. indéf.	*Inf. parf.*	*Présent.*	*Futur.*
Бросáть, jeter,	брóсить,	сáю,	óшу.
— ordonner,	велѣть,	—	велю́.
Давáть, donner,	дать,	даю́,	дамъ.
Дѣвáть, mettre,	дѣть,	вáю,	дѣну.
— marier,	женить,	—	женю́.
Кончáть, finir,	кóнчишь,	чáю,	нчу.
— acheter,	купить,	—	куплю́.

Inf. indéf.	*Inf. parf.*	*Présent.*	*Futur.*
Лежа́ть, être couché,	} лечь,	жу́,	} ля́гу.
Ложи́ться, se coucher,		жу́сь,	
Лиша́ть, priver,	лиши́ть,	ша́ю,	лишу́.
Обижа́ть, offenser,	оби́дѣть,	жа́ю,	и́жу.
Па́дать, tomber,	пасть,	па́даю,	паду́.
Плѣня́ть, captiver,	плѣни́ть,	ня́ю,	плѣню́.
Проща́ть, pardonner,	прости́ть,	ща́ю,	прощу́.
Пуска́ть, } laisser,	пусти́ть,	ска́ю,	} пущу́.
Пуща́ть, }		ща́ю,	
Ражда́ть, engendrer,	роди́ть,	ражда́ю,	рожу́.
Рѣша́ть, décider,	рѣши́ть,	ша́ю,	рѣшу́.
Свобожда́ть, délivrer,	свободи́ть,	жда́ю,	ожу́.
Сади́ться, s'asseoir,	} сѣсть,	сажу́сь,	} ся́ду.
Сидѣ́ть, être assis,		сижу́,	
Скака́ть, sauter, ga- loper,	скочи́ть,	ачу́, ешь,	очу́, ишь.
Става́ть, se placer,	} стать,	стаю́, *inus.*,	} стану́.
Станови́ться, devenir,		влю́сь,	
Стрѣля́ть, tirer,	стрѣля́ешь,	ля́ю,	ѣлю́.
Стрѣча́ть, aller à la rencontre,	стрѣтить,	ча́ю,	ѣчу́.
Ступа́ть, marcher,	ступи́ть,	па́ю,	плю́.
Хвата́ть, saisir,	хвати́шь,	та́ю,	хвачу́.
Явля́ть, montrer,	яви́ть,	явля́ю,	явлю́.

Première Remarque. Le verbe брать, prendre, emprunte ses temps parfaits de взима́ть, inf. parf. взять, fut. parf. возьму́, мёть, etc.

Seconde Remarque. Parmi les verbes précédents ceux qui n'ont pas l'infinitif indéfini n'ont point de présent; mais ils l'empruntent d'un de leurs composés; ex. велѣ́ть, commander, prés. повелѣва́ю; купи́ть, acheter, покупа́ю.

§ 120. Les temps parfaits étant ordinairement rangés par les lexicographes avec les verbes composés en ываю, иваю, яю et аю, lorsque l'on rencontre le prétérit ou le futur d'un verbe parfait, il faut chercher le présent sans la préposition d'après les règles §§ 96 et 118, ou bien observer la table suivante :

Prét. parf.	Fut.	Prés. comp.
билъ,	блю,	бляю.
вилъ,	влю,	вляю.
милъ,	млю,	мляю.
пилъ,	плю,	пляю.
дилъ,	} жу,	{ ждаю.
зилъ,		жаю.
жилъ,		живаю.
шилъ,	} чу,	чиваю.
чилъ,		
силъ,	} шу,	{ шиваю.
шилъ,		шаю.
стилъ,	} щу,	{ щиваю.
щилъ,		щаю.
. . илъ,	. . ю,	иваю. / яю [1].

Prét. parf.	Fut.	Prés. comp.
залъ,	жу,	зываю.
калъ,	} чу,	{ киваю.
талъ,		тываю.
салъ,	шу,	сываю.
скалъ,	щу,	скиваю.
. . лъ,	. . ю,	ы/и ваю [2].
бъ,	бу,	баю.
гъ,	гу,	гаю.
къ,	ку,	каю.
зъ,	зу,	заю.
съ,	су,	саю.
. . лъ,	{ ду,	даю.
	{ шу,	шаю [3].

EXEMPLES.

Prét. parf.	Futur.	Présent composé.
Вослюбилъ,	блю,	любляю, je chéris.
Погубилъ,	блю,	гублпяю, je ruine.
Оставилъ,	влю,	ставляю, j'abandonne.

---

[1] S'il se trouve devant лъ une autre consonne que les précédentes, la même consonne se trouve au futur et au présent composé.

[2] S'il se trouve devant лъ une autre voyelle que les précédentes, alors le présent composé se termine en ываю ou иваю.

[3] Quelquefois лъ se change en ду ou шу pour le futur, et en даю ou шаю pour le présent composé, en gardant la voyelle qui se trouve devant лъ.

Prét. parf.	*Futur.*	*Présent composé.*
Отправилъ,	влю́,	правля́ю, j'expédie.
Воскормилъ,	млю́,	кормля́ю, je nourris.
Утомилъ,	млю́,	томля́ю, je fatigue.
Натопилъ,	плю́,	топля́ю, je chauffe.
Облупилъ,	плю́,	лупля́ю, je pèle.
Разбудилъ,	бужу́,	бужда́ю, j'éveille.
Вынудилъ,	нужу,	нужда́ю, j'extorque.
Нагрузилъ,	ужу́,	гружа́ю, je charge.
Угрозилъ,	ожу́,	грожа́ю, je menace.
Услужилъ,	ужу́,	служива́ю, je sers.
Одолжилъ,	лжу́,	должа́ю, je prête.
Заплатилъ,	ачу́,	пла́чиваю, je paye.
Навинтилъ,	нчу́,	винчива́ю, je visse.
Выучилъ,	учу,	учива́ю, j'enseigne.
Полечилъ,	лечу́,	ле́чиваю, je guéris.
Загасилъ,	гашу́,	гаша́ю, j'éteins.
Упросилъ,	ошу́,	пра́шиваю, je fléchis.
Совершилъ,	ршу́,	верша́ю, j'accomplis.
Устрашилъ,	ашу́,	страша́ю, j'effraye.
Отмстилъ,	мщу́,	мща́ю, je venge.
Обольстилъ,	льщу́,	льща́ю, je séduis.
Вылощилъ,	лощу,	ла́щиваю, je polis.
Сморщилъ,	рщу,	мо́рщиваю, je ride.
Разговорилъ,	рю́,	гова́риваю, je parle avec.
Выпалилъ,	лю,	па́ливаю, je brûle.
Исполнилъ,	ню,	полня́ю, je remplis.
Раздѣлилъ,	лю́,	дѣля́ю, je partage.
Отрѣзалъ,	рѣжу,	рѣзыва́ю, je coupe.
Показалъ,	кажу́,	ка́зываю, je montre.
Оплакалъ,	пла́чу,	пла́кпваю, je déplore.
Скликалъ,	кличу,	клика́ю, j'appelle.
Затопталъ,	пчу́,	та́птываю, j'écrase.
Выметалъ,	мечу,	мётываю, je jette dehors.

Prét. parf.	*Futur.*	*Présent composé.*
Списа́лъ,	пишу́,	пи́сываю, je tire copie.
Вы́чесалъ,	чешу́,	чёсываю, je peigne.
Отыска́лъ,	ищу́,	и́скиваю, je trouve.
Наплеска́лъ,	плещу́,	плёскиваю, j'arrose.
Переде́лалъ,	дѣ́лаю,	дѣ́лываю, je refais.
Вы́игралъ,	игра́ю,	и́грываю, je gagne.
Прогуля́лъ,	гуля́ю,	гу́ливаю, je me promène.
Вы́мылъ,	мо́ю,	мыва́ю, je lave.
Уколо́лъ,	колю́,	ка́лываю, je pique.
Посмотрѣ́лъ,	смотрю́,	сма́триваю, je regarde.
Нагрёбъ,	гребу́,	греба́ю, je mets en tas.
Вы́скребъ,	скребу́,	скреба́ю, je ratisse.
Помо́гъ,	могу́,	мога́ю, j'aide.
Пренебрёгъ,	брегу́,	брега́ю, je méprise.
Вы́пекъ,	пеку́,	пека́ю, je cuis.
Отсѣ́къ,	сѣку́,	сѣка́ю, je coupe.
Влѣзъ,	лѣзу́,	лѣза́ю, je grimpe.
Сгры́зъ,	грызу́,	грыза́ю, je ronge.
Потря́съ,	трясу́,	пряса́ю, je secoue.
Запа́съ,	пасу́,	паса́ю, j'approvisionne.
Соблю́лъ,	блюду́,	блюда́ю, je conserve.
Напря́лъ,	пряду́,	пряда́ю, je file.
Укра́лъ,	краду́,	кра́дываю, je dérobe.
Сплёлъ,	плету́,	плета́ю, j'entrelace.
Отцвѣ́лъ,	цвѣту́,	цвѣта́ю, je défleuris.
Смя́лъ,	мяту́,	мята́ю, je trouble.

Remarque. Les verbes suivants composés sont formés des verbes simples monosyllabes qui ont leur infinitif itératif irrégulier ; voyez § 135.

Prét. parf.	*Futur.*	*Présent composé.*
Избра́лъ,	изберу́,	избира́ю, je choisis.
Назва́лъ,	назову́,	называ́ю, j'appelle.

Prét. parf.	*Futur.*	*Présent composé.*
Вы́лгалъ,	вы́лгу,	вылыга́ю, j'obtiens par des mensonges,
Прижа́лъ,	прижму́,	прижима́ю, je presse.
Пожа́лъ,	пожну́,	пожина́ю, je moissonne.
На́чалъ,	начну́,	начина́ю, je commence.
Узна́лъ,	узна́ю,	узнава́ю, je connais.
Посла́лъ,	пошлю́,	посыла́ю, j'envoie.
Постла́лъ,	постелю́,	постила́ю, j'étends.
Смялъ,	сомну́,	смина́ю, je froisse.
Распя́лъ,	распну́,	распина́ю, je crucifie.
За́нялъ,	займу́,	занима́ю, j'emprunte.
Уби́лъ,	убью́,	убива́ю, je tue.
Вы́пилъ,	вы́лью,	выпива́ю, je bois tout.
Пережи́лъ,	переживу́,	пережива́ю, je survis.
Просль́лъ,	прослыву́,	прослыва́ю, je passe pour.
Запѣ́лъ,	запою́,	запѣва́ю, j'entonne.
Призрѣ́лъ,	призрю́,	призира́ю, j'inspecte.
За́перъ,	запру́,	запира́ю, je ferme.
Утёръ,	утру́,	утира́ю, j'essuie.
Простёръ,	простру́,	простира́ю, j'étends.
Разду́лъ,	разду́ю,	раздува́ю, je souffle.
Обу́лъ,	обу́ю,	обува́ю, je chausse.
Согну́лъ,	согну́,	сгиба́ю, je courbe.

ARTICLE DEUXIÈME.

Emploi des modes et des temps des verbes russes.

Remarque. Nous avons vu §§ 83 et 84 que les verbes russes n'avaient que trois modes, l'infinitif, l'indicatif et l'impératif, et trois temps, le présent, le prétérit et le futur, mais avec des branches différentes qui modifient leur signification.

§ 121. *L'infinitif* n'a point de temps en Russe, mais il peut être, sous les six branches (§ 85) : ex. *indéfini,* ходи́ть, aller habituellement ; *défini,* итти́, aller actuellement ; *sémelfactif,* шагну́ть, faire un pas ; *itératif,* ха́живать, aller plusieurs fois ; *parfait,* ему́ ны́нѣ присла́ть вѣ́домости, il doit maintenant envoyer les gazettes ; *imparfait,* и впредь всегда́ присыла́ть, et dorénavant il doit toujours les envoyer.

§ 122. *L'indicatif* énonce l'action avec la distinction des trois temps qui ont chacun différentes branches.

1. Le présent peut avoir les branches indéfinie, définie et imparfaite. Les présents *indéfini* et *imparfait* répondent au présent des autres langues ; ex. онъ беретъ а́рфу, настро́иваетъ, игра́етъ, и ка́ждый изъ насъ поётъ въ свою́ о́чередь, il prend sa harpe, l'accorde, joue, et chacun de nous chante à son tour. Le présent *indéfini* marque encore l'état habituel ; ex. онъ ка́ждое у́тро хо́дитъ прогу́ливаться, il va se promener tous les matins ; онъ слугъ свои́хъ жесто́ко во́дитъ, il mène durement ses domestiques ; tandis que le présent *défini* marque l'état actuel ; ex. я иду́ домо́й, je vais à la maison ; мы ви́димъ де́вять Музъ, кото́рыя веду́тъ за ру́ку Аму́ра, nous voyons les neuf Muses qui mènent l'Amour par la main.

Remarque. Le présent s'emploie quelquefois pour un futur ; ex. за́втра я обѣ́даю до́ма (pour бу́ду обѣ́дать), demain je dîne à la maison ; mais cet emploi n'a lieu que relativement à un futur proche. Il s'emploie aussi pour le prétérit lorsque l'on veut frapper fortement l'imagination ; ex. дово́льно до́лгое вре́мя по́льзовались мы благопрія́тнымъ вѣ́тромъ ; но внеза́пно мра́чная ту́ча сокрыва́етъ не́бо отъ оче́й на́шихъ, мо́лнія со всѣхъ сторо́нъ бле́щетъ, мо́ре пѣ́нится, nous eûmes assez longtemps un vent favorable ; mais tout à coup un nuage sombre dérobe le ciel à nos regards, l'éclair brille de tous côtés, la mer écume, etc.

2. Le *prétérit* peut avoir les six différentes branches.

a) Le prétérit *indéfini* marque une action passée dans un temps indéterminé ; ex. онѣ́ носи́ли во́ду, и моло́ли жёрновомъ, elles portaient l'eau, et tournaient la meule du moulin; я никогда не видалъ, ни слыхалъ ничего подобнаго, je n'ai jamais vu ni entendu rien de semblable.

b) Le prétérit *défini* détermine le temps où l'action est arrivée; ex. сего утра быстро неслись корабли на всѣхъ парусахъ, ce matin les vaisseaux voguaient rapidement à pleines voiles; я всё видѣлъ и слышалъ, j'ai tout vu et tout entendu.

c) Le prétérit *sémelfactif* marque une action passée, mais qui n'est arrivée qu'une fois, qui n'a été que de peu de durée, ou qui ne s'est pas répétée; ex. они ринулись въ городъ, и кинулись на корысть, ils se précipitèrent dans la ville, et se jetèrent sur le butin; молнія блеснула, грянулъ сильный громъ, и земля дрогнула, il fit un éclair, on entendit un violent coup de tonnerre, et la terre trembla.

d) Le prétérit *itératif* marque que l'action s'est répétée plusieurs fois; ex. въ молодости своей игрывалъ я въ мячи, dans ma jeunesse je m'amusais souvent à jouer à la paume; Сократъ говаривалъ, Socrate avait coutume de dire; я часто къ нему хаживалъ, je suis allé souvent chez lui.

e) Le prétérit *imparfait* marque une action passée, mais une action indéterminée, qui ne s'est pas accomplie dans le moment dont on parle; ex. соединясь со Славянами, они умножали ихъ силу, s'étant joints aux Slaves, ils accrurent leurs forces; умножали signifie que les forces des Slaves s'accrurent *petit à petit*, et non *entièrement, dans un seul moment*, ce que signifierait le prétérit parfait умножили; онъ пріучалъ многихъ звѣрей, il a apprivoisé beaucoup d'animaux; le prétérit parfait пріучилъ signifierait qu'il les a apprivoisés tous *à la fois*.

f) Le prétérit *parfait* marque une action passée dans un temps déterminé, et qui s'est entièrement accomplie; ex. помрачился воздухъ, неистовая возстала буря, море въ ярости своей возшумѣло, и страхъ объялъ чувства плавамелей, l'air s'obscurcit, il s'éleva une violente tempête, la mer se déchaîna dans sa fureur, et la frayeur saisit les esprits des nautoniers.

Remarque. Les verbes composés, formés des verbes simples qui ont la branche sémelfactive, ont deux prétérits *parfaits*, dont l'un est formé du prétérit indéfini, et l'autre du prétérit sémelfactif. Le premier marque l'action entièrement accomplie, quoique à plusieurs reprises, tandis que le second marque que l'action s'est entièrement accomplie dans une seule fois; ex. я его спо́лкалъ со спу́ла, *à force de coups* je l'ai renversé de sa chaise; я его́ сполкну́лъ, *d'un coup* je l'ai renversé de sa chaise. Я его толка́лъ signifie je lui ai donné *des coups;* я его́ толкну́лъ, je lui ai donné *un coup;* я его спа́лкивалъ, j'ai voulu le renverser à plusieurs reprises, mais je n'ai pas réussi.

3. Le *futur* a les mêmes branches que le prétérit, excepté la branche itérative.

a) Le futur *indéfini* marque un temps futur qui n'est pas déterminé; ex. бу́ду стара́ться поле́знымъ бы́ть о́бществу, je tâcherai d'être utile à la société; они́ бу́дутъ ѣздить верхо́мъ, ils iront à cheval; онъ бу́детъ вся́кій день гоня́ть ста́до на па́ству, chaque jour il mènera paître les bestiaux.

b) Le futur *défini* détermine le moment où se fera l'action; ex. я бу́ду ѣхать за́втра на сѣрой ло́шади, je monterai demain un cheval gris; ты бу́дешь сего́ дня гнать ста́до на па́ству, aujourd'hui tu mèneras paître les bestiaux.

c) Le futur *sémelfactif* marque une action future, mais qui n'arrivera qu'une fois, ou qui ne se répétera pas; ex. могу́ ли надѣяться, что ли́ра моя́ тро́нешь ещё ва́ше хла́дное се́рдце, puis-je espérer que ma lyre touchera encore *une fois* votre cœur insensible? они́ не косну́тся ничего́ безъ ва́шего дозволе́нія, ils ne toucheront à rien sans votre permission.

d) Le futur *imparfait* désigne une action future, mais une action indéterminée, qui ne sera pas accomplie dans le moment dont on parle; ex. я буду переписывать до семи часовъ, je m'occuperai à copier jusqu'à sept heures; онъ будетъ отъ-слова до-слова пересказывать всё, что ему будутъ читать, il répétera mot pour mot tout ce qu'on lui lira.

e) Le futur *parfait* marque une action qui aura son entier accomplissement; ex. я перепишу всё это до семи часовъ, à sept heures j'aurai achevé de copier tout cela; я разскажу вамъ его похожденія, je vous raconterai ses aventures.

Remarque. Les verbes composés qui ont deux prétérits parfaits ont aussi deux futurs parfaits.

§ 123. L'*impératif* n'a point de temps en Russe; mais il peut avoir les mêmes branches que l'infinitif, excepté la branche itérative; ex. *indéfini*, меньше говори, а больше слушай, parle moins et écoute davantage; *défini*, не бѣги такъ скоро, ne cours pas si vite; *sémelfactif*, шагни, fais un pas; *imparfait*, предусматривай будущее, и воспоминай прошедшее, prévois l'avenir, et souviens-toi du passé; *parfait*, прочши письмо, которое я получилъ отъ брата своего, и скажи мнѣ, чего онъ желаетъ, lis la lettre que j'ai reçue de mon frère, et dis-moi ce qu'il désire.

§ 124. La langue russe n'a pas de *subjonctif;* mais elle exprime ce mode par un prétérit de l'indicatif avec la particule бы ou бъ jointe aux conjonctions что, que; да (avec бы), afin que, etc. Si la particule бы est sans conjonction, cela répond au *conditionnel* ou *suppositif* français; ex. я бы не думалъ, чтобы вы это сдѣлали, je n'aurais pas cru que vous eussiez fait cela; если бъ вы не-были моимъ другомъ, я бы молчалъ, si vous n'aviez pas été mon ami, je me serais tû; скажи ему, чтобъ онъ тотчасъ пришёлъ, dis-lui qu'il vienne tout de suite. — L'*optatif* de la langue grecque s'exprime par la particule да avec le présent ou le futur; ex. да почшимъ вѣру неоцѣнённымъ сокровищемъ, regardons la religion comme un trésor inappréciable.

Première Remarque. La particule бы se met ordinairement avec les conjonctions *ёстьли*, si; *будто*, comme si; *что*, *да*, que; *хотя*, quoique.

Seconde Remarque. Avec *чтобы* et *дабы* on met aussi l'infinitif; ex. *дабы хорошо знать языкъ*, pour bien connaître une langue.

§ 125. Les *participes* ont le présent et le prétérit, qui tous deux ont les mêmes branches que le présent et le prétérit de l'indicatif. Les participes sont beaucoup plus en usage dans la langue russe que dans la française; ils y sont d'une élégance particulière, parce qu'on évite les répétitions fréquentes du pronom relatif; ex. *говорящій правду, наживаетъ враговъ*, celui qui dit la vérité se fait des ennemis; *розы, цвѣтущія въ саду природы, смѣшаны съ тёрніемъ, напоминающимъ человѣку, что труды отъ услажденія неразлучны бываютъ*, les roses qui fleurissent dans le jardin de la nature sont entremêlées d'épines qui rappellent à l'homme que la peine est inséparable de la jouissance. — Il en est de même des *gérondifs*; ex. *прогуливаясь однажды въ саду, встрѣтилъ я друга своего*, en me promenant un jour dans le jardin, je rencontrai mon ami; *они работая поютъ, а поработавши пьютъ*, ils chantent en travaillant, et boivent après avoir travaillé.

Remarque. D'après la définition que nous venons de donner, il est facile de voir que les temps des verbes russes ne correspondent pas parfaitement à ceux des verbes français, et qu'il est souvent impossible de rendre en Français les nuances de signification d'un verbe russe. Il est bon d'observer cependant qu'en Russe l'emploi des temps n'est pas toujours d'accord avec leur définition, et que souvent l'un remplace l'autre, surtout dans les verbes qui n'ont pas toutes les branches. Mais dans certaines circonstances, il y a de la délicatesse à donner la préférence à l'un plutôt qu'à l'autre, et ce serait une faute de ne pas observer la distinction établie entre eux; ce qu'on ne peut apprendre que par beaucoup d'usage et par la lecture des bons auteurs.

ARTICLE TROISIÈME.

Conjugaison des verbes passifs.

Remarque. Les verbes passifs se formant des participes passifs joints à l'auxiliaire, nous commencerons par la formation de ces participes.

PARTICIPES.

§ 126. Le participe présent passif se forme

1. De la première personne du pluriel du présent de l'indicatif, en changeant ъ en ый, ая, ое. Ainsi, dans la forme apocopée, il est semblable à cette première personne, et se termine en емъ ou en имъ; ex. мѣряемъ, nous mesurons, мѣряемый, ая, ое, étant mesuré; желаемъ, nous désirons, желаемый; любимъ, nous aimons, любимый; учимъ, nous instruisons, учимый.

2. De la première personne du singulier dans les verbes en бу, ву, гу, ку, ду, шу, зу, су, en changeant у en омый, ая, ое; ex. берегу́, je garde, берегомый, étant gardé; пеку́, je cuis; пекомый; плету́, je tresse, плетомый.

Remarque. Plusieurs verbes, quoique actifs, n'ont pas ce participe, entre autres presque tous ceux en бу, ну, ру et ыю. Mais alors on peut employer le participe présent actif auquel on joint le pronom réfléchi ся; ex. гну, je courbe, гнущійся, etc.

§ 127. Le participe prétérit passif se forme

1. De l'infinitif en changeant

a) ть des infinitifs en ать, ять et ѣть, en нный, ая, ое; ex. двигать, remuer, двиганный, ая, ое, remué; мѣрять, mesurer, мѣрянный; клйкать, appeler, клйканный; велѣть, ordonner, велѣнный; et de même les infinitifs itératifs; comme кáлывать, piquer souvent, кáлываниый.

b) тъ des infinitifs en отъ, утъ et ынъ, en тый, ая, ое; ex. колóтъ, piquer, кóлотый, ая, ое, piqué; тянýтъ, tirer, тянýтый; мыть, laver, мы́тый; et de même les infinitifs sémelfactifs, comme двúнуть, remuer une fois, двúнутый. Ajoutez plusieurs monosyllabes, entre autres ceux en итъ et ѣтъ; comme пить, boire, пи́тый; пѣть, chanter, пѣтый; et de même перéть, presser, пéртый; тереть, frotter, тёртый.

2. Du présent de l'indicatif dans les verbes qui ont l'infinitif en итъ, en changeant ю et у en енный, ая, ое; ex. валю́, je renverse, вáленный; строю, je bâtis, стрóенный; люблю́, j'aime, люблённый; топлю́, je chauffe, тóпленный; гашý, j'éteins, гáшенный; гружý, je charge, гружённый; en observant que ceux en жу qui dérivent des slavons en жду gardent la consonne д; comme сажý, je plante, саждённый; тружý, j'incommode, труждённый. Ajoutez les verbes en бу, гу, ку, ду, ту, зу, су, en observant que les gutturales г et к se changent en dentales ж et ч; ex. грызý, je ronge, грызённый; плешý, je tresse, плешённый; стригý, je tonds, стрижённый; пекý, je cuis, печённый.

INFINITIF.

§ 128. Les différentes branches de l'infinitif passif se forment des participes correspondants, dans la forme apocopée et mis au datif, en leur joignant l'auxiliaire быть; ex.

indéfini.	Быть любúму, f. мой, être aimé.
défini.	Быть вáлену, f. ной, être renversé.
sémelfactif.	Быть укóлоту, être piqué une fois.
itératif.	Быть кáлывану, être piqué plusieurs fois.
imparfait.	Быть посы́лану, } être envoyé.
parfait.	Быть пóслану, }

INDICATIF.

§ 129. 1. L'indicatif présent passif se forme du participe pré-
sent passif apocopé, joint au présent du verbe auxiliaire qui se
sous-entend souvent (§ 91); ex.

<table>
<tr><td>Я</td><td>(есмь)</td><td>любимъ, f. ма, n. мо,</td><td rowspan="6">je suis aimé.</td></tr>
<tr><td>Ты</td><td>(еси́)</td><td>любимъ, f. ма, n. мо,</td></tr>
<tr><td>Онъ</td><td>(есть)</td><td>любимъ, она́ любима,</td></tr>
<tr><td>Мы</td><td>(есмы́)</td><td>любимы,</td></tr>
<tr><td>Вы</td><td>(есте́)</td><td>любимы,</td></tr>
<tr><td>Они́, онѣ́</td><td>(суть)</td><td>любимы,</td></tr>
</table>

Remarque. Les verbes qui n'ont pas le participe présent pas-
sif, n'ont pas non plus le présent de l'indicatif passif. Mais en
général le présent passif ne s'emploie guère que dans le style
élevé, et partout ailleurs on se sert préférablement du verbe
actif en tournant la phrase, ou bien du verbe réfléchi (§ 133).
Ainsi au lieu de dire я (есмь) имену́емъ, je suis appelé, on dira
меня́ имену́ютъ (ou зову́тъ), on m'appelle, ou bien я имену́юсь,
je m'appelle.

2. Les différents prétérits se forment des participes passifs
correspondants joints au prétérit de l'auxiliaire; ex.

<table>
<tr><td>indéfini.</td><td>Я</td><td>былъ ко́лотъ,
была́ ко́лота,
бы́ло ко́лото,</td><td>j'ai été piqué.</td></tr>
<tr><td>défini.</td><td>Я</td><td>былъ ва́ленъ,
была́ ва́лена,
бы́ло ва́лено,</td><td>j'ai été renversé.</td></tr>
<tr><td>sémelfactif.</td><td>Я</td><td>былъ уко́лотъ,
была́ уко́лота,
бы́ло уко́лото,</td><td>j'ai été piqué une fois.</td></tr>
<tr><td>itératif.</td><td colspan="3">Я быва́лъ ка́лыванъ, j'ai été piqué plusieurs fois.</td></tr>
</table>

imparfait.	Я бывалъ посыланъ, j'étais envoyé.
parfait.	Я былъ посланъ, j'ai été envoyé.

Du reste ces temps se conjuguent comme le verbe auxiliaire.

3. Les futurs se forment de même, en joignant aux participes apocopés l'auxiliaire бýду (mais non стáну); ex. бýду кóлошъ, кольнýтъ, je serai piqué; бýду посыланъ, пóсланъ, je serai envoyé.

IMPÉRATIF.

§ 130. Les impératifs se forment aussi de la même manière avec l'auxiliaire бýдь; ex. бýдь кóлошъ, sois piqué; бýдь валенъ, sois renversé, etc. — Il en est de même des gérondifs; comme бýдучи любимъ, en étant aimé; бывъ валенъ, en ayant été renversé, etc.

Remarque. Au lieu de l'impératif passif on se sert plus souvent de l'impératif actif; ainsi au lieu de dire *qu'il soit loué*, on dira пусть егó хвáлять, qu'on le loue.

ARTICLE QUATRIÈME.

Conjugaison des verbes qui prennent le pronom réfléchi.

§ 131. Le pronom réfléchi себá, et par syncope ca et сь, s'ajoute aux verbes actifs immédiatement après les terminaisons de chaque temps, pour en former des verbes réfléchis; car nous avons vu (§ 79) que ce pronom réfléchi s'employait pour les trois personnes.

Remarque. On met ordinairement ca après les terminaisons qui finissent par une consonne, par ъ ou par й, et сь après celles qui finissent par une voyelle, comme on le verra par l'exemple suivant.

INFINITIF.

indéfini. Мыться, se laver.
itératif. Мываться, se laver souvent.

INDICATIF.

présent. Мо́юсь,
Мо́ешься,
Мо́ется, } je me lave.
Мо́емся,
Мо́етесь,
Мо́ются,
prétérit indéf. Я мы́лся, f. лась, n. лось, je me suis lavé.
Мы мы́лись.
prétérit itérat. Я мыва́лся, f. лась, n. лось, je me suis lavé
souvent.
Мы мыва́лись.
futur indéfini. Бу́ду мы́ться, je me laverai.

IMPÉRATIF.

indéfini. Мо́йся, lave-toi.
Мо́йтесь.

PARTICIPES.

présent. Мо́ющийся, аяся, ееся, se lavant.
prétérit indéf. Мы́вшийся, аяся, ееся, } s'étant lavé.
prétérit itérat. Мыва́вшийся, аяся, ееся, }

GÉRONDIFS.

présent. Мо́яся ou мо́ючись, en se lavant.
prétérit indéf. Мы́вшись, } en s'étant lavé.
prétérit itérat. Мывавшись, }

§ **132.** Les verbes qui prennent le pronom réfléchi sont

1. Ou verbes *réfléchis* (возвра́тные) proprement dits, qui expriment l'action d'un sujet qui agit sur lui-même; comme

> Бри́ться, se raser, бре́юсь, ешься.
>
> Верте́ться, se tourner, верчу́сь, ти́шься.
>
> Обува́ться, se chausser, обува́юсь, ешься.
>
> Одѣва́ться, s'habiller, одѣва́юсь, ешься.
>
> Чеса́ться, se peigner, чешу́сь, шешься.

Et ainsi presque tous les verbes actifs au moyen du pronom réfléchi.

2. Ou verbes *réciproques* (взаи́мные), qui expriment l'action de deux ou plusieurs sujets qui agissent respectivement les uns sur les autres de la même manière; comme

> Боро́ться, lutter, борю́сь, ешься.
>
> Брани́ться, se quereller, браню́сь, и́шься.
>
> Дружи́ться, se lier, дружу́сь, жи́шься.
>
> Руби́ться, se battre, рублю́сь, бишься.
>
> Сража́ться, combattre, сража́юсь, ешься.
>
> Ссо́риться, se brouiller, ссо́рюсь, ишься.

3. Ou verbes *communs* (о́бщіе), qui, se conjuguant avec le pronom réfléchi, ne sont ni réfléchis, ni réciproques, mais qui ont la signification active ou neutre; comme

> Божи́ться, jurer, божу́сь, жишься.
>
> Боя́ться, craindre, бою́сь, и́шься.
>
> Каса́ться, concerner, каса́юсь, ешься.
>
> Кла́няться, saluer, кла́няюсь, ешься.
>
> Надѣ́яться, espérer, надѣ́юсь, ешься.
>
> Смѣя́ться, rire, смѣю́сь, ёшься.
>
> Стара́ться, s'efforcer, стара́юсь, ешься.

§ **133.** Le pronom ся ou сь s'ajoute aussi aux verbes actifs pour en faire des passifs (§ 129, *Rem.*); comme хвалю́сь, je

suis loué; изъ молока дѣлается масло, le beurre est fait (se
fait) avec du lait. Mais il ne faut pas croire que de tous les verbes
actifs on puisse faire des passifs par l'addition du pronom ré-
fléchi. Cette construction ne saurait avoir lieu lorsque l'auteur
de l'action se trouve dans la phrase avec la préposition *par*.
Ainsi pour traduire ces phrases : *il est lavé* par son domestique;
il est battu par son maître, on ne pourrait pas dire en Russe
мóется отъ слугѝ, бьётся отъ учѝтеля; mais on doit, à dé-
faut du passif qui n'est pas toujours usité, tourner par l'actif,
et dire егó слугá мóетъ, son domestique le lave; егó учѝтель
бьётъ, son maître le bat.

Remarque. Quoique l'on dise fort bien вѣтромъ (ou отъ
вѣтра) дерéвья качáются, les arbres *sont agités* par le vent, on
ne pourrait pas dire, en parlant d'un enfant qui est bercé par sa
nourrice, дитя́ отъ кормѝлицы качáется, ce qui signifierait
que l'enfant en se berçant veut s'éloigner de sa nourrice; il faut
dire кормѝлица качáетъ дитя́. La raison en est que la prépo-
sition отъ marque l'*éloignement* d'une personne; et ici l'action
du vent, par rapport aux arbres, est telle qu'ils ne peuvent s'en
éloigner : отъ вѣтра marque une cause et non point un dé-
part; il n'y a là nulle ambiguité : raisonnement que l'on ne peut
appliquer à l'exemple de la nourrice.

ARTICLE CINQUIÈME.

Des verbes unipersonnels.

§ 134. 1. La langue russe a peu de verbes *unipersonnels* pro-
prement dits; car plusieurs verbes qui sont unipersonnels dans
les autres langues ont leur propre sujet en Russe. Ainsi au lieu
de *il pleut*, le Russe dit дождь идётъ (la pluie vient); *il pleu-
vait*, дождь шёлъ; *il pleuvra*, дождь бýдетъ; *il grêle*, градъ
идётъ; *il tonne*, громъ гремѝтъ (le tonnerre tonne). Les verbes
suivants sont des exemples d'unipersonnels :

Довлѣетъ, il suffit, c'est assez.

Льзя, on peut; нельзя, on ne peut pas.

Мóжно, возмóжно, il est possible.

Пристóитъ, il convient, *prét.* пристáло, *fut.* пристáнетъ.

Смеркáется, il fait obscur, *prét.* смéрклось, *fut.* смéркнется.

Снúтся, je rêve, *prét.* снúлось, *fut.* приснúтся.

2. Mais on emploie comme verbes unipersonnels, en retranchant le sujet,

a) La troisième personne du singulier de plusieurs verbes neutres et communs; comme

Довóдится, il arrive,	de довожý.
Дрéмлется, j'ai sommeil,	de дремлю́.
Кáжется, il paraît,	de кажýсь.
Мнúтся, il semble,	de мню.
Надлежúтъ, il faut,	de надлежý.
Случáется, il arrive,	de случáюсь.
Хóчется, j'ai envie,	de хочý.

b) La troisième personne du pluriel des verbes actifs et neutres; comme

Говорятъ, on dit,	говорúли, on disait.
Дýмаютъ, on croit,	дýмали, on croyait.
Пúшутъ, on écrit,	писáли, on écrivait.

c) Le neutre du participe passif et de plusieurs adjectifs, en sous-entendant l'auxiliaire есть ou бы́ло; comme

Вéлѣно, il est ordonné.	Легкó, il est facile.
Вúдно, il est visible.	Пóлно, il suffit, c'est assez.
Данó, il est donné.	Похвáльно, il est louable.
Довóльно, c'est assez.	Трýдно, il est difficile.
Дóлжно, on doit.	Скáзано, il a été dit.

ARTICLE SIXIÈME.

Des verbes irréguliers.

§ 135. Les verbes *irréguliers* sont ceux qui s'écartent des règles de la conjugaison générale. Dans la langue russe les verbes irréguliers sont

a) Presque tous les verbes monosyllabes ;

b) Tous les verbes en чь et en ть (ou ти) précédé d'une consonne ;

c) Quelques autres qui s'écartent de la formation dans certains temps ou certaines personnes.

Première Remarque. Parmi les verbes monosyllabes, il en est plusieurs qui sont réguliers ; s'ils se trouvent dans la liste suivante, c'est que nous avons voulu donner la liste complète des verbes monosyllabes.

Seconde Remarque. Les verbes irréguliers dans la langue russe sont beaucoup moins nombreux que dans les autres langues, et leur irrégularité même n'est pas embarrassante, comme on le verra ci-dessous.

I. Verbes monosyllabes en ть *précédé d'une voyelle.*

a) En ать et ять.

Infinitif.	*Infinit. itérat.*	*Présent.*
Брать, prendre,	бирáть,	берý, рёшь.
Драть, déchirer,	дирáть,	дерý, рёшь.
Врать, radoter,	вирáть,	вру, рёшь.
Жрать, dévorer,	жирáть *,	жру, рёшь.
Ждать, attendre,	жидáть *,	жду, дёшь.
Звать, appeler,	зывáть,	зовý, вёшь.
Рвать, arracher,	рывáть *,	рву, вёшь.

12

Infinitif.	Infinit. itérat.	Présent.
Ржать, hennir,	рывать *,	ржу, жёшь.
Гнать, chasser,	----	гоню, нишь.
Знать, savoir,	знавать,	знаю, ешь.
Дать, donner,	} Voyez les observations.	
Стать, se placer,		
Слать, envoyer,	сылать,	шлю, лёшь.
Стлать, étendre,	стилать,	стелю, лешь.
Спать, dormir,	сыпать,	сплю, пишь.
Лгать, mentir,	лыгать *,	лгу, лжёшь.
Ткать, tisser,	тыкать,	тку, тчёшь.
Мчать, emporter,	—	мчу, чишь.
Жать, presser,	жимать,	жму, мёшь.
Жать, moissonner,	жинать *,	жну, нёшь.
Чать, commencer,	чинать,	чну, нёшь.
Мять, chiffonner,	минать,	мну, нёшь.
Пять, pousser,	пинать,	пну, нёшь.
Ять, prendre,	—	емлю, лёшь.

Observations.

1. Les infinitifs itératifs marqués d'un astérisque (*) ne sont pas usités dans les verbes simples ; mais ils servent à la formation des verbes composés.

2. Les verbes actifs en ать forment leur participe prétérit passif en changeant ть en нный, ая, ое, excepté жать, presser ; жать, moissonner ; чать, commencer, qui changent ть en тый. Ceux en ять changent aussi ть en тый.

3. Les verbes дать et стать sont les infinitifs parfaits de давать et ставать (§ 119). Дать fait au futur parfait дамъ, дашь, дастъ, дадимъ, дадите, дадутъ.

4. Les verbes чать, пять et ять ne sont plus usités que pour former les temps parfaits des composés ; comme

Начина́ть,	commencer,	*infin. parf.*	нача́ть.
Распина́ть,	crucifier,	—	распя́ть.
Понима́ть,	comprendre,	—	поня́ть.

Tous les composés de ять ou имать (§ **114**) ont à l'infinitif parfait ять ou нять, et au futur parfait иму ou ниму. Выни-ма́ть, tirer dehors, fait à l'infinitif parfait вынять et вы́нуть, et au futur parfait вы́ну, нешь.

b) en ить et ыть.

Infinitif.	*Infinit. itératif.*	*Présent.*
Бить, battre,	бива́ть,	бью, ьёшь.
Вить, tordre,	вива́ть *,	вью, ьёшь.
Лить, verser,	лива́ть *,	лью, ьёшь.
Пить, boire,	пива́ть,	пью, ьёшь.
Шить, coudre,	шива́ть,	шью, ьёшь.
Гнить, pourrir,	гнива́ть *,	гнію́, іёшь.
Брить, raser,	брива́ть,	брѣ́ю.
Мнить, penser,	мина́ть *,	мню, ишь.
Дмишь, enfler,	—	дмю, ишь.
Тмить, obscurcir,	тмѣва́ть *,	тмю, ишь.
Тлить, gâter,	—	тлю, ишь.
Длить, différer,	—	длю, ишь.
Зли́ться, se fâcher,	—	злюсь, и́шься.
Чтить, honorer,	читáть,	чту, тишь.
Льстить, flatter,	льщива́ть *,	льщу, стишь.
Мстить, venger,	мщива́ть *,	мщу, стишь.
Мшить, garnir de mousse,	—	мшу, ишь.
Тщи́ться, s'empresser,	—	тщусь, щи́шься.
Жить, vivre,	жива́ть,	живу́, вёшь.
Плыть, nager,	плыва́ть,	плыву́, вёшь.
Слыть, passer pour,	слыва́ть,	слыву́, вёшь.
Стыть, se refroidir,	стыва́ть *,	стыну, нешь.

Infinitif.	Infinit. itératif.	Présent.
Выть, hurler,	вывать *,	вою, ешь.
Крыть, couvrir,	крывать,	крою, ешь.
Мыть, laver,	мывать,	мою, ешь.
Ныть, s'affliger,	нывать *,	ною, ешь.
Рыть, creuser,	рывать,	рою, ешь.

Observations.

1. Les verbes actifs en итъ et ытъ forment leur participe
prétérit passif en changeant тъ en тый, excepté чтить, льс-
тить, мстить et мнить, qui le forment du présent, en chan-
geant у en енный.

2. Les verbes en итъ qui ont au présent ью ont leur impéra-
tif en ей; comme бью, je bats, бей.

3. Il ne faut pas confondre les composés de чтить, honorer,
avec ceux de честь, lire; comme

	Почитать, respecter,	Считать, compter,
	(de чтить).	(de честь).
infin. parf.	почтить.	счесть.
prét. parf.	почтил, ла, ло.	счёл, сочла, чло.
futur parf.	почту, тишь.	сочту, тёшь.

Cependant ils sont souvent pris l'un pour l'autre : ainsi пред-
почитать, préférer, qui semble être un composé de чтить,
tire ses temps parfaits de честь; *inf. parf.* предпочесть, *prét.
parf.* предпочёл, чла, *fut. parf.* предпочту, чтёшь.

c) en ѣтъ.

Infinitif.	Infinit. itératif.	Présent.
Бдѣть, veiller,	—	бдю, ишь.
Дѣть, mettre.	Voyez les observations.	
Пѣть, chanter,	пѣвать,	пою, ёшь.

Infinitif.	*Infin. itérat.*	*Présent.*
Зрѣть, voir,	зирать *,	зрю, ишь.
Зрѣть, mûrir,	зрѣвать,	зрѣю, ешь.
Грѣть, chauffer,	грѣвать,	грѣю, ешь.
Прѣть, bouillonner,	прѣвать *,	прѣю, ешь.
Спѣть, mûrir,	спѣвать,	спѣю, ешь.
Рдѣть, rougir,	рдѣвать *,	рдѣю, ешь.
Тлѣть, se pourrir,	тлѣвать *,	тлѣю, ешь.
Смѣть, oser,	—	смѣю, ешь.

Observations.

1. Les verbes actifs en ѣть forment leur participe prétérit passif en changeant ть en ный, excepté зрѣть, qui fait зрѣнный.

2. Le verbe дѣть est l'infinitif parfait de дѣвать, *futur* дѣну (§ 119).

3. Il n'y a que quatre verbes qui aient l'infinitif en ть précédé de e; ce sont

Infinitif.	*Infin. itérat.*	*Présent.*
Мереть, mourir,	мирать,	мру, рёшь.
Переть, presser,	пирать,	пру, рёшь.
Тереть, frotter,	ширать,	тру, рёшь.
Стереть, étendre,	стирать,	стру, рёшь.

d) en уть.

Infinitif.	*Infin. itérat.*	*Présent.*
Дуть, souffler,	дувать,	дую, ешь.
Гнуть, courber,	гибать,	гну, нёшь.
Снуть, s'endormir,	—	сну, нёшь.
Уть, chausser,	увать,	ую, ешь.

Observations.

1. Les verbes en уть forment leur participe prétérit passif en changeant ть en тый.

2. Le verbe уть n'est usité que dans les composés; comme обувать, chausser, et разувать, déchausser, *inf. parf.* обуть et разуть, *fut. parf.* обую et разую.

II. Verbes en чь et en ть (ou нть) précédé d'une consonne.

a) en чь.

Infinitif.	Infin. itérat.	Présent.
Беречь, garder,	берегать *,	берегу, жёшь.
Жечь, brûler,	жигать,	жгу, жжёшь.
Лечь, être couché.	Voyez les observations.	
Мочь, pouvoir,	могать *,	могу, жешь.
Прячь, joindre,	прягать,	прягу, жёшь.
Стеречь, garder,	стерегать,	стерегу, жёшь.
Стичь, atteindre,	стигать,	стигу, жёшь.
Стричь, tondre,	стригать,	стригу, жёшь.
Влечь [1], tirer,	влекать,	влеку, чёшь.
Печь, cuire,	пекать,	пеку, чёшь.
Речь, dire,	рекать,	реку, чёшь.
Сѣчь, couper,	сѣкать,	сѣку, чёшь.
Течь, couler,	текать,	теку, чёшь.
Толочь, piler,	—	толку, чёшь.

Observations.

1. Les verbes en чь ont leur présent en гу ou ку, et forment

---

[1] Au lieu de влечь, dans le langage ordinaire on se sert de волочь, *prés.* волоку, чёшь.

leur prétérit du présent en changeant y en ъ, ла, ло (§ 100) ; excepté жгу et толку́ qui font жёгъ, жгла et толокъ, толкла́.

2. Le verbe лечь est l'infinitif parfait de лежать, être couché (§ 119), *prét. parf.* лёгъ, легла́, *fut. parf.* ля́гу, жешь, *impér. parf.* лягъ.

3. Les verbes прячь, стичь et речь ne sont plus usités que dans les composés ; comme

Запрягать, atteler,	*infin. parf.* запрячь.	
Достигать, atteindre,	—	достичь.
Отрекать, refuser,	—	отречь.

b) en ть (ou ти) précédé d'une consonne.

Infinitif.	*Infin. itér.*	*Présent.*
Гресть, ramer,	гребáть,	гребу́, бёшь.
Скресть, ratisser,	скребáть,	скребу́, бёшь.
Блюсти́, garder,	блюдáть*,	блюду́, дёшь.
Бости́, frapper des cornes,	—	боду́, дёшь.
Брести, errer, rêver,	—	бреду́, дёшь.
Вести́, conduire,	—	веду́, дёшь.
Грясти́, aller,	—	гряду́, дёшь.
Класть, poser,	кла́дывать,	кладу́, дёшь.
Красть, dérober,	кра́дывать,	кра́ду, дешь.
Прясть, filer,	прядáть,	пряду́, дёшь.
Сѣсть, être assis,	} Voyez les observations.	
Пасть, tomber,		
Гнесть, serrer,	гнетáть,	гнету́, тёшь.
Мести́, balayer,	метáть,	мету́, тёшь.
Мясти́, troubler,	мятáть*,	мяту́, тёшь.
Плесть, tresser,	плетáть,	плету́, тёшь.
Рости́, crottre,	ростáть*,	росту́, тёшь.
Рѣсти́, aller,	рытáть,	рыту́, тёшь.

Infinitif.	Infin. itér.	Présent.
Цвѣсть, fleurir,	цвѣтать *,	цвѣту́, тёшь.
Честь, lire,	—	чту́, тёшь.
Везти́, transporter,	—	везу́, зёшь.
Грызть, ronger,	грызать,	грызу́, зёшь.
Лѣзть, grimper,	лѣзать,	лѣзу, зешь.
Ползти́, ramper,	—	ползу́, зёшь.
Несть, porter,	—	несу́, сёшь.
Пасти́, faire paître,	пасать *,	пасу́, сёшь.
Трясти́, secouer,	трясать,	трясу́, сёшь.
Клясть, maudire,	клинать *,	кляну́, нешь.

Observations.

1. Parmi ces verbes, ceux qui ont le présent en бу, зу, су, forment leur prétérit en changeant y en ъ, ла, ло (§ 100) ; mais ceux qui l'ont en ду et ту changent ду et ту en лъ, ла, ло, et de même кляну́ fait клялъ, ла, ло. Il faut excepter росту́ qui fait росъ, слá, слó.

2. Parmi ces verbes, ceux qui sont actifs forment leur participe prétérit passif du présent en changeant y en енный, excepté клясть qui fait кляный.

3. Les verbes пасть et сѣсть sont les infinitifs parfaits de пáдать, tomber, et сидѣть, être assis (§ 119) ; *prét. parf.* палъ et сѣлъ, *fut. parf.* паду́, дёшь et сяду, дешь, *impér. parf.* пади et сядь.

4. Le verbe рѣсти n'est plus usité que dans ses composés ; comme срѣтáть, aller à la rencontre ; обрѣтáть, trouver ; пріобрѣтáть, acquérir ; изобрѣтáть, inventer. Tous ces composés ont à l'*infin. parf.* рѣсти́, au *prét. parf.* рѣлъ, au *futur parf.* рѣту́, ёшь.

III. Verbes qui s'écartent de la formation dans certains temps ou à certaines personnes.

Бѣжать, courir, *prés.* бѣгу́, жи́шь, жи́тъ, жи́мъ, жи́ше, гу́тъ, *impér.* бѣги́.

Ипти́, aller, *prés.* иду́, де́шь, *prét.* шёлъ, шла, шло, *impér.* иди́, *impér. parf.* поди́, *part. prét.* ше́дшій.

Хотѣпь, vouloir, *prés.* хочу́, хо́чешь, хо́четъ, хоши́мъ, хоти́те, хоти́тъ.

Ѣсшь, manger, *inf. itér.* ѣда́ть, *prés.* ѣмъ, ѣшь, ѣстъ, ѣди́мъ, ѣди́те, ѣди́тъ, *prét.* ѣлъ, *impér.* ѣшь, *gérond.* ѣдя́, *part. prét.* ѣвшій, *part. pass.* ѣденный.

Ѣхашь, aller, *prés.* ѣду, дешь, etc.

CHAPITRE SIXIÈME.

De l'adverbe.

§ 136. L'*adverbe* (нарѣ́чіе) est un mot indéclinable qui s'ajoute au verbe ou à l'adjectif pour déterminer les véritables circonstances qui accompagnent nos idées et nos actions. Considérés sous le rapport de leur signification, les adverbes expriment :

1. Le *lieu* (мѣ́сто) ; comme гдѣ, où ; бли́зко, proche ; вездѣ́, partout ; внутри́, en dedans ; внѣ, dehors ; далёко, loin ; здѣсь, ici ; инде, autre part ; нѣгдѣ, quelque part ; повсю́ду, partout ; сзади, par derrière ; тамъ, тутъ, là, marquant le lieu *où l'on est;* куда́, où ; сюда́, ici ; туда́, là ; нѣкуда, quelque part ; никуда́, nulle part ; вонъ, dehors ; прочь, loin, marquant le lieu *où l'on va;* откуда, d'où ; отсю́да, d'ici ; отту́да, de là ; издалека́, de loin, marquant le lieu *d'où l'on vient.*

2. Le *temps* (врéмя) ; comme вдругъ, soudain ; впредь, dorénavant ; всегда́, toujours ; встарь, jadis ; вчера́ ou вчерáсь, hier ;

давнó, depuis longtemps; днесь, aujourd'hui; доколь, jusqu'à quand; донынѣ, jusqu'à présent; дрéвле, anciennement; зáвтра, demain; иногдá, quelquefois; когдá, quand; никогдá, jamais; нынѣ, maintenant; нѣкогда, une fois, un jour; пóздо ou пóздно, tard; пóслѣ, ensuite; пóслѣ зáвтра, après-demain; прéжде, auparavant; рáно, de bonne heure; скóро, vite; тепéрь, à présent; тогдá, alors; тóтчасъ, tout à l'heure; ужé, déjà; чáсто, souvent.

3. La *qualité* (кáчество); comme всýе, inutilement; напрáсно, vainement; дрýжески, amicalement; полéзно, utilement; трýдно, difficilement; тщéтно, en vain; хорошó, bien; хýдо, mal.

4. La *quantité* (колúчество); comme довóльно, assez; колúко, combien; мáло, peu; мнóго, beaucoup; немнóго, un peu; пóлно, assez; скóлько, combien; снóлько, autant; слúшкомъ, trop; óчень, fort; почти́, à peu près; чушь, presque; однáжды, une fois; двáжды, deux fois; однокрáтно, une seule fois; многокрáтно, plusieurs fois.

5. L'*ordre* (порядокъ); comme впервы́е, premièrement; сперва́, en premier lieu; опя́ть, de nouveau; ещё, encore; внóвь, снóва, de nouveau; потóмъ, ensuite.

6. L'*affirmation* (утверждéніе); comme да, oui; и́стинно, en vérité; конéчно, certainement; прáво, vraiment; такъ, ainsi, oui; тóчно, précisément.

7. La *négation* (отрицáніе); comme не, ne pas; никáкъ, nullement; ни мáло, point du tout; нѣтъ, non.

8. Le *doute* (сомнѣ́ніе); comme авóсь, авóсьлибо, peut-être.

9. La *comparaison* (уподоблéніе); comme бýдто, comme; влáсно, également; подóбно, semblablement; равнó, de même; такъ, ainsi.

10. L'*interrogation* (вопрошéніе); comme какъ, comment; когдá, quand; для чегó, зачѣмъ, pourquoi.

§ 137. On peut aussi regarder comme adverbes 1) plusieurs substantifs qui n'ont point d'autre cas que l'instrumental;

comme óптомъ, en gros; ничкóмъ, sur le devant; тайкóмъ, en
secret; леткóмъ, en courant; пѣшкóмъ, à pied; нарóкомъ, à
dessein; 2) d'autres qui à l'instrumental ont une signification
différente; comme верхóмъ, à cheval; дáромъ, gratis; кругóмъ,
à la ronde; 3) les expressions suivantes : днёмъ, de jour;
такимъ óбразомъ, de cette manière; наконéцъ, enfin; мóжетъ
бытъ, peut-être; дóма, à la maison (sans tendance) ; домóй, à
la maison (avec tendance); то естъ, c'est-à-dire.

Première Remarque. Les adverbes formés des adjectifs se
terminent ordinairement en o, et sont, comme eux, susceptibles
des degrés de qualification. Ils forment leur comparatif comme
les adjectifs, et leur superlatif en plaçant devant le positif la pré-
position пре, ou les adverbes óчень ou весьмá.

Seconde Remarque. Il y a des adverbes qui, à l'imitation des
adjectifs, forment des diminutifs; comme трýдно, трудненько,
un peu difficilement; рáно, ранéнько, d'assez bonne heure;
хорошó, хорошéнько, assez bien.

CHAPITRE SEPTIÈME.

De la préposition.

§ 138. La *préposition* (предлóгъ) est un mot indéclinable qui
se met devant les autres parties du discours, soit séparément,
pour en marquer le rapport à ce qui précède, soit conjointement,
pour faire partie de leur signification. Ainsi les prépositions sont
séparables ou inséparables. Les prépositions *inséparables* (не-
раздѣльные) ne s'emploient jamais séparément; mais elles ne
forment qu'un seul et même mot avec celui auquel elles se lient.
Il y en a cinq en Russe; ce sont возъ, en haut; вы, dehors;
низъ, en bas; пере, outre, et разъ, séparément; comme воз-
нести, élever; выйти, sortir; низвергáть, précipiter; переѣ-
хать, traverser; разобрáть, disjoindre. Parmi les prépositions

séparables, il y en a qui n'entrent jamais dans la composition des mots, et d'autres qui s'emploient indifféremment soit dans les composés, soit hors des composés. Ces dernières sont au nombre de dix-sept; voyez § 113.

§ 139. Considérées seules, les prépositions ont un régime, c'est-à-dire elles veulent que le nom ou pronom qu'elles précèdent soit mis à tel ou tel cas; c'est ce qu'on verra par la table suivante :

Trente régissent toujours le génitif.

Безъ, безо, sans.

Близь, близко, auprès de, proche de.

Вдоль, le long de.

Вмѣсто, au lieu de, à la place de.

Внутрь, внутри, au dedans de.

Внѣ, hors de.

Возлѣ, auprès de, à côté de.

Для, pour, à cause de, pour l'amour de.

До, даже до, jusqu'à.

Изъ, изо, de.

Кромѣ, окромѣ, hors, hormis, excepté.

Кругъ, вокругъ, округъ, autour de.

Мимо, devant, près de.

Напротивъ, насупротивъ, vis-à-vis de.

Обонпо́лъ, au delà de.

Около, autour de, environ, à peu près.

Окрестъ, autour de, aux environs de.

Опричь, hormis, excepté, à la réserve de.

Отъ, de, de chez, dès, depuis, contre.

Поверхъ, par-dessus, sur.

Подлѣ, auprès de, à côté de.

Позади, derrière.

Поперёгъ, au travers de.

Пóслѣ, après.

Прéжде, прежъ, avant.

Протѝвъ, протѝву, contre, envers.

Рáди, pour, à cause de, pour l'amour de.

Свéрхъ, par-dessus, au delà de, outre.

Средѝ, посредѝ, au milieu de, entre, parmi.

У, chez, auprès de, sur.

Première Remarque. Quelques-unes de ces prépositions sont regardées comme adverbes, si elles sont sans régime; telles sont прéжде, пóслѣ, позадѝ, попéрегъ, etc.

Seconde Remarque. La préposition рáди se met quelquefois après son complément; comme тогó рáди, c'est pourquoi; Бóга рáди, pour l'amour de Dieu.

Une régit toujours le datif.

Ко, къ, à, vers, chez, pour.

Trois régissent toujours l'accusatif.

Про, de, pour.

Сквозь, par, à travers.

Чéрезъ, чрезъ, à travers, durant, moyennant, dans, pendant.

Une régit toujours l'instrumental.

Междý, межъ, промéжъ, entre, parmi.

Remarque. On trouve quelquefois cette préposition avec le génitif, surtout en poésie.

Une régit toujours le prépositional.

При, auprès de, en présence de, sous le règne de.

Quatre régissent en général

l'*accusatif*,	et	l'*instrumental*,
lorsqu'il y a du mouvement		lorsqu'il n'y a pas
d'un lieu à un autre.		de mouvement.

За, derrière, après, au delà de, par, pour.

Надъ, sur, au-dessus de, par-dessus.

Подъ, sous, au-dessous de, auprès de.

Предъ, avant, devant.

Trois régissent en général

l'*accusatif*,	et	le *prépositional*,
lorsqu'il y a du mouvement		lorsqu'il n'y a pas
d'un lieu à un autre.		de mouvement.

Во, въ, dans, à, en, pour.

На, sur, à, contre, en, pour, vers.

О, объ, contre, de, sur, touchant.

Deux régissent différents cas suivant leur signification.

По, { avec le *datif*, par, suivant, selon, en.
{ avec l'*accusatif*, jusqu'à, chez.
{ avec le *prépositional*, après.

Со, съ, { avec le *génitif*, de, dès, depuis.
{ avec l'*accusatif*, de, comme (pour la comparaison).
{ avec l'*instrumental*, avec.

Remarque. On peut aussi regarder comme prépositions les expressions suivantes : посрéдствомъ (avec le génitif), au moyen de ; вопреки́ (avec le datif), en dépit de ; исключáя (avec l'accusatif), excepté ; не смотря́ на (avec l'accusatif), malgré ; спустя́ (avec l'accusatif), après. Cette dernière se place avant ou après son complément.

§ 140. Parmi les prépositions, quelques-unes sont *entières*, comme во, ко, со; d'autres sont *apocopées*, comme въ, къ, съ, et d'autres sont *allongées*, comme бézо, йзо, нáдо, etc. Les prépositions apocopées въ, къ et съ se placent ordinairement devant les mots qui commencent par une voyelle ou par une seule consonne; ex. въ нéбѣ, dans le ciel; къ Алексáндру, à Alexandre; съ людьмй, avec les gens. Les prépositions entières et allongées во, ко, со, бézo, нáдо, йзо, óбо, etc., se placent devant les mots qui commencent par deux consonnes; ex. во врéмя, dans le temps; ко мнѣ, chez moi; со стрáхомъ, avec frayeur; бézo всякой причйны, sans aucune raison; надо мнóю, sur moi. — Il en est de même des prépositions inséparables взо, нйзо, рáзо; voyez § 113.

§ 141. Il arrive quelquefois qu'un nom est précédé de deux prépositions; alors c'est la première qui régit le cas; ex. я вынулъ кнйги изъ подъ столá, je retirai les livres de dessous la table; онъ выскочилъ изъ за кустá, il se précipita de derrière le buisson. Il y a ellipse dans ces phrases, et la construction pleine est я вынулъ кнйги изъ столá, подъ котóрымъ онѣ бьли, je retirai les livres de la table sous *laquelle ils étaient;* онъ выскочилъ изъ кустá, за котóрымъ скрывáлся, il se précipita du buisson derrière *lequel il s'était caché.*

CHAPITRE HUITIÈME.

De la conjonction.

§ 142. La *conjonction* (сою́зъ) est un mot indéclinable qui sert à lier les différentes parties du discours. Les conjonctions peuvent être

1. *Copulatives* (соединйтельныя) : и, et; тáкже, aussi; не тóлько . . . но и, non-seulement . . . mais encore; ни, ni.

2. *Disjonctives* (раздѣлйтельныя) : йли, ou; лйбо, ou bien.

3. *Conditionnelles* (условные) : éжели, éстьли ou éсли, si, au cas que ; бýде, si, quand ; éжели тóлько, pourvu que ; рáзвѣ, à moins que ; хотя́ бы, quand même.

4. *Adversatives* (протившвительные) : а, но, mais ; однáко, cependant, néanmoins.

5. *Causatives* (винословные) : и́бо, car ; дабы́, afin que, pour que ; поели́ку, понéже, потомý что, parce que ; что, que ; чтобы́, afin que.

6. *Concessives* (позволи́тельные) : хотя́, quoique ; прáвда, à la vérité ; пусть, пускáй, que, quoique.

7. *Comparatives* (уравни́тельные) : какъ, comme ; такъ какъ, ainsi que, de même que ; чѣмъ . . . тѣмъ, plus . . . plus.

8. *Conclusives* (заключи́тельные) : и такъ, ainsi ; ýбо, or, donc ; тогó рáди, c'est pourquoi ; по семý, par conséquent ; слѣ́довательно, conséquemment ; впрóчемъ, au reste.

§ 143. On peut aussi rapporter aux conjonctions les *enclitiques*[1], c'est-à-dire des particules qui s'appuient sur le mot précédent, avec lequel elles semblent ne faire qu'un tout. Ce sont ли ou ль, же ou жъ, et бы ou бъ. Ces particules par elles-mêmes ne signifient rien ; mais jointes à un mot, elles en augmentent l'énergie, ou en modifient le sens.

1. La particule ли, après le premier mot de la phrase, marque l'interrogation ; ex. давнó ли вы читáли э́ту кни́гу, y a-t-il longtemps que vous avez lu ce livre?

2. La particule же répond aux mots *même, donc;* ex. такѝмъ же óбразомъ, de cette même manière ; читáйте же, lisez donc.

3. La particule бы sert à former le subjonctif ou le conditionnel ; voyez § 124.

---

[1] Du Grec ἐγκλίνω, je m'appuie. En Français, il y a aussi de ces particules, telles que *da, ci, la* dans *oui-da, ceci, cela.*

CHAPITRE NEUVIÈME.

De l'interjection.

§ 144. L'*interjection* (междомѣтіе) est un mot indéclinable dont on se sert pour exprimer un mouvement de l'âme. Il y a autant d'interjections qu'il y a de passions différentes; cependant il y a certains mots qui sont principalement adaptés à divers sentiments. Ce sont :

1. Pour la *joie :* ýра, исполáть, bon ! voilà qui est bon ! гa, ah !

2. Pour la *douleur :* ахъ, hélas ! ай, aïe ! увы́, hélas ! ouais ! гóре, ô malheur ! жаль, hélas !

3. Pour la *surprise :* о, oh ! Бóже мой, bon Dieu !

4. Pour l'*aversion :* фy, fi ! fi donc !

5. Pour l'*encouragement :* ну, çà ! ну пойдёмъ же, çà, allons ! нýже, courage !

6. Pour le *silence :* стъ, chut ! цыцъ, paix !

7. Pour *appeler :* эй, hé ! holà ! кто тутъ, holà quelqu'un !

TROISIÈME PARTIE.

SYNTAXE.

§ 145. La syntaxe (словосочинéніе)[1] est la partie de la grammaire qui traite des règles de l'union mutuelle des mots, ainsi que de leur arrangement, suivant le génie de la langue. La syntaxe comprend

1) La concordance et le régime ;
2) La construction ;
3) Les idiotismes.

§ 146. Les fautes à éviter dans la syntaxe sont les barba·rismes et les solécismes. Un *barbarisme*[2] est l'emploi d'un mot formé contre les règles de l'analogie, ou contre les changements réguliers des mots. Un *solécisme*[3] est une faute que l'on fait en construisant, contre les règles de la grammaire, les mots connus et adoptés par l'usage.

---

[1] De σύν, ensemble, et τάσσω, j'arrange.

[2] De βαρβαρισμὸς, de βάρβαρος, un barbare, parce que les Grecs appelaient *barbares* tous ceux qui ne parlaient pas bien leur langue.

[3] De σολοικισμὸς, de Σόλοικοι, habitants de Soles, ville de Cilicie où s'altéra la pureté du Grec.

CHAPITRE PREMIER.

De la concordance et du régime.

§ 147. La *concordance* (согласованіе) a pour objet un rapport
d'identité entre deux ou plusieurs mots qu'on doit faire accorder
en genre, en nombre et en cas. Le *régime* (управлéніе) indique
le rapport de détermination d'un mot à un autre mot, lorsqu'on
doit joindre un substantif à un autre substantif ou à un adjec-
tif, un verbe à un autre verbe ou à une conjonction, etc. Les
règles que la syntaxe prescrit sur la concordance et sur le ré-
gime sont ici rangées sous neuf articles, selon le nombre des
parties du discours (§ 40).

ARTICLE PREMIER.

Syntaxe des substantifs.

§ 148. Le substantif qui est le sujet de la phrase ou qui ré-
pond à la question *qui est-ce qui?* se met au nominatif; ex. Богъ
сотворйлъ міръ, Dieu a créé le monde; кшо основáлъ сей гó-
родъ? Пётръ Велйкій, qui a fondé cette ville? Pierre le Grand.

§ 149. Lorsque deux ou plusieurs substantifs désignent une
même personne ou une même chose, ils se mettent au même
cas; ex. гóродъ Аөйны, la ville d'Athènes; у Цицерóна, орáтора
Римлянина, chez Cicéron, l'orateur romain.

§ 150. Lorsque deux substantifs, exprimant des choses diffé-
rentes, doivent être ensemble sans copule, celui qui répond à la
question *de qui? de quoi?* se met au génitif sans préposition;
ex. жаръ сóлнца, la chaleur du soleil; ведрó водьí, un seau
d'eau; сынъ отéчества, le fils de la patrie. Il y a quelques
exceptions.

1. Quelquefois au lieu du génitif on met le datif; ex. хозяинъ дому, le maître de la maison; господинъ имѣнію, le seigneur d'une possession; роспись книгамъ, un catalogue de livres; лавка товарамъ, une boutique de marchandises; цѣна мѣстамъ, le prix des places.

2. Le substantif охотникъ, amateur, veut le génitif avec la préposition до; ex. онъ охотникъ до лошадей, il est amateur de chevaux; она охотница до рисованія, elle a du goût pour le dessin.

3. Le substantif désignant la matière dont une chose est faite se met au génitif avec la préposition изъ; ex. столбъ изъ бѣлаго мрамора, une colonne de marbre blanc.

4. Avec les substantifs de mesure on met quelquefois l'instrumental avec la préposition съ; ex. кадка съ водою, une cuvette d'eau; горшёкъ со цвѣтами, un pot de fleurs.

5. Les substantifs достатокъ, изобиліе, abondance; недостатокъ, disette; нужда, besoin; успѣхъ, succès, veulent le prépositional avec la préposition въ; ex. изобиліе въ съѣстныхъ припасахъ, l'abondance des vivres; мнѣ нужда въ деньгахъ, j'ai besoin d'argent; успѣхъ въ предпріятіи, le succès d'une entreprise.

6. Les substantifs propres et communs, suivant le génie de la langue russe, sont très-souvent transformés en pareille occasion en adjectifs possessifs (§ 72); ex. Александрова побѣда, la victoire d'Alexandre; Ломоносовы оды, les odes de Lomonossow; медвѣжья кожа, une peau d'ours; мраморный столбъ, une colonne de marbre. Mais cette tournure ne pourrait pas avoir lieu si le substantif était accompagné d'un adjectif; comme побѣда Александра Великаго, la victoire d'Alexandre le Grand; кожа бѣлаго медвѣдя, une peau d'ours blanc.

§ 151. Les substantifs qui se joignent aux substantifs propres ou communs pour marquer leur qualité ou leur similitude, se mettent à l'instrumental; ex. родомъ Россіянинъ, Russe d'origine; онъ силою Геркулесъ, c'est un Hercule pour la force.

ARTICLE DEUXIÈME.

Syntaxe des adjectifs.

§ 152. L'adjectif s'accorde en genre, en nombre et en cas avec son substantif, et se place ordinairement avant lui; mais si c'est un substantif propre, l'adjectif se met après; ex. искренній другъ, un ami sincère; большáя долńна, une grande plaine; разýмное существó, un être raisonnable; пріятныя знакómства, d'agréables connaissances; Пётръ Велńкій, Pierre le Grand.

Remarque. Les noms de nombre et les pronoms adjectifs, ainsi que les participes, suivent la même règle; ex. пéрвые начáшки, les premiers principes; процвытáющее государство, un empire florissant.

§ 153. Lorsqu'un adjectif se rapporte à deux ou plusieurs substantifs, il se met au pluriel, en observant que si les substantifs sont de différents genres, l'adjectif se met de préférence au genre le plus noble; ex. Екатерńна Вторáя и Александръ Пéрвый, рождéнные для прославлéнія Россńи, Catherine II et Alexandre Iᵉʳ, nés pour illustrer la Russie. Mais quelquefois l'adjectif s'accorde avec le substantif le plus proche; ex. мой отéцъ и мать, mon père et ma mère; братъ и сестрá моя, mon frère et ma sœur.

Remarque. Un substantif se trouvant avec deux ou plusieurs adjectifs qui expriment différentes espèces d'un même genre, se met aussi au pluriel; ex. Французскій и Рýскій языкń, les langues française et russe.

§ 154. Les adjectifs au comparatif veulent après eux le génitif, et le *que* français se retranche; ex. прáвда яснѣе сóлнца, une vérité plus claire que le soleil; онъ бóльше меня, il est plus grand que moi [1]. Mais si l'on exprime le *que* par нéжели, ou какъ,

____

[1] On sous-entend alors la préposition прóтивъ, *en comparaison*

ou чѣмъ, alors le second terme se met au même cas que le premier ; ex. страсти дѣйствуютъ надъ молодыми людьми сильнѣе, нежели разумъ, les passions agissent sur les jeunes gens plus fortement que la raison ; прилѣжнаго ученика больше хвалятъ, какъ лѣниваго, on loue plus un écolier diligent qu'un paresseux.

§ 155. Les adjectifs au superlatif se construisent avec изъ et le génitif, ou avec между et l'instrumental ; ex. блаженнѣйшій изъ смертныхъ, le plus heureux des mortels ; прекраснѣйшій между цвѣтами, la plus belle des fleurs.

§ 156. Plusieurs adjectifs se construisent avec un cas déterminé.

1. Les adjectifs достойный, digne; полный, plein, veulent le génitif ; ex. достойный награды, digne de récompense ; жизнь полна бѣдствій, la vie est pleine de misères.

2. Les adjectifs qui marquent la *parenté*, la *bienséance*, la *propriété*, l'*utilité*, la *nécessité*, la *soumission*, ou quelque *rapport* mutuel entre les objets, veulent le datif ; ex. Богу угодный, agréable à Dieu ; отечеству полезный, utile à la patrie ; вѣрный государю, fidèle au souverain ; это не прилично честному человѣку, cela ne sied pas à un honnête homme.

3. Les adjectifs алчный, avide ; годный, propre ; готовый, prêt ; сострадательный, compatissant ; щедрый, généreux, et en général ceux qui expriment la *disposition*, l'*inclination*, ou l'*aptitude*, veulent le datif avec la préposition къ ; ex. я готовъ къ вашимъ услугамъ, je suis prêt à votre service ; прилѣжный къ исполненію своей должности, exact à remplir son devoir ; онъ жалостливъ къ бѣднымъ (ou до бѣдныхъ), il est charitable

---

de. Les Latins mettaient l'ablatif en sous-entendant *præ*, et les Grecs le génitif en sous-entendant πρὸ, deux prépositions qui répondent à противъ ; comme *veritas clarior* (*præ*) *sole;* μείζων (πρὸ) ἐμοῦ.

envers les pauvres; жа́дный къ бога́тству, avide de richesses ;
пристра́стный къ игрѣ́, adonné au jeu.

Remarque. Les substantifs d'où dérivent ces adjectifs pren-
nent aussi le datif avec къ; ex. жа́жда къ бога́тству, la soif des
richesses; стра́сть къ игрѣ́, la passion du jeu; скло́нность къ
уче́нію, le penchant à l'étude.

4. Les adjectifs бережли́вый, soigneux; бро́скій, prompt;
де́рзкій, hardi; похо́жій, semblable; схо́жій, pareil; глухо́й,
sourd; лёгкій, léger; чи́стый, pur, intègre, veulent quelquefois
l'accusatif avec la préposition на; ex. онъ бережли́въ на пла́тье,
il est soigneux de ses habits; онъ похо́жъ на отца́, il ressemble
à son père; онъ глухъ на одно́ у́хо, il est sourd d'une oreille;
онъ лего́къ на́-ногу, il est fort leste; э́тотъ слуга́ нечи́стъ на́-
руку, ce serviteur n'est pas fidèle (a les doigts trop longs).

5. Les adjectifs qui marquent quelque qualité ou quelque im-
perfection, comme la *force*, la *faiblesse*, la *grandeur*, la *petitesse*,
la *beauté*, la *laideur*, la *richesse*, la *pauvreté*, le *contentement*,
lorsqu'ils se rapportent aux personnes, régissent l'instrumental ;
ex. бога́тый де́ньгами, riche en argent; си́льный слова́ми, fort
en paroles; бѣ́дный у́момъ, pauvre d'esprit; высо́кій ро́стомъ,
grand de taille; онъ бо́ленъ зуба́ми и головою, il a mal aux
dents et à la tête; онъ дово́ленъ жре́біемъ, il est content de son
sort; чи́стый се́рдцемъ, qui a le cœur net.

6. Les adjectifs qui marquent l'*habileté*, l'*exactitude*, la *per-
sévérance*, la *modération*, veulent le prépositional avec la prépo-
sition въ; ex. искусный въ матема́тикѣ, versé dans les mathé-
matiques; уме́ренный въ расхо́дахъ, modéré dans les dépenses;
et de même изоби́льный, abondant; счастли́вый, heureux, et
les participes зна́ющій et свѣ́дущій, expérimenté.

ARTICLE TROISIÈME.

Syntaxe des noms de nombre.

§ 157. Les noms de nombre se construisent avec les substantifs de différentes manières.

1. Одинъ, un, et tous les nombres ordinaux suivent la règle des adjectifs (§ 149) ; cependant ils peuvent être suivis d'un génitif pluriel avec la préposition изъ ; ex. одинъ изъ мужиковъ, un des paysans ; пéрвый изъ филóсофовъ, le premier des philosophes. Lorsque одинъ est joint à un autre nombre pour former un nombre composé, il veut le substantif au singulier ; ex. сóрокъ однá лóшадь, quarante-un chevaux.

2. Два, deux ; óба, tous les deux ; три, trois ; четы́ре, quatre, veulent le substantif qui les suit au génitif singulier [1] ; et de même lorsqu'ils forment un nombre composé, en observant que два et óба s'accordent en genre avec le substantif ; ex. два слугú, deux serviteurs ; óбѣ вéщи, les deux choses ; три госудáря, trois souverains ; четы́ре сту́ла, quatre chaises ; двáдцать два короля́, vingt-deux rois.

Remarque. On dit et on écrit два рублú, deux roubles ; два

---

[1] M. Vater suppose, dans sa grammaire, page 74, que cela vient de ce que dans plusieurs substantifs le génitif singulier est semblable au nominatif pluriel, qu'on s'est d'abord servi du premier à défaut du second, et qu'ensuite l'usage a voulu qu'on l'employât toujours. Il appuie sa supposition en disant qu'en Polonais on met ordinairement le nominatif pluriel après ces nombres. — Le professeur Schlözer au contraire prétend, et avec raison, que ce génitif singulier n'est autre chose que le nominatif duel qu'avait primitivement la langue slavonne ; voyez plus haut § 45.

дни, три дни, deux jours, trois jours, et non два дня, два рубля́.

3. Пять, cinq, et les nombres cardinaux suivants, veulent le substantif qui les suit au génitif pluriel ; ex. пять чувствъ, les cinq sens ; двьнадцать мѣсяцевъ, douze mois ; сорокъ дней, quarante jours.

Mais si ces nombres, два, три, четыре, пять, etc., sont à un autre cas qu'au nominatif ou à l'accusatif, ils s'accordent en cas avec leur substantif ; ex. съ четырьмя́ сыновьями, avec quatre fils ; къ двумъ деревамъ, vers deux arbres ; пятью́ пальцами, avec les cinq doigts ; въ сорока верстахъ, à quarante verstes. Il faut excepter le pluriel de сто, cent; тысяча, 'mille, et милліонъ, million, qui veulent toujours le génitif pluriel; ex. съ тремя́ стами судовъ, avec trois cents vaisseaux ; на тысячу рублей, pour mille roubles.

Une singularité plus remarquable, c'est que si le substantif au génitif singulier ou pluriel après ces nombres est accompagné d'un adjectif, cet adjectif se met au nominatif pluriel ou au génitif pluriel ; ex. два каменные (ou каменныхъ) дома, deux maisons de pierre; три военные (ou военныхъ) корабля, trois vaisseaux de guerre ; цѣлые (ou цѣлыхъ) семь дней, sept jours entiers. Mais dans les autres appositions l'adjectif s'accorde avec le substantif; comme въ четырёхъ военныхъ корабляхъ, sur quatre vaisseaux de guerre.

4. Двое, deux; трое, trois; четверо, quatre; пятеро, cinq, etc., veulent aussi le génitif pluriel; ex. двое купцёвъ, deux marchands; трое бѣглыхъ, trois fugitifs; десятеро разбойниковъ, dix brigands. Les nombres ne s'emploient sous cette forme que lorsqu'il est question de gens d'une basse condition, ou bien pour les substantifs usités seulement au pluriel; alors dans ce dernier cas ils se changent en и ou ы, et s'accordent avec le substantif; ex. двои сани, deux traîneaux ; четверы часы́, quatre montres.

5. Les nombres distributifs composés de полъ, tels que полтора́, un et demi ; полтретья́, deux et demi, etc., veulent le

substantif qui les suit au génitif singulier, lorsqu'ils sont au nominatif et à l'accusatif; mais aux autres cas ils s'accordent avec le substantif; ex. полтора́ го́да, un an et demi; о́коло полу́тора го́да, environ un an et demi; полтретьи́ версты́, deux verstes et demie; бо́льше получе́твертыхъ рубле́й, plus de trois roubles et demi.

6. Les noms de nombre placés après le substantif expriment alors une quantité approximative; ex. челове́къ два́дцать, environ vingt hommes; шаго́въ на́-сто, à cent pas à peu près.

Remarque. Les substantifs челове́къ, homme; разъ, fois; пудъ, poids de quarante livres; аршинъ, mesure pour les étoffes; солда́тъ, soldat, et quelques autres se mettent au nominatif singulier après les nombres qui veulent le génitif pluriel; comme ты́сяча челове́къ, mille hommes; сто пудъ (ou пудо́въ), cent pouds; де́сятеро солда́тъ, dix soldats. Mais on dit два челове́ка, deux hommes; четы́ре солда́та, quatre soldats.

§ 158. A la question *combien?* les nombres два, три et четы́ре se mettent à l'accusatif avec по, et оди́нъ, пять et les suivants, au datif avec la même préposition; ex. да́йте ка́ждому по́-двѣ копѣ́йки, donnez à chacun (par) deux copecks; я и бра́тъ получи́ли по пяти́ сотъ рубле́й, moi et mon frère nous avons reçu chacun cinq cents roubles.

§ 159. Lorsque l'on veut exprimer la date des années, on se sert du prépositional avec въ; mais il n'y a que le dernier nom de nombre qui soit ordinal et qui se décline; ex. въ ты́сяча во́семь сотъ два́дцать пе́рвомъ году́, en mil huit cent vingt-un; et pour exprimer le quantième du mois, on se sert aussi du nombre ordinal qu'on met au génitif; ex. онъ уѣхалъ шеста́го Генваря́, il est parti le six Janvier. Mais si l'on demande : кото́рое у насъ сего́ дня число́, quel jour du mois avons-nous aujourd'hui? le nombre ordinal se met au nominatif neutre, en sous-entendant число́; ex. четвёртое, le quatre; пе́рвое-наде́сять, le onze.

§ 160. Si l'on veut exprimer l'âge d'une personne à une cer-

taine époque, on se sert du nombre cardinal que l'on met au génitif; ex. онъ женился тридцати, а умеръ семидесяти лѣтъ,
il s'est marié à trente ans, et il est mort à soixante-dix ; et de
même dans les phrases suivantes : младенецъ одного году, un
enfant d'un an ; старикъ восьмидесяти лѣтъ, un vieillard de
quatre-vingts ans. Mais dans ce dernier cas on forme plutôt un
adjectif composé ; comme восьмидесятилѣтній старикъ, un
vieillard octogénaire.

§ 161. Les mots *ans, années*, s'expriment par года, génitif
singulier de годъ, après les nombres два, три, четыре, et après
les autres nombres par лѣтъ, génitif pluriel de лѣто, *un été;*
ex. тридцать три года, trente-trois ans ; сорокъ лѣтъ, quarante années. Cependant si два, три, четыре, sont à un autre
cas qu'au nominatif et à l'accusatif, on se sert aussi du pluriel
de лѣто; ex. около трёхъ лѣтъ, environ trois ans.

§ 162. Le mot *fois* qui accompagne souvent les nombres s'exprime par разъ; ex. два раза, deux fois; пять разъ, cinq fois.
Cependant l'on dit aussi однажды, дважды, трижды, четырежды,
une, deux, trois, quatre fois, et depuis cinq on se sert des adverbes en ю, comme пятью, шестью, семью, cinq, six, sept fois,
qu'il ne faut pas confondre avec l'instrumental des nombres qui
placent l'accent sur la dernière syllabe. Ces nombres servent à
multiplier; comme дважды два, четыре, deux fois deux font
quatre; шестью шесть, тридцать шесть, six fois six font
trente-six.

Remarque. Nous avons vu (§ 49, *observ.* 3) que quelques
substantifs avaient le génitif singulier en y; mais il faut observer
qu'avec два, три et четыре, ces mêmes substantifs ont le génitif en a.

ARTICLE QUATRIÈME.

Syntaxe des pronoms.

§ 163. Les pronoms personnels se sous-entendent souvent au présent, au futur et à l'impératif, parce que la distinction des personnes y est marquée par la terminaison ; mais ils sont nécessaires dans les temps où la terminaison des trois personnes est semblable, et au présent du verbe substantif qui ne s'exprime pas ordinairement en Russe. En un mot, il faut les exprimer toutes les fois que la clarté et l'harmonie l'exigent.

Remarque. Quand on adresse la parole à quelqu'un, la politesse exige, comme en Français, qu'on se serve de la seconde personne du pluriel ; mais les substantifs et les adjectifs qui s'y rapportent se mettent en Russe au pluriel, tandis qu'en Français ils sont au singulier ; ex. охо́тники ли вы до ры́бной ло́вли, êtes-vous amateur de la pêche ? et en parlant à une femme, вы о́чень счастли́вы, vous êtes très-heureuse.

§ 164. Le datif des pronoms personnels s'emploie quelquefois au lieu des pronoms possessifs, surtout lorsqu'ils sont joints à des substantifs indiquant la parenté ou l'amitié ; ex. онъ мнѣ двою́родный братъ, il est mon cousin germain ; она́ ему́ тётка, elle est sa tante ; онъ мнѣ вѣ́рный другъ, c'est mon véritable ami.

§ 165. Les pronoms possessifs se formant des pronoms personnels, il s'ensuit que *mon* signifie *de moi ; ton, de toi ; son, de lui, d'elle,* etc. En Français on se sert de *son, sa, ses, leur, leurs,* non-seulement dans le rapport réfléchi, c'est-à-dire, lorsque ces pronoms se rapportent au sujet de la phrase, mais encore lorsque le rapport n'est pas réfléchi ; on dira, par exemple, *il racontera ses aventures,* et *je raconterai ses aventures.* Mais en Russe on met une différence : on exprimera ces pronoms par свой, своя́, своё, s'ils se rapportent au sujet de la phrase ; et s'ils ne s'y rapportent pas, on les exprimera par егó, eй, ихъ, ou par óнаго, óпой, óныхъ, suivant qu'ils signifieront *de lui, d'elle, d'eux* ou *d'elles* [1]; ex. онъ разскáжетъ свои похождéнія, il racontera ses (*propres*) aventures; я разскажý егó похождéнія, je raconterai ses aventures (*les aventures de lui*); я знáю eй мýжа, je connais son mari (*le mari d'elle*); добродѣтель ихъ достóйна похвалы́, leur vertu (*la vertu d'eux, d'elles*) est digne de louange; они́ стрóго воспи́тывали свои́хъ дѣтéй, ils élevaient sévèrement leurs (*propres*) enfants.

§ 166. Les pronoms relatifs joints à un verbe se changent souvent en participes dans le style élevé, suivant le génie de la langue slavonne-russe; ex. au lieu de тотъ, котóрый почитáетъ Бóга, celui qui honore Dieu, on dira почитáющій Бóга. — Le pronom relatif что s'emploie quelquefois au lieu de котóрый, dans le discours familier, pour la brièveté; ex. кто съ тобóю говори́лъ? тотъ, что со мнóю слýжитъ, qui te parlait? celui qui sert avec moi. Lomonossow s'en est aussi servi dans quelques occasions; ex.

> О ты, что въ гóрести напрáсно
> На Бóга рóпщетъ, человѣкъ [1]

ô toi, homme, qui dans l'affliction murmures injustement contre Dieu !

§ 167. Le pronom interrogatif что s'emploie quelquefois avec la préposition за et le nominatif; что за человѣкъ, quel est cet homme? что за шумъ, quel est ce bruit [2]? Si l'on supprime за, что veut alors le génitif; ex. что нýжды, quel besoin? что тебѣ шамъ дѣла, quelle affaire as-tu là? что дéнегъ издéржано, quel argent (combien d'argent) a-t-on dépensé? — Le pronom

---

[1] C'est exactement la différence qui existe en Latin entre *suus*, et *ejus, eorum;* comme *casus suos narrabit,* et *casus ejus narrabo.*

[2] Cette construction répond au germanisme was für ein Mann?

чей, чья, чьё, s’accorde en genre, en nombre et en cas avec son substantif; ex. чей ѐтотъ домъ, à qui est cette maison? чьё стадо, à qui appartient ce troupeau? (comme le Latin *cujum pecus?*)

§ 168. Le pronom indéfini нѣсколько veut aussi le génitif; ex. нѣсколько времени, quelque temps; нѣсколько дней, quelques jours. Mais s’il est à un autre cas qu’au nominatif et à l’accusatif, il s’accorde avec son substantif; ex. въ теченіе нѣсколькихъ мѣсяцевъ, dans l’espace de quelques mois.

§ 169. Le pronom indéfini *on* ou *l’on* (altération de *homme* ou *l’homme*) s’exprime en Russe : 1) par la troisième personne du pluriel en sous-entendant люди; ex. говорятъ, on dit; говорили, on disait; почитаютъ умныхъ, а презираютъ незнающихъ, on estime les savants, et l’on méprise les ignorants ; 2) par la seconde personne du singulier, surtout dans le langage familier; ex. не всякому угодишь, on ne saurait contenter tout le monde (comme le Latin *non unicuique satisfeceris*) ; 3) par всѣ; ex. всѣ вообще думаютъ, on croit généralement.

ARTICLE CINQUIÈME.

Syntaxe des verbes.

§ 170. Lorsqu’un verbe a deux ou plusieurs sujets singuliers, il se met au pluriel; et si ces sujets sont de différentes personnes, il se met, comme en Français, à la personne la plus noble; ex. роскошь и праздность суть вредны, le luxe et la paresse sont pernicieux ; братъ мой и я радуемся, что вы и матушка ѣдете къ намъ, mon frère et moi, nous sommes bien aises de ce que vous et votre mère, vous venez chez nous. Mais les verbes qui ont pour sujets des nombres cardinaux, ou des adverbes de quantité, se mettent au singulier et au neutre; ex. бьётъ три часа, trois heures sonnent, ou il sonne trois heures; было одиннадцать часовъ, onze heures ont sonné; протекло много вѣковъ, il s'est écoulé bien des siècles; прошлó шестьдесятъ лѣтъ, soixante ans se sont passés.

§ 171. Les verbes actifs, comme dans les autres langues où le rôle logique du substantif est indiqué par les cas, gouvernent ordinairement à l'accusatif le nom sur lequel tombe l'effet de l'action; ex. Богъ сотворѝлъ нéбо и зéмлю, Dieu a créé le ciel et la terre; славнѣйшую шопъ получáетъ побѣду, кто себя самогó побѣждáетъ, celui-là remporte la plus glorieuse victoire, qui sait se vaincre lui-même. Mais si le verbe est précédé de la négation не, alors au lieu de l'accusatif on met le génitif; ex. не умножáйте несчáстія своегó, n'augmentez pas votre malheur; онъ никакóй рабóты не окáнчиваешъ, il ne finit aucun ouvrage. Le génitif s'emploie encore pour l'accusatif lorsque le sens de la phrase est partitif, c'est-à-dire, lorsqu'on ne veut désigner qu'une partie des choses dont il est question; ex. дай мнѣ водѝ, donne-moi de l'eau; принесѝ хлѣба, apporte du pain; ou bien lorsqu'on prête une chose pour un certain temps; ex. дай мнѣ этой книгѝ прочéсть, prête-moi ce livre pour le lire; посулѝть комý лóшади, promettre à quelqu'un de lui prêter un cheval [1].

§ 172. Il est des verbes qui se construisent toujours avec le même cas.

1. Les verbes qui marquent le *désir*, l'*attente*, la *demande*, la *privation*, la *crainte*, régissent le génitif; tels sont les suivants : алкáть, désirer ardemment; боя́ться, craindre; держáться, suivre le parti; жáждать, désirer; желáть, souhaiter; избывáшь, éviter; искáть, chercher; исполня́шься, se remplir (aussi l'instrumental); касáшься, toucher (aussi le datif; avec до et le génitif *concerner*); лишáть, priver (accusatif de la personne et génitif de la chose); ожидáть, attendre; опасáться, craindre;

---

[1] L'accusatif dans ces phrases changerait le sens : дай мнѣ вóду, donne-moi *l'eau;* принесѝ хлѣбъ, apporte *le pain;* посулѝть комý лóшадь, promettre à quelqu'un *de lui donner* un cheval.

причащáться, participer; пугáться, s'effrayer; стыдúться,
avoir honte; страшúться, avoir peur; трéбовать, exiger;
удостóиваться, être jugé digne; убѣгáть, éviter; ужасáться,
s'épouvanter; хвашúться, oublier; хотѣть, vouloir; чáять,
s'attendre; чуждáться, fuir. Ex. я вамъ желáю счастлúваго
пути, je vous souhaite un heureux voyage; онъ ожидáетъ отъ
васъ прощéнія, il attend de vous son pardon; я хвашúлся своихъ
часóвъ, j'ai oublié ma montre (en voulant prendre ma montre,
je me suis aperçu que je l'avais oubliée).

Première Remarque. Le verbe просúть, demander, veut aussi
le génitif de la chose et le génitif avec у de la personne; comme
просúть у когó заступлéнія, demander à quelqu'un sa protec-
tion; ou bien l'accusatif de la personne et le prépositional avec
о ou объ de la chose; comme просúть дрýга о пóмощи, deman-
der du secours à un ami. — S'il signifie *se plaindre*, il veut l'ac-
cusatif avec на de la personne et le prépositional avec въ de la
chose; comme просúть на когó въ обúдѣ, porter plainte contre
quelqu'un (en réparation) d'une offense.

Seconde Remarque. Le verbe стóить, coûter, veut aussi le
génitif lorsqu'il n'est pas avec un nom de nombre; comme э́то
сочинéніе стóило емý мнóгихъ трудóвъ, cette composition lui a
coûté beaucoup de peine. Mais s'il est avec un nom de nombre,
il veut l'accusatif; ex. э́ти часы́ мнѣ стóятъ двáдцать чер-
вóнцевъ, cette montre me coûte vingt ducats.

2. Les verbes qui dans les autres langues veulent au datif, le
mot qui répond à la question *à qui* ou *à quoi?* veulent aussi la
plupart le datif en Russe, et de plus les suivants : благодарúть,
rendre grâces (aussi l'accusatif); внимáть, écouter; вѣрить,
croire; грозúть, претúть, menacer; грубúть, traiter grossière-
ment; дивúться, s'étonner; досаждáть, chagriner; завúдовать,
envier; клáняться, saluer; льстить, flatter; отмщáть, venger;
подражáть, imiter; рáдоваться, se réjouir (aussi le prépos. avec
объ); смѣяться, rire (aussi l'instrum. avec надъ de la personne);
спосóбствовать, aider; споспѣшествовáть, seconder; уди-

влят́ься, admirer ; удовлетворя́ть, satisfaire ; учи́ть, enseigner (accusatif de la personne et datif de la chose) ; чуди́ться, être surpris. Ex. кла́няйтесь отъ меня́ ва́шему бра́ту, saluez votre frère de ma part ; удивля́юсь Бо́жію творе́нію, j'admire les œuvres de Dieu ; отмсти́ть непрія́телямъ, se venger de ses ennemis ; благодари́ть Бо́жіей щедро́ть, rendre grâces à la munificence de Dieu.

Remarque. Le verbe моли́ться, prier, veut aussi le datif ; comme моли́ться Бо́гу, prier Dieu. Mais моли́ть, supplier, veut l'accusatif de la personne et le prépositional avec объ de la chose ; ex. моли́ть Бо́га о здра́віи, demander à Dieu la santé.

3. Les verbes suivants gouvernent l'instrumental : быть, être ; владѣ́ть, gouverner ; весели́ться, se réjouir ; гнуша́ться, avoir en horreur ; же́ртвовать, sacrifier (datif de la personne et instrumental de la chose) ; жить, subsister ; звать, appeler ; именова́ться, s'appeler ; кля́сться, jurer ; коры́стоваться, s'approprier ; мѣня́ться, changer ; му́читься, se tourmenter ; наслажда́ться, jouir ; немо́чь, être malade ; наполня́ться, se remplir ; оби́ловать, abonder ; облада́ть, posséder ; одолжа́ть, ссужа́ть, prêter (accusatif de la personne et instrumental de la chose) ; оста́ться, rester ; повелѣва́ть, commander (aussi le datif) ; пожа́ловать, gratifier ; пока́зываться, paraître ; почита́ть, regarder comme ; пра́вить, gouverner ; по́льзоваться, profiter ; предводи́тельствовать, commander ; превозноси́ться, s'enorgueillir ; пренебрега́ть, mépriser ; прозыва́ть, surnommer ; сдѣ́латься, devenir ; слыть, passer pour ; станови́ться, devenir ; управля́ть, gouverner ; учини́ться, devenir ; хвали́ться, se vanter. Ex. я былъ тому́ причи́ною, j'en ai été la cause ; онъ сталъ короле́мъ, il devint roi ; его́ зову́тъ Пе́тромъ, il se nomme Pierre ; онъ завладѣ́лъ всѣмъ госуда́рствомъ, il s'empara de tout le royaume ; одолжи́те меня́ ва́шею кни́гою, prêtez-moi votre livre.

Remarque. Le verbe быть a quelquefois après lui un second nominatif, c'est lorsque l'attribut marque une qualité permanente ;

ex. привы́чка есть друга́я приро́да, l'habitude est une seconde nature ; брать мой былъ солда́тъ, mon frère a été soldat. Mais si l'attribut est de courte durée, il veut alors l'instrumental ; ex. братъ мой былъ солда́томъ во вре́мя после́дней войны́, mon frère a été soldat pendant la dernière guerre. Observons encore que lorsque le verbe есть est sous-entendu, l'attribut est toujours au nominatif.

§ 173. Les autres verbes régissent les cas avec des prépositions.

1. Les verbes composés avec les prépositions во, до, отъ, со, se construisent ordinairement avec les mêmes prépositions ; ex. войти́ въ при́стань, entrer dans le port ; пи́сьма ва́ши дошли́ до меня́, vos lettres me sont parvenues ; отказа́ться отъ ме́ста, renoncer à une place ; вода́ съ горъ схо́дитъ, l'eau descend de la montagne.

a) Ceux qui sont composés avec вы prennent изъ avec le génitif ; ex. они́ его́ вы́ключили изъ о́бщества, ils l'ont exclu de la société ; вы́йти изъ-дому, sortir de la maison.

b) Ceux qui sont composés avec при prennent къ avec le datif ; ex. онъ приго́товился къ-отпо́ру, il s'est préparé à la résistance ; приста́ть къ бе́регу, aborder au rivage.

c) Ceux qui sont composés avec возъ prennent на avec l'accusatif ; ex. всё упова́ние возлага́ю на Бо́га, je mets toute ma confiance en Dieu ; взойти́ на́-гору, monter sur la montagne.

2. Avec отъ et le génitif se construit le régime indirect des verbes блюсти́, храни́ть, garder ; воздёрживать, contenir ; выле́чивать, guérir radicalement ; избавля́ть, свобожда́ть, délivrer ; искупа́ть, racheter ; оберега́ть, préserver ; оборо́нять, défendre ; остерега́ть, avertir ; очища́ть, justifier ; разрѣша́ть, délier ; спаса́ть, sauver ; удаля́ть, éloigner ; уклоня́ть, détourner. Ex. Христо́съ искупи́лъ человѣ́ческій родъ отъ сме́рти, Christ a racheté de la mort le genre humain ; оборо́нять оте́-

чество отъ непріятельскихъ нападéнiй, défendre sa patrie contre les attaques de l'ennemi.

3. Avec къ et le datif se construit le régime indirect des verbes впѳря́ть, diriger (aussi avec въ et l'accusatif) ; нýдить, contraindre; подстрекáть, exciter; подбивáть, inciter; поощря́ть, encourager; склоня́ть, fléchir; устремля́ть, diriger; et de même le régime de благовѣ́ить, respecter; льнимуть ou льнуть, s'attacher. Ex. гнѣвъ подстрекáетъ къ мщéнію, la colère porte à la vengeance; вы склони́ли меня́ къ семý намѣ́ренію, vous m'avez porté à cette résolution; смолá льпнетъ къ рукáмъ, la résine s'attache aux mains.

4. Avec на et l'accusatif se construisent les verbes враждовáть, avoir de la haine; жáловаться, se plaindre; зли́ться, se courroucer; надѣ́яться, espérer, se fier (aussi avec le génitif); опирáться, s'appuyer (aussi avec объ et l'accus.); покушáться, entreprendre; посягáть, se révolter; походи́ть, ressembler; роптáть, murmurer; серди́ться, se fâcher; соглашáться, convenir; ссылáться, s'en rapporter, et en général ceux qui signifient *se plaindre, se fâcher, se fier.* Ex. надѣ́юсь на вáшу ко мнѣ благоскло́нность, je compte sur votre bienveillance; онъ на вáсъ жáлуется, il se plaint de vous; роптáть на судьбý свою́, murmurer contre son sort.

5. Avec въ et l'accusatif se construisent les verbes вѣ́ровать, croire; облачáться, s'habiller; облекáться, se revêtir; обувáться, se chausser; наряжáться, se parer; убирáться, s'ajuster. Ex. вѣ́ровать въ и́стиннаго Бóга, croire au vrai Dieu; наряди́ться въ нóвое плáтье, se parer d'un habit neuf.

6. Avec за et l'accusatif se construisent les verbes брáться, принимáться, entreprendre; вступáться, prendre le parti; ручáться, être garant (aussi avec le prépos. et по); хватáться, saisir; ходáтайствовать, intercéder (aussi avec le prépos. et объ). Ex. вступи́ться за невúннаго, défendre l'innocent; хватáться за шпáгу, saisir son épée; ручáться за когó (ou по

комъ) въ займы́ де́негъ, être caution pour quelqu'un dans un emprunt.

Remarque. L'expression вы́йти за́-мужъ, se marier (en parlant de la femme), prend aussi l'accusatif avec за; ex. она́ вы́шла за́-мужъ за управи́теля, elle a épousé un intendant.

7. Avec съ et l'instrumental se construisent les verbes грани́чить, confiner; встрѣча́ться, rencontrer; соображаться, se conformer; de même que le régime indirect des verbes верста́ть, равня́ть, comparer; знако́мить, faire faire connaissance; мири́ть, réconcilier; повѣря́ть, collationner; поздравля́ть, féliciter; разлуча́ть, séparer; ссо́рить, brouiller. Ex. Россі́я грани́читъ къ ю́гу съ Чёрнымъ мо́ремъ, la Russie est bornée au sud par la mer Noire; я поздра́вилъ его́ съ бра́комъ, je l'ai félicité de son mariage; повѣря́ть спи́сокъ съ по́длинникомъ, collationner la copie sur l'original.

8. Avec за et l'instrumental se construisent les verbes гоня́ться, courir après, poursuivre; смотрѣ́ть, avoir l'inspection (avec на et l'accusatif *regarder*); слѣ́довать, suivre. Ex. присмотрѣ́ть за дѣтьми́, surveiller des enfants; гоня́ться за сча́стіемъ, courir après le bonheur; честь слѣ́дуетъ за добродѣ́телію, la vertu est suivie de la gloire.

9. Avec надъ et l'instrumental se construisent les verbes властительствовать, régner; дѣ́йствовать, agir; издѣва́ться, se moquer; наруга́ться, insulter; насмѣха́ться, se rire, se moquer; нача́льствовать, commander; сжа́литься, avoir pitié; умилосивля́ться, avoir compassion; шути́ть, railler. Ex. сжа́литься надъ бѣ́дными, avoir pitié des malheureux; вы конѣ́чно шу́тите надо-мно́ю, vous vous moquez certainement de moi.

10. Avec о ou объ et le prépositional se construisent les verbes бдѣть, veiller; бесѣ́довать, s'entretenir; говори́ть, parler; горева́ть, se chagriner; милосе́рдовать, avoir compassion; пла́кать, pleurer; пе́чься, s'inquiéter; разсужда́ть, réfléchir; сожалѣ́ть, avoir pitié; сомнѣва́ться, douter (aussi avec въ);

старáться, s'efforcer; утѣшáться, se consoler; умáлчивать, passer sous silence, et en général ceux qui signifient *s'inquiéter, s'affliger*. Ex. утѣшьтесь о смéрти сы́на своегó, consolez-vous de la mort de votre fils; скорбѣ́ть о лишéніи дрýга, s'affliger de la perte d'un ami; старáться о воспитáніи дѣтéй, avoir soin de l'éducation des enfants.

Remarque. Les verbes воспоминáть, se rappeler; дýмать, penser; мы́слить, réfléchir; поминáть, se souvenir; разскáзывать, raconter; провѣ́дывать, s'informer; узнавáть, apprendre, veulent quelquefois, au lieu de l'accusatif, le prépositional avec о ou объ. Ex. воспоминáть о несчáстіи, se rappeler le malheur; о семъ мы́слятъ разли́чно, on pense différemment là-dessus.

11. Avec на et le prépositional se construisent les verbes оснóвываться, se fonder; утвержда́ться, s'appuyer, se fonder; жени́ться, se marier (en parlant de l'homme). Ex. утвержда́ться на причи́нахъ, se fonder sur des raisons; онъ жени́лся на вдовѣ́, il a épousé une veuve.

12. Avec въ et le prépositional se construisent les verbes кáяться, se repentir; нужда́ться (ou имѣ́ть нýжду), avoir besoin; вини́ться, призна́ться, avouer; ошибáться, se tromper; прили́чáться, être convaincu; подозрѣ́вáться, être soupçonné; упражня́ться, s'occuper. Ex. раскáиваться во грѣхáхъ, se repentir de ses péchés; онá упражня́ешся въ хозя́йствѣ, elle s'occupe du ménage.

§ 174. Les verbes qui signifient le *choix*, la *nomination*, la *promotion*, l'*engagement*, l'*enrôlement*, veulent le nom qui désigne l'avancement à l'accusatif pluriel avec въ; ex. избрáть когó во свящéнники, choisir quelqu'un pour prêtre; постри́чь когó въ монáхи, faire quelqu'un moine, l'admettre à la tonsure monastique; назнáчили егó въ губернáторы, on l'a nommé gouverneur; онъ пожáлованъ въ полкóвники, il a été fait colonel; онъ взятъ въ солдáты, on l'a fait soldat; онá наня́лась въ гóрничныя служáнки, elle s'est faite femme de chambre. L'accusatif dans ces phrases est semblable au nominatif, parce qu'on fait moins attention à la personne qu'à l'état qu'elle embrasse, et que ces pluriels sont comme les collectifs qui se déclinent comme des substantifs inanimés (§ 48). On peut croire aussi qu'il y a une ellipse, savoir : въ число́ тѣхъ, кото́рые суть, *au nombre de ceux qui sont;* et число́ est à l'accusatif, parce qu'il y a mouvement, passage d'un état à un autre.

§ 175. Les verbes passifs gouvernent leur régime à l'instrumental; (mais non au génitif avec отъ, comme le disent quelques grammairiens); ex. Да́рій побѣжде́нъ бы́лъ Алекса́ндромъ, Darius fut vaincu par Alexandre; ча́сто стыдо́мъ преклоня́емы тѣ, кото́рые не побѣждены́ разсужде́ніемъ, souvent ceux qui ne sont pas gagnés par la raison sont retenus par la honte.

§ 176. Les verbes réciproques se construisent ordinairement avec съ et l'instrumental; во всю жизнь со страстьми́ бо́ремся, pendant toute notre vie nous luttons contre nos passions; зна́ться съ че́стными людьми́, se lier avec d'honnêtes gens.

§ 177. Les verbes unipersonnels se construisent ordinairement avec le datif de la personne, et quelquefois avec un infinitif; ex. мнѣ на́добно итти́, il faut que j'aille; вся́кому надле́житъ по́мнить сме́ртный ча́съ, il faut que chacun pense à l'heure de la mort.

Remarque. Pour exprimer les effets causés par des choses inanimées, on se sert quelquefois du neutre du verbe actif, en mettant le sujet à l'instrumental, de manière que le verbe devient unipersonnel. Ainsi au lieu de dire вода́ смы́ла зе́млю, l'eau a emporté la terre, on dira водо́ю смы́ло зе́млю, on a emporté la terre par le moyen de l'eau; у него́ оторва́ло но́гу ядро́мъ, un boulet lui a emporté la jambe; су́дно приби́ло вѣ́тромъ къ бе́регу, le vent a poussé le navire sur la côte.

§ 178. Le verbe есть avec у et le génitif signifie *j'ai* (comme le Latin *est mihi*); mais il se sous-entend souvent au présent, et s'il est exprimé, il reste au singulier, quoique avec un sujet pluriel [1]; ex. у него́ мно́го книгъ, il a beaucoup de livres; у нихъ есть дѣ́ти (et non суть дѣ́ти), ils ont des enfants. Mais cela n'arrive qu'au présent; car on dira у меня де́ньги бу́дутъ, j'aurai de l'argent. — Le verbe есть est souvent unipersonnel; il signifie alors *il y a;* ex. есть ли пеще́ры въ сей землѣ́, y a-t-il des cavernes dans ce pays? — S'il signifie *appartenir*, il veut alors le génitif de la personne; ou bien s'il est avec les pronoms personnels *à moi, à toi,* etc., ces pronoms se changent en pronoms possessifs, et se mettent au nominatif; ex. э́то перо́ бра́та моего́, cette plume appartient à mon frère; э́та кни́га моя́, ce livre m'appartient.

§ 179. Le prétérit бы́ло joint au datif de la personne et à un infinitif exprime une action qui devrait aussi arriver; ex. мнѣ бы́ло иттй, je devrais aussi aller; мнѣ бы́ло говори́ть, je devrais aussi parler. Mais si бы́ло est après l'infinitif, il exprime une action qui n'est pas arrivée, mais qui aurait dû arriver; ex. писа́ть мнѣ бы́ло, j'aurais dû écrire; мнѣ не спать бы́ло, je n'aurais pas dû dormir. — Чуть бы́ло не exprime une action qui serait presque arrivée; ex. чуть бы́ло не позабы́лъ (ou чуть не позабы́лъ), peu s'en est fallu que je n'aie oublié.

§ 180. Le verbe имѣ́ть, avoir, suivi d'un infinitif, exprime une action future, comme le verbe *devoir* en Français; ex. имѣ́ю съ ва́ми говори́ть, je dois vous parler, j'ai à vous parler; собра́ніе имѣ́етъ быть за́втра, l'assemblée aura lieu demain; онъ имѣ́етъ стро́ить, il doit bâtir.

§ 181. L'infinitif, qui est aussi régi en Russe par d'autres mots, s'emploie sans préposition; ex. начина́ю чита́ть, je com-

---

[1] Le Russe dit avec un sujet pluriel есть лю́ди, comme en Français *il est des gens;* ce qui arrive aussi quelquefois en Grec ζῶα τρέχει (pour τρέχουσι, les animaux courent); mais le Latin s'en abstient, *sunt homines.*

mence à lire; прошу́ меня́ извини́ть, je vous prie de m'excuser; пора́ итти́, il est temps d'aller.

Il se met aussi après les conjonctions дабы́, чтобы́; ex. дабы́ предупреди́ть, pour devancer; чтобы́ на́ше дѣ́ло ко́нчить, pour terminer notre affaire.

Il sert quelquefois de sujet; ex. лгать не моё дѣ́ло, mentir n'est pas mon affaire.

Il se met quelquefois pour l'impératif, lorsque l'ordre est plutôt un souhait; ex. быть по сему́[1], que la chose soit ainsi; поступи́ть по зако́намъ, qu'on agisse d'après les lois.

§ 182. Si la particule ли est jointe à l'infinitif avec le datif de la personne, l'interrogation marque un doute; ex. быва́ть ли мнѣ въ оте́чествѣ, retournerai-je dans ma patrie! *se peut-il que je retourne dans ma patrie!* вида́ть ли ему́ свои́хъ роди́телей, reverra-t-il ses parents! — Mais si, au lieu de la particule ли, il y a la négation не, le doute se change presque en certitude; ex. не быва́ть мнѣ въ оте́чествѣ, je désespère de retourner dans ma patrie; не вида́ть ему́ свои́хъ роди́телей, il désespère de revoir ses parents.

§ 183. Les participes et les gérondifs régissent les mêmes cas que les verbes auxquels ils appartiennent; ex. жела́ющій сла́вы и бога́тства, celui qui désire la gloire et les richesses; вѣ́рующій въ Бо́га, celui qui croit en Dieu; онъ пришёлъ, чита́я кни́гу, il est venu en lisant un livre.

ARTICLE SIXIÈME.

Syntaxe des adverbes.

§ 184. Les adverbes de quantité veulent après eux le génitif; ex. де́негъ дово́льно, assez d'argent; мно́го дѣте́й, beaucoup

---

[1] C'est une formule qu'emploie exclusivement le souverain, toutes les fois qu'il appose sa signature à un acte quelconque.

d'enfants; ма́ло благоразу́мія, peu de prudence; ско́лько люде́й, combien de personnes? — L'adverbe de négation нѣтъ [1] régit aussi le génitif; ex. нѣтъ де́негъ, point d'argent; нѣтъ никого́, il n'y a personne.

§ 185. Les adverbes formés des adjectifs régissent le même cas que les adjectifs dont ils dérivent; ex. жить прили́чно состоя́нію, vivre conformément à son état; говори́ть согла́сно съ и́стиною, parler conformément à la vérité; относи́тельно къ о́бществу, relativement à la société.

§ 186. Les adverbes вонъ, dehors, et прочь, loin, régissent le génitif, le premier avec la préposition изъ, et le second avec отъ; ex. вонъ изъ-дому, hors de la maison; прочь отъ меня́, loin de moi.

§ 187. L'adverbe не étant répété sert à affirmer; ex. не непрія́тно, il n'est pas désagréable. — О́нюдь s'emploie ordinairement avec не pour rendre la négation plus forte; ex. отню́дь не пра́вда, cela n'est pas du tout vrai. L'adverbe никогда́, jamais, ainsi que les pronoms никто́, personne, et ничто́, rien, sont toujours suivis de la négation не, comme en Français; ex. э́того никогда́ не бу́детъ, cela n'aura jamais lieu; никто́ не приходи́лъ, personne n'est venu; ничего́ не бо́йся (ou не бо́сь), ne crains rien.

§ 188. Les adverbes de lieu гдѣ et куда́, où; здѣсь et сюда́, ici; тутъ et туда́, là, s'emploient les uns lorsqu'il n'y a pas de mouvement, et les autres lorsqu'il y a du mouvement (comme en Latin *ubi* et *quò*, *hic* et *hùc*, *illic* et *illùc*); ex. гдѣ вы живёте, où demeurez-vous? куда́ вы идёте, où allez-vous? я здѣсь, je suis ici; поди́ сюда́, viens ici. — Il en est de même des expressions adverbiales до́ма et домо́й, à la maison; ex. до́ма ли госпо-

---

[1] L'adverbe нѣтъ est une syncope du verbe slavon нѣсть, contraction de не есть, il n'y a pas; voilà pourquoi il régit le génitif.

дйнъ швой, ton maître est-il à la maison? поди домóй, va-t'en
à la maison.

ARTICLE SEPTIÈME.

Syntaxe des prépositions.

§ 189. Nous avons vu, § 139, le cas que régissaient les pré-
positions. Il n'y a aucune difficulté pour celles qui régissent tou-
jours le même cas; nous allons parcourir seulement celles qui
régissent différents cas.

1. Ces quatre за, надъ, подъ, предъ, régissent en général
l'accusatif lorsqu'il y a du mouvement d'un lieu à un autre, et
l'instrumental lorsqu'il n'y a pas de mouvement; ex.

a) Садиться за столъ, se mettre à table; взять кого за-
руку, prendre quelqu'un par la main; умерéть за отéчество
слáвно, il est glorieux de mourir pour sa patrie; что вы дали
за этотъ домъ, combien avez-vous payé (pour) cette maison?
сидѣть за столóмъ, être à table; итти за водóю, aller cher-
cher de l'eau; послáть за кѣмъ, envoyer après quelqu'un;
за горóю, au delà de la montagne; у негó всё за ключёмъ, il
tient tout sous la clef; онъ стойтъ за дверьми, il est der-
rière la porte.

b) Надъ se met rarement avec l'accusatif; водá есть надъ
головóю, il y a de l'eau par-dessus la tête; Аннибалъ одер-
жáлъ слáвную побѣду надъ Римлянами при Кáннахъ, Anni-
bal remporta à Cannes une célèbre victoire sur les Romains.

c) Положите это подъ столъ, mettez cela sous la table;
я бýду къ вамъ подъ-вечеръ, je viendrai chez vous vers le
soir; твоя книга лежитъ подъ столóмъ, ton livre est sous
la table; Карлъ втородйнáдесять побѣждёнъ былъ подъ
Полтáвою, Charles XII fut défait près de Poltava.

d) Онъ дóлженъ предстáть предъ судью, il doit compa-
raître devant le juge; я предъ свѣтомъ всталъ, j'étais levé
avant le jour.

2. Ces trois во ou въ, на, о ou объ, régissent ordinairement l'accusatif lorsqu'il y a du mouvement, et le prépositional lorsqu'il n'y a pas de mouvement; ex.

a) Поѣду завтра въ деревню, j'irai demain à la campagne; мѣшаться въ дѣло, se mêler d'une affaire; я въ неё влюблёнъ, je suis amoureux d'elle; въ самое то время, dans le même temps; книга въ листъ, un livre in-folio; онъ живётъ въ деревнѣ, il demeure à la campagne; онъ умеръ въ самыхъ цвѣтущихъ лѣтахъ, il est mort à la fleur de son âge.

b) Положите это на столъ, posez cela sur la table; свѣчка упала ему на-руку, la chandelle lui est tombée sur la main; подать на кого прозьбу, porter plainte contre quelqu'un; на сѣверъ, vers le nord; на примѣръ, par exemple; онъ вышелъ на-поле, il est sorti dans la plaine; на коробкое время, pour un peu de temps; я встрѣтился съ нимъ на дорогѣ, je l'ai rencontré en chemin; на скрыпкѣ играть, jouer du violon; книга лежитъ на столѣ, le livre est sur la table.

c) Онъ ударился головою о камень, il s'est frappé la tête contre une pierre; опереться объ стѣну, s'appuyer contre un mur; онъ худо мыслитъ обо-мнѣ, il pense mal de moi; домъ о двухъ жильяхъ, une maison à deux étages; объ этомъ много написано, on a beaucoup écrit sur cela.

3. По régit trois cas, le datif, l'accusatif et le prépositional.

a) Avec le *datif* elle signifie *par, suivant, selon, en;* ex. онъ это сдѣлалъ по ненависти, il a fait cela par haine; по сухому пути и по-морю, par terre et par mer; по моему мнѣнію, suivant mon avis; одѣваться по модѣ, s'habiller à la mode (suivant la mode); всё ему идётъ по желанію, tout va selon ses désirs; раздѣлить книгу по главамъ, diviser un livre en chapitres.

b) Avec l'*accusatif* elle signifie *jusqu'à, chez;* ex. онъ входилъ по-поясъ въ воду, il entrait dans l'eau jusqu'à la ceinture; по пéрвое число мѣсяца, jusqu'au premier du mois; послáть по лéкаря, envoyer chez le chirurgien.

c) Avec le *prépositional* elle signifie *après;* ex. по смéрти Алексáндра, après la mort d'Alexandre; Виргúлій почитáется вторы́мъ стихотвóрцемъ по Гомéрѣ, Virgile est regardé comme le premier poëte après Homère; бы́ть роднёю комý по женѣ, être parent de quelqu'un du côté de sa femme.

Première Remarque. Nous avons vu (§ 158), qu'avec la préposition по les nombres два, три et четы́ре se mettent à l'accusatif, tandis que les autres se mettent au datif, et veulent alors le substantif suivant au génitif pluriel; ex. данó кáждому по три рубля́, on a donné à chacun trois roubles; я купи́лъ сукнá по пяти́ рублéй аршúнъ, j'ai acheté du drap à cinq roubles l'archine.

Seconde Remarque. La préposition по se met aussi avec quelques expressions adverbiales; comme какъ это называéется по Рýски, comment cela s'appelle-t-il en Russe? онъ ко мнѣ писáлъ по Áнглíйски, il m'a écrit en Anglais.

4. Со ou съ régit trois cas, le génitif, l'accusatif et l'instrumental.

a) Avec le *génitif* elle signifie *de, dès, depuis;* ex. со дня на день, de jour en jour; онъ идётъ съ горы́, il descend de la montagne; умерéть съ гóлоду, mourir de faim; съ начáла, dès le commencement; съ мáлыхъ лѣтъ, dès l'enfance; я егó съ тогó врéмени не видáлъ, je ne l'ai point vu depuis ce temps-là.

b) Avec l'accusatif elle signifie *de,* et marque la *comparaison;* ex. онъ рóстомъ съ моегó брáта, il est de la taille de mon frère; это величинóю съ орѣхъ, c'est de la grosseur d'une noix.

c) Avec l'*instrumental* elle signifie *avec;* ex. они́ нé-были со мнóю, ils n'étaient pas avec moi; съ велúкимъ удовóльствіемъ, avec un grand plaisir.

§ 190. Les rapports de lieu s'expriment en Russe de diffé-
rentes manières.

1. Si ce sont des noms de *pays*, de *villes*, de *villages* ou
d'*îles*, à la question *où* sans mouvement, on les met au prépo-
sitional avec въ; à la question *où* avec mouvement, à l'accusa-
tif avec въ; et à la question *d'où*, au génitif avec изъ; ex.
братъ мой родился въ Россіи, mon frère est né en Russie; онъ
поѣхалъ въ Сицилію, il est parti pour la Sicile; я получилъ
письмо изъ Новагорода, j'ai reçu une lettre de Novgorod.

2. Si ce sont des noms de *mers*, de *lacs*, de *montagnes*, de
campagnes, de *rivières*, de *rues*, de *chemins*, de *places publiques*,
à la question *où* sans mouvement, on les met au prépositional
avec на; à la question *où* avec mouvement, à l'accusatif avec на;
et à la question *d'où*, au génitif avec съ; ex. онъ былъ на
Москвѣ-рѣкѣ, il a été sur la Moskva; прогуляться на горахъ,
se promener sur les montagnes; встрѣтиться на дорогѣ, se
rencontrer en chemin; онъ жилъ на Моховой улицѣ, il demeu-
rait dans la Mokhavaïa; ѣхать на-море, aller sur mer; онъ
пошёлъ на рынокъ, il est allé au marché; онъ пришёлъ съ
моря, il est venu de la mer. Les mêmes prépositions s'emploient
pour les substantifs островъ, une île; кладбище, le cimetière;
похороны, l'enterrement; война, la guerre; пожаръ, un incen-
die; именины, un jour de nom; сговоръ, les fiançailles;
свадьба, la noce; ex. я живу на Васильевскомъ островý, je
demeure au Vassiliostrow (dans l'île de Basile); Этна стоитъ
на островѣ Сициліи, l'Etna est en Sicile; я сего дня пригла-
шёнъ на свадьбу, je suis invité aujourd'hui à une noce. Il y a
cependant quelques exceptions; comme въ горѣ Аѳонской, sur
le mont Athos; онъ пошёлъ въ Морскую улицу, il est allé dans
la Morskaïa.

3. Si l'on parle d'*églises*, de *paroisses*, ou si ce sont des *per-
sonnes*, à la question *où* sans mouvement, on les met au génitif
avec у; à la question *où* avec mouvement, au datif avec къ; et à
la question *d'où*, au génitif avec отъ; ex. онъ живётъ у Ильи

Проро́ка, il demeure dans la paroisse (de l'église) du Prophète Élie; онъ у бра́та моего́, il est chez mon frère; онъ пошёлъ къ прія́телю, il est allé chez un ami; онъ идётъ отъ Успе́нья, il vient de l'église de l'Assomption; я иду́ отъ него́, je viens de chez lui.

4. A la question *par où?* on met l'instrumental sans préposition; ex. я ѣхалъ дере́внею, лу́гомъ, лѣсомъ, j'ai passé par le village, par le pré, par la forêt; я плылъ Во́лгою, je suis arrivé par le Volga. Quelquefois on se sert du datif avec по; ex. плыть по Днѣпру́, naviguer sur le Dniéper; ѣхать по Петербу́ргской доро́ѣ, aller par la route de Pétersbourg.

5. Si l'on veut exprimer le lieu que l'on traverse, on met l'accusatif avec чрезъ; ex. итти́ чрезъ у́лицу, traverser la rue; предприн́ять путь въ Каза́нь чрезъ Москву́, entreprendre un voyage à Casan en traversant Moskou; перепра́виться чрезъ рѣку́, traverser la rivière.

§ 191. Les différents rapports de temps s'expriment en Russe de la manière suivante.

1. A la question *quand?* ou *dans quel temps?*

a) Si c'est une partie du jour ou de la nuit, ou une saison de l'année, on met l'instrumental sans préposition; ex. днёмъ рабо́тать, а но́чью отдыха́ть, travailler le jour, et se reposer la nuit; весно́ю посѣ́ять, а о́сенью собра́ть, semer au printemps, et recueillir en automne.

b) S'il y a un adjectif, alors on met le génitif; ex. про́шлаго го́да, l'année passée; сего́ у́тра, ce matin; вчера́шняго дня, hier. On peut aussi se servir quelquefois du prépositional avec въ ou на; comme въ про́шломъ году́, l'an passé; на про́шлой недѣ́лѣ, la semaine dernière.

c) Pour les mois et les heures on met le prépositional avec въ; ex. э́то случи́лось въ Іюнь, cela est arrivé en Juin; я къ вамъ приду́ въ пя́томъ часу́, je viendrai chez vous entre quatre et cinq heures; mais on dira въ пять часо́въ, à cinq heures. Le quantième du mois se met au génitif; voyez § 159.

d) Quelques substantifs qui marquent le temps se mettent à l'accusatif avec въ, surtout lorsqu'ils sont accompagnés d'un adjectif, ou lorsqu'ils ont un génitif après eux; ex. во всю ночь, toute la nuit; въ пра́здничный день, un jour de fête; во вре́мя войны́, en temps de guerre; въ вели́кій постъ, au grand carème. Il en est de même des jours de la semaine s'ils sont au singulier; mais s'ils sont au pluriel, on les met au datif avec по; ex. я бу́ду къ вамъ въ сре́ду, je viendrai chez vous mercredi; по́чта прихо́дитъ по понедѣ́льникамъ и по пя́тницамъ, la poste arrive les lundis et les vendredis.

e) Pour quelques fêtes, si l'époque n'est pas absolument déterminée, on emploie le prépositional avec о ou объ; ex. о Рождествѣ́, vers Noël; о ма́сленицѣ, vers le carnaval. On peut aussi mettre le datif avec къ; ex. онъ прiѣ́детъ къ суб-бо́тѣ, il arrivera vers samedi; къ страстно́й недѣ́лѣ, vers la semaine sainte.

2. A la question *combien de temps? depuis combien de temps?* on met l'accusatif en sous-entendant la préposition чрезъ; ex. онъ жилъ девяно́сто лѣтъ, il a vécu quatre-vingt-dix ans; онъ всю недѣ́лю прогуля́лъ, il s'est promené toute la semaine; деся́тый годъ живу́ здѣсь, je demeure ici depuis dix ans.

3. A la question *y a-t-il longtemps?* on met l'accusatif avec за; ex. онъ былъ здѣсь за де́вять лѣтъ, il a été ici il y a neuf ans. On peut aussi remplacer cette préposition par les mots тому́ наза́дъ; comme двѣ недѣ́ли тому́ наза́дъ, il y a deux semaines.

4. A la question *pour combien de temps?* on met l'accusatif avec на; ex. онъ поѣхалъ на пять лѣтъ въ чужіе кра́и, il est allé dans les pays étrangers pour cinq ans; я за́нялъ де́негъ на́-два мѣ́сяца, j'ai emprunté de l'argent pour deux mois.

5. A la question *en combien de temps?* on met l'accusatif avec въ; ex. въ де́сять лѣтъ взята́ была́ Тро́я, Troie a été prise en dix ans; онъ въ три недѣ́ли э́то сдѣ́лаетъ, il fera cela en trois semaines; гоне́цъ прiѣхалъ въ семь часо́въ, le courrier est ar-

rivé en sept heures (въ семь часо́въ peut aussi signifier qu'il est arrivé à sept heures; dans ce dernier cas il faudrait ajouter у́тра ou ве́чера).

6. A la question *dans combien de temps?* on met l'accusatif avec чрезъ; ex. онъ чрезъ два дни здѣсь бу́детъ, il sera ici dans deux jours ; приди́те чрезъ часъ, venez dans une heure.

§ 192. A la question *à quelle distance?* les noms de nombre se mettent à l'accusatif sans préposition, ou avec на, et quelquefois avec за, ou au prépositional avec въ; ex. я живу́ отъ него́ пять вёрстъ (ou въ пяти́ верста́хъ), je demeure à cinq verstes de lui; сія́ слобода́ [1] отстои́тъ отъ го́рода одну́ (ou на одну́) версту́, ce village est à une verste de la ville; я былъ отъ того́ мѣста за́-двѣ версты́, j'étais à deux verstes de cet endroit.

§ 193. Les rapports de longueur, de largeur, d'épaisseur et de hauteur s'expriment ou par le génitif, ou par l'accusatif avec въ, ou par l'instrumental; ex. три́дцать са́жень вышины́ (ou въ вышину́, ou вышино́ю), trente toises de hauteur; et de même pour длина́, la longueur; ширина́, la largeur; толщина́, l'épaisseur.

ARTICLE HUITIÈME.

Syntaxe des conjonctions.

§ 194. Quelques conjonctions demandent ordinairement après elles une autre conjonction qu'on met au commencement du membre de phrase suivant; comme éжели . . . то, хотя́ . . . одна́ко, не то́лько . . . но и; ex. éжели вы э́той дере́вни не

---

[1] Слобода́ est un village annexé à une ville; дере́вня un village sans église; село́ un village avec une église; весь est l'ancien nom slavon.

ку́пите, то я её куплю́, si vous n'achetez pas cette campagne, je l'achèterai; худа́го человѣ́ка узна́ете не то́лько по дѣла́мъ, но и по намѣ́ренію, vous reconnaîtrez le méchant non-seulement par ses actions, mais aussi par ses intentions.

§ 195. Les particules ли, же et бы ne se mettent jamais au commencement d'un membre de phrase; ex. печа́ль съѣда́етъ се́рдце, ра́дость же весели́тъ о́ное, le chagrin ronge le cœur, et la joie le réjouit; злосло́вятъ ли, угнета́ютъ ли, терпи́, soit qu'on te calomnie, soit qu'on te persécute, aie patience. — Бы veut toujours le verbe au prétérit, ainsi que les conjonctions auxquelles se joint cette particule; ex. я жела́ю, чтобы́ вы благополу́чны бы́ли, je souhaite que vous soyez heureux; я былъ бы бога́тъ, éжели бъ я не сто́лько промота́лъ, je serais riche, si je n'avais pas tant dépensé. — Чтобы́ et дабы́ se mettent aussi avec l'infinitif, alors ces conjonctions signifient *pour;* voyez § 124.

A R T I C L E   N E U V I È M E.

Syntaxe des interjections.

§ 196. 1. Les interjections veulent en général après elles le nominatif; ex. ахъ! кака́я бѣда́! ah! quel malheur! вотъ до́брый человѣ́къ! voilà un honnête homme!

2. Les interjections увы́, ахти́, го́ре, demandent le datif; ex. го́ре вамъ, смѣю́щимся ны́нѣ! malheur à vous qui riez maintenant!

3. L'interjection o se met avec le vocatif, et quelquefois avec le génitif; ex. о времена́! о нра́вы! ô temps! ô mœurs! о неиспы́танныхъ судéбъ Бо́жіихъ! ô décrets impénétrables de Dieu!

15

CHAPITRE DEUXIÈME.

De la construction.

§ 197. La *construction* (словоразмѣщéнie) est l'arrangement des mots dans le discours, tel qu'il est fixé par un usage long et constant; c'est ce qui constitue le génie d'une langue. Dans la langue russe les mots étant, comme dans les langues anciennes, distingués les uns des autres par l'inflexion caractéristique des cas, et non par l'addition de l'article ou d'autres particules, comme dans les autres langues européennes, il est indifférent qu'ils y aient telle ou telle place; le discours ne perd rien de sa clarté dans quelque ordre qu'ils soient, pourvu que l'on conserve l'ordre naturel des idées. Ainsi la construction de la langue russe n'est soumise à aucune règle, et dépend entièrement de l'imagination de celui qui écrit. On observera seulement que

1. L'adjectif se place ordinairement avant son substantif, et que, s'il y a encore en Français le pronom *son* ou *leur*, ce pronom se met en Russe entre l'adjectif et le substantif; ex. глáвный ихъ торгъ состоитъ въ хлѣбѣ, leur principal commerce consiste en blé.

2. Dans les phrases négatives, la négation не se place toujours avant le verbe; ex. я не сомнѣвáюсь, что онъ придётъ, je ne doute pas qu'il ne vienne (что онъ не придётъ signifierait : je suis persuadé qu'il ne viendra pas).

3. Dans les phrases interrogatives, le mot qui marque l'interrogation se place le premier; ex. когдá вы дадúте портнóму своё плáтье, quand donnerez-vous votre habit au tailleur? Mais si le mot de l'interrogation est la particule ли, alors le verbe sera le premier, ensuite cette particule; et si la phrase est de plus négative, c'est la négation qui commencera la phrase;

ex. дадите ли вы портнóму своё плáтье, donnerez-vous votre habit au tailleur? не хотите ли вы ѣхать со мнóю, ne voulez-vous pas venir avec moi? Si le verbe есть est sous-entendu, ли se mettra après l'attribut; ex. богáтъ ли онъ (pour есть ли онъ богáтъ), est-il riche?

Remarque. Si le pronom, suivi de la particule ли, commence une phrase interrogative, le sens de la phrase n'est pas tout à fait le même que si c'était le verbe qui commençait. Cette phrase, par exemple, сдѣлалъ ли ты э́то, as-tu fait cela? exprime l'interrogation ordinaire ; mais celle-ci : ты ли э́то сдѣлалъ? exprime un étonnement: est-ce bien toi qui as pu faire cela?

CHAPITRE TROISIÈME.

Des idiotismes.

§ 198. Comme il y a des principes généraux communs à toutes les langues, il y a aussi pour chaque langue des expressions qui lui sont tellement particulières qu'on ne les retrouve dans aucune autre ; ce sont ces expressions qu'on appelle *idiotismes* (обороты), nom générique que l'on détermine par ceux d'*hellénismes*, de *latinismes*, de *gallicismes*, de *germanismes*, d'*anglicismes* ou de *slavonismes* [1], selon qu'ils appartiennent aux langues grecque, latine, française, allemande, anglaise ou slavonne-russe. Ces expressions *vir quadratus*, ſich mit etwas breit machen, *if you please*, громъ греми́ть, et d'autres semblables, sont des idiotismes, et demandent une connaissance des particularités de chaque langue, puisée dans l'usage généra-

---

[1] Nous avons préféré ce nom à celui de *ruthénismes* qu'emploient d'autres grammairiens.

lement reçu. Les proverbes doivent aussi être mis au nombre des idiotismes.

§ 199. Parmi les gallicismes, il y en a un très-grand nombre qui ne peuvent point se rendre mot pour mot en Russe. Voici ceux qui se rencontrent le plus fréquemment.

1. Les verbes *aller* et *venir* qui se mettent en Français devant un infinitif, celui-là pour exprimer une action sur le point d'arriver, et celui-ci une action faite récemment, se rendent le premier par скóро ou готóвъ, et le second par теперь тóлько, ou simplement par тóлько; ex. ils vont partir, они́ скóро отъѣзжáютъ; quand j'arrivai, il allait sortir, когдá я пришёлъ, онъ готóвъ былъ вы́йти со дворá; je viens de la quitter, я теперь тóлько съ нéю разстáлся.

2. L'infinitif qui se trouve après les verbes *paraître, sembler,* se met en Russe à l'indicatif; ex. sa patrie semble fuir devant lui, егó отéчество, кáжется, убѣгáетъ отъ негó; quelques animaux paraissent avoir de l'intelligence, нѣкоторыя живóтныя, кáжется, имѣютъ рáзумъ.

3. L'infinitif qui se trouve après les verbes *voir, entendre, sentir*, etc., se met en Russe au participe présent actif que l'on accorde avec le régime de ces verbes; ex. on voyait encore l'innocence régner sur la terre, ещё видáли цáрствующую на землѣ невѝнность; je sens les veines battre sous mes doigts, я чýвствую жи́лы бью́щіяся подъ мои́ми пáльцами.

4. L'infinitif qui se trouve après les verbes *se lasser, s'étonner*, etc., se met en Russe au gérondif; ex. je ne pouvais me lasser de regarder ce tableau, я не могъ устáть, гля́дя на сію́ картѝну; tous furent étonnés de ne voir personne, всѣ удивѝлись, никогó не ви́дя. On exprime aussi par le gérondif avec la négation l'infinitif accompagné de la préposition *sans;* ex. elle a fait cela sans savoir pourquoi, онá это сдѣлала, не зная на что.

5. La négation *ne* qui en Français suit le comparatif, et les verbes *craindre, douter*, lorsqu'elle n'est pas accompagnée de

pas ou de *point*, ne s'exprime pas en Russe; ex. vous écrivez mieux que vous ne parlez, вы лу́чше пи́шете, не́жели говори́те; je crains que mon ami ne meure, я бою́сь, что друг мой умрётъ; je ne doute pas qu'il ne vienne, не сомнѣва́юсь, что онъ приде́тъ.

6. *Plus* répété s'exprime par чѣмъ бо́лѣе . . . тѣмъ бо́лѣе; ex. plus on a, plus on veut avoir, чѣмъ бо́лѣе имѣешь, тѣмъ бо́лѣе жела́ешь.

7. *Ne . . . . que* s'exprime par то́лько; ex. il n'a qu'un habit, у него́ то́лько оди́нъ кафта́нъ; vous ne savez que badiner, вы то́лько шути́ть умѣете.

8. *C'est . . . . que* ne s'exprime pas; ex. c'est une belle chose que de garder un secret, прекра́сное дѣ́ло та́йну храни́ть. Il en est de même du *que* qui suit *peut-être*; ex. peut-être qu'il est maintenant enseveli dans les profonds abîmes de la mer, мо́жетъ быть, онъ тепе́рь погребёнъ въ глубо́кихъ бе́зднахъ мо́ря.

9. *Quelque . . . . que, quel que* s'expriment par како́й бы ни былъ lorsqu'ils sont avec un substantif, et par какъ бы ни былъ lorsqu'ils sont avec un adjectif; ex. quelques difficultés qu'il y ait dans cette affaire, каки́я бы ни бы́ли затрудне́нія въ семъ дѣ́лѣ; quelque sages qu'ils soient, какъ бы прему́дры они́ ни бы́ли; quelles que soient mes faiblesses, каки́я бы ни бы́ли мои́ сла́бости. *Qui que* s'exprime par кто бы . . . . ни, et *quoi que* par что бы . . . . ни; ex. qui que vous soyez, кто бы вы ни бы́ли; quoi que vous fassiez, что бы вы ни сдѣ́лали.

10. *Que*, synonyme de *combien*, s'exprime par ско́лько; ex. que de gens malheureux, ско́лько бѣ́дныхъ люде́й! Il s'exprime par какъ, s'il ne fait qu'annoncer un tour exclamatif; ex. que vous êtes heureux, какъ вы счастли́вы!

11. *Que* s'exprime encore de plusieurs autres manières selon ses différentes significations; ex. il ne sortira pas de prison qu'il n'ait payé, его́ не вы́пустятъ изъ тюрьмы́, пока́ онъ не

заплáтишъ ; je lui parlai qu'il était encore au lit, я съ нимъ говорилъ, когдá онъ ещё былъ въ постéлѣ; il est temps que vous vous leviez, врéмя вамъ встать; j'ai été exposé aux mêmes dangers que lui, я подвéрженъ былъ тѣмъ же опáсностямъ, какъ и онъ; que les dieux me fassent périr plutôt que de souffrir que la mollesse et la volupté s'emparent de mon cœur, пусть бóги меня прéжде погýбятъ, нéжели допустятъ, чтобы нѣга и сладострáстіе овладѣли моймъ сéрдцемъ! il était à peine sorti que la maison tomba, онъ не успѣлъ ещё выйши со дворá, какъ домъ обрýшился; je doute qu'il vienne, я сомнѣваюсь, придётъ ли онъ.

12. *Si*, après les verbes qui marquent le *doute*, s'exprime par ли; ex. je ne sais pas s'il viendra, я не знáю, придётъ ли онъ; demandez-lui s'il veut venir avec moi, спросйте у негó, хóчешь ли ѣхать со мнóю.

13. L'adverbe d'affirmation да, oui, ne s'emploie pas aussi fréquemment en Russe qu'en Français; mais on répète seulement le mot de l'interrogation dans le sens affirmatif; ex. avez-vous été dans le jardin? — Oui, были ли вы въ садý? — Былъ (j'y ai été); avez-vous de nouvelles marchandises? — Oui, есть ли у васъ нóвые товáры? — Есть (j'en ai, en sous-entendant у меня).

Remarque. Dans le langage ordinaire les Russes, pour répondre avec politesse, ajoutent souvent съ à leur dernier mot; comme дасъ, нѣтсъ, былсъ, хорошóсъ, чегóсъ, etc., ce qui paraît être une abréviation de судáрь, monsieur, ou de судáрыня, madame ou mademoiselle. Mais dans un style plus élevé, *monsieur* s'exprime par мйлостивый госудáрь; *madame* et *mademoiselle* par мйлостивая госудáрыня.

QUATRIÈME PARTIE.

I. ORTHOGRAPHE.

§ 200. L'orthographe (правописа́nie) [1] est la partie de la grammaire qui apprend à écrire tous les mots d'une langue conformément à l'usage reçu et adopté par les meilleurs écrivains. Les mots russes s'écrivant comme ils se prononcent, l'orthographe de la langue russe est beaucoup plus facile que celle de la langue française. La seule difficulté qu'elle présente consiste dans l'emploi des lettres dont la prononciation est à peu près semblable, difficulté qui deviendra encore moins embarrassante, si l'on fait attention aux observations suivantes, en se rappelant les règles de l'articulation des lettres § 13, et celles de la déclinaison § 48.

§ 201. Dans la langue russe on ne fait plus usage maintenant que des trente-quatre lettres rapportées au § 6, sur l'emploi desquelles il faut faire les observations suivantes.

1. Les lettres *majuscules* (прописны́я) ont la même destination en Russe qu'en Français ; il en est de même des *minuscules* (строчны́я).

2. Quoique les voyelles e et ѣ aient à peu près le même son, cependant leur emploi est différent ; et cette différence est remarquable après les consonnes : e s'emploie lorsque la syllabe, qui a le son d'une de ces deux voyelles, se prononce avec une

---

[1] Du Grec ὀρθός, droit, et γράφω, j'écris.

ouverture de bouche plus grande que celle où est la voyelle ѣ;
ex. пѣня, l'amende, et пѣ́на, l'écume; въ семъ, en cela, et всѣмъ,
à tous. Outre cela ѣ se place : *a*) au datif et au prépositional
du singulier, *b*) au comparatif et au superlatif (ѣе, ѣйшій),
c) dans tous les temps des verbes qui ont au présent de l'indi-
catif ѣю, *d*) devant ю et я (excepté блею, je bêle, et клею, je
colle), *e*) après la consonne н (excepté нс), *f*) dans la plupart
des adverbes. Quant aux syllabes qui se trouvent au milieu des
mots, il n'y a guère que l'usage qui puisse faire connaître lors-
qu'on doit écrire e ou ѣ.

3. La consonne з des prépositions воз, из, раз, se change en
c, lorsqu'elles entrent dans la composition des mots qui com-
mencent par les consonnes dures к, х, п, т, ч, ш, щ; ex. вос-
ходи́ть, monter; ис-чеза́ть, disparaître; рас-полага́ть, distri-
buer. Ne vaudrait-il pas mieux cependant conserver la lettre з,
conformément à l'étymologie?

4. Quoique les voyelles и et i aient absolument le même son,
il faut remarquer que i se place devant une autre voyelle, et de
plus dans le mot міръ, le monde, et ses dérivés pour le distin-
guer de миръ, la paix. L'usage de la voyelle i paraît avoir été
introduit pour lire plus facilement les mots où il doit y avoir
deux и de suite, comme въ зда́ніи, dans l'édifice, au lieu de въ
зда́нии; сіи, ces, au lieu de сии. La préposition при, lorsqu'elle
se joint à un mot qui commence par une voyelle, change aussi
и en i; comme прі-ѣздъ, l'arrivée.

5. Les consonnes ф et ѳ ont le même son en Russe; mais ф
s'emploie pour les mots qui dans les autres langues s'écrivent
par f ou ph, et ѳ seulement pour les mots tirés du Grec, et qui
s'écrivent par th dans les autres langues; voyez § 28.

6. Le son des deux lettres muettes ъ et ь n'est pas sensible
pour toutes les consonnes. Ces deux lettres s'emploient au mi-
lieu et à la fin des mots.

1) Au milieu des mots ъ dans les mots qui se composent d'une
préposition se conserve devant les voyelles e, и, ѣ, ю, я; ex.

объе́млю, j'embrasse; сыска́ть, trouver; отъѣздъ, le départ; обьюро́дѣть, devenir fou; разъяри́ться, s'irriter, en remarquant que ъ avec la voyelle и se change souvent en ы; comme сыска́ть au lieu de съиска́ть. Il faut excepter взять, prendre. Mais ъ se perd devant les voyelles a, o, y; ex. взора́ть, labourer; обуча́ть, enseigner. Ь s'emploie entre н et к, л et н lorsqu'il y a un e devant, entre л et ш, н et ш; ex. ма́ленькій, petit; ме́льница, un moulin; большо́й, grand; ме́ньшій, le plus petit.

2) A la fin des mots ъ termine : *a*) les substantifs qui ont à la fin une des dentales ж, ч, ш, щ [1], et qui ont le génitif en a, *b*) tous les prétérits, *c*) la troisième personne du singulier, la première et la troisième du pluriel du présent; *d*) la plupart des adjectifs apocopés. Ь termine *a*) presque tous les infinitifs, *b*) la seconde personne du présent, et quelquefois de l'impératif. En un mot ъ est la moitié de la voyelle dure o, et ь la moitié de la voyelle douce и (§ 11. *Rem.*)

Ces deux lettres muettes servent à distinguer une quantité d'homonymes; en voici la table.

---

[1] Plusieurs grammairiens exceptent de cette règle les substantifs masculins terminés par ч, comme ключь, la clef; мечъ, l'épée; ainsi que les substantifs patronymiques, comme Ива́новичъ, et veulent qu'on les écrive par ь, et non par ъ. Nous pensons, d'après l'Académie, qu'il vaut mieux les soumettre à la même règle que ceux qui ont les autres dentales ж, ш, щ, et cela avec d'autant plus de raison que dans les autres cas ils ont les voyelles dures a, y, tandis que ceux qui s'écrivent par ь ont les voyelles douces и, ю.

TABLE

des homonymes dont le sens est déterminé par l'une des deux muettes ъ et ь.

Братъ, ma, le frère. — Брать, prendre.

Бытъ, ma, l'état. — Быть, être.

Вязъ, за, un orme. — Вязь, зи, un marais.

Господъ, gén. pl. de господинъ, le maître. — Господь, да, le Seigneur.

Гусáръ, ра, un hussard. — Гусáрь, ря, celui qui garde les oies.

Данъ, part. apocopé de дать, donner. — Дань, ни, un impôt.

Жалъ, prét. de жать, moissonner. — Жаль, ли, la pitié.

Жаръ, ра, la chaleur. — Жарь, impérat. de жáрить, rôtir.

Илъ, ла, la fange. — Иль pour или, ou.

Кладъ, да, un trésor. — Кладь, ди, la cargaison.

Конъ, нá, la file des osselets. — Конь, нá, un cheval.

Кровъ, ва, la demeure. — Кровь, ви, le sang.

Кýколъ, gén. pl. de кýкла, une poupée. — Кýколь, ля, l'ivraie.

Матъ, mat au jeu d'échecs. — Мать, тери, la mère.

Осъ, génit. plur. de осá, une guêpe. — Ось, óси, un essieu.

Перстъ, ma, le doigt. — Персть, ти, la terre.

Плотъ, má, un radeau. — Плоть, ти, la chair.

Прибылъ, prét. de прибыть, arriver. — Прибыль, ли, le profit.

Пустъ, adjectif apocopé de пустóй, désert. — Пусть, impér. de пустить, laisser.

Путъ, gén. pl. de пу́ты, des fers. — Путь, ти́, le voyage.

Пылъ, ла, la flamme. — Пыль, ли, la poussière.

Пятъ, gén. pl. de пятá, le talon. — Пять, cinq.

Семъ, prépos. de сей, ce. — Семь, sept.

Сталъ, prét. de стать, se placer. — Сталь, ли, l'acier.

Станъ, на, la taille. — Стань, impér. de стать, se placer.

Ста́ростъ, gén. pl. de ста́роста, un préposé. — Ста́ность, ти, la vieillesse.

Столъ, ла́, la table. — Столь, autant.

Съѣстъ, troisième pers. fut. de съѣда́тъ, manger. — Сѣсть, être assis.

Сынъ, на, le fils. — Синь, adj. apocopé de си́ний, bleu.

У́голъ, гла, le coin. — У́голь, гля, le charbon.

Цѣлъ, adj. apocopé de цѣлый, entier. — Цѣль, ли, le but où l'on vise.

Цѣпъ, па́, un fléau à battre le blé. — Цѣпь, пи́, une chaîne.

Частъ, adj. apocopé de ча́стый, fréquent. — Часть, ти, une partie.

Шестъ, та, une perche. — Шесть, six.

Щеголъ, гла́, un chardonneret. — Щеголь, гля, un petit-maître.

Ѣстъ, troisième pers. prés. de ѣстъ, manger. — Есть, troisième pers. prés. de быть, être.

Ядъ, да, le poison. — Ядь, ди, le manger.

§ 202. Les signes de l'orthographe sont

1. La *brève* (кра́ткая) (˘), qui se place sur la voyelle и, toutes les fois qu'étant précédée d'une autre voyelle, elle ne

fait qu'une syllabe avec cette voyelle; рой, un essaim; бей, frappe, etc.

2. Le *tréma* (двѣ тóчки) (¨), qui se place sur la voyelle е, lorsqu'elle exprime la voyelle eu des langues étrangères; comme Монтескьё, Montesquieu, ou lorsqu'elle a le son de io ou de o; voyez § 17.

Remarque. On ne fait plus usage du *circonflexe* (слитная) (˄), que l'on mettait sur les lettres io pour indiquer qu'elles ne faisaient qu'une seule syllabe; comme маiоръ, un major, que l'on écrit maintenant маióръ.

3. Le *tiret* ou *trait d'union* (единитная) (–), qui se met entre deux mots que l'on veut joindre; comme Славяно-Рускiй, Slavon-Russe; свѣтло-голубóй, bleu-clair. Le tiret se met aussi à la fin d'une ligne lorsqu'on est obligé de transporter le reste d'un mot à la ligne suivante.

4. La *parenthèse* (вмѣстительная) ( ), où l'on enferme un sens accessoire, mais complet, qui interrompt la continuité du sens principal.

5. Les *guillemets* (кавычки) (»), que l'on met au commencement des lignes pour marquer les citations.

II. PONCTUATION.

§ 203. La ponctuation (препинáнiе) est l'art d'indiquer dans l'écriture, par des signes reçus, la proportion des pauses que l'on doit faire en parlant. Les signes de la ponctuation sont :

1. La *virgule* (запятáя) (,), qui indique la plus petite pause possible.

2. Le *point et virgule* (тóчка съ запятóю) (;), qui indique une pause un peu plus longue.

3. Les *deux points* (двоето́чіе) (:), qui marquent encore une pause plus longue.

4. Le *point* (то́чка) (.), qui indique le plus long repos.

5. Le point *interrogatif* (вопроси́тельная) (?).

6. Le point *exclamatif* (удиви́тельная) (!).

7. Les points *suspensifs* (останови́тельныя) (. . . .).

Au reste, l'usage des signes de la ponctuation est à peu près le même en Russe qu'en Français.

CINQUIÈME PARTIE.

VERSIFICATION.

§ 204. La versification (стихосложéніе) est l'art de faire des vers. Les *vers* (стихи́) sont, dans chaque langue, des mots arrangés selon des règles fixes et déterminées. Dans la langue russe ces règles ont pour objet

I. le mètre ;
II. les différentes espèces de vers ;
III. la césure et l'hémistiche ;
IV. la terminaison des vers et la rime ;
V. les licences poétiques.

I. Du mètre.

§ 205. Le *mètre* (размѣ́ръ) apprend à connaître les différents pieds qui entrent dans la composition du vers. Le *pied* (стопа́) est un arrangement convenu d'un certain nombre de syllabes tant longues que brèves. Cette longueur et cette brièveté des syllabes se nomment la *quantité* (коли́чество). Dans les autres langues, la quantité est absolument indépendante de l'*accent* (ударéніе), qui marque l'élévation ou l'abaissement de la voix ; mais dans la langue russe l'accent et la quantité se confondent, parce que, comme nous l'avons vu § 36, un mot russe quelque long qu'il soit, ne peut avoir qu'un accent, et que la syllabe marquée de l'accent est longue, tandis que les autres sont

brèves [1]. La syllabe longue se marque par un trait horizontal (-),
et la syllabe brève par un demi-cercle (˘).

Remarque. Les monosyllabes peuvent être longs ou brefs. Les
noms et les verbes doivent être longs ; mais les prépositions, les
conjonctions et les particules doivent être brèves.

§ 206. Les pieds qui s'emploient dans la structure des vers
russes sont au nombre de six [2], savoir :

1. L'*iambe* (ямбъ, ἴαμβος), composé de deux syllabes dont la
dernière a l'accent ; ex. зима̄, весна̄.

2. Le *trochée* ou *chorée* (хорей, χορεῖος), composé de deux syl-
labes dont la première a l'accent ; ex. лы́но, о́сень.

3. Le *pyrrhique* (пиррихій, πυρρίχιος), composé de deux syl-
labes sans accent. En Russe il n'y a aucun mot de deux syllabes
qui puisse former ce pied, parce que chaque mot a un accent ;
mais il peut se trouver dans les polysyllabes : telles sont les
particules пёрё, най, jointes à d'autres mots. Le pyrrhique au
milieu d'un vers s'emploie au lieu de l'iambe ou du chorée.

4. Le *dactyle* (ла́ктиль, δάκτυλος), composé de trois syllabes,
avec l'accent sur la première ; ex. ве̄рую, истина.

---

[1] Il n'en est pas de même dans les langues grecque et latine, où
une syllabe marquée de l'accent peut être brève ; ex. θέλετε, *dó-
mine*. Dans ces deux mots les trois syllabes sont brèves, et la pre-
mière est marquée de l'accent. — Au commencement du xviie siècle
on voulut introduire dans la langue russe la prosodie grecque, fon-
dée sur la longueur et la brièveté des voyelles ; mais ces essais furent
sans succès. Voyez la grammaire slavonne de M. Smotritsky,
Vilna, 1619. — A la fin du même siècle Pierre Mohila, archevêque
de Kiew, introduisit la mesure syllabique des vers, qu'il emprunta
du Polonais, et qui fut en usage jusqu'au temps de Lomonossow.

[2] Dans les langues grecque et latine les pieds sont au nombre de
vingt-huit. Il serait inutile de rapporter ici tous les noms qu'on
leur a donnés.

5. L'*amphibraque* (амфибрáхій, ἀμφίβραχυς), de trois syllabes, avec l'accent sur la seconde; ex. прйчйнá, цѣлўю.

6. L'*anapeste* (анáпестъ, ἀνάπαιστος), de trois syllabes, avec l'accent sur la dernière; ex. чёлŏвѣ̆къ, гŏлŏвá.

II. *Des différentes espèces de vers.*

§ 207. Les vers ont reçu différents noms selon les pieds qui les composent. Il y a des vers de six, de cinq, de quatre, de trois, de deux, et même d'un seul pied, auxquels on a donné les noms d'iambiques, de choraïques, de dactyliques, de dactylo-choraïques, d'amphibrachyques, d'anapesto-iambiques, selon qu'ils sont composés d'une seule espèce de pieds ou du mélange de différents pieds. Les vers qui n'ont pas tous le même nombre de pieds s'appellent des vers *libres* (вóльныε).

§ 208. Les vers les plus usités dans la poésie russe sont les suivants.

1. Les *hexamètres* ou *dactylo-choraïques* de six pieds. Ils se composent de six pieds dont les quatre premiers sont dactyles ou chorées; le cinquième est ordinairement un dactyle et le sixième nécessairement un chorée [1]. On s'en sert pour les poëmes épiques, et surtout pour ceux qui sont traduits des langues anciennes; ex.

Зевсъ, и безсмéртные бóги! о, сотворѝпιε, да бýлεтъ
Сей мой возлюбленный сынъ, какъ и я, знаменѝтъ въ Илióнь;
Мýжествомъ слáвεнъ равнó, и могýщεствεнъ влáстію въ цáр-
           ствѣ!

---

[1] Les hexamètres russes diffèrent des hexamètres grecs et latins en ce qu'ils se composent de chorées au lieu de spondées qui n'existent pas dans la langue russe. — *Hexamètre* vient de ἕξ, six, et μέτρον, mesure.

Пусть о нёмъ нѣкогда скáжутъ : герóйствомъ отцá онъ пре-
вы́силъ [1]!

(Гнѣ́дичъ, *traduction de l'Iliade.*)

2. Les vers *iambiques* de six pieds, autrement appelés vers *alexandrins*. On s'en sert dans les grands ouvrages, tels que les poëmes épiques et didactiques, les tragédies, les comédies, les satires, les épîtres, les élégies, les idylles; ex.

Кто бýдетъ принимáть мой пéпелъ отъ кострá?
Кто бýдетъ безъ тебя́, о ми́лая сестрá,
За грóбомъ слѣ́довать въ одéждѣ погребáльной,
И мýро изливáть надъ ýрною печáльной [2]?

Бáтюшковъ.

3. Les vers *iambiques* de cinq pieds dont on se sert assez rarement; ex.

На пи́ршествахъ, въ спокóйствіи семéй,
Предъ олтарёмъ, въ оби́тели Царéй,
Вездѣ́, о Вождь, тебѣ́ благословéньe!
Тебя́ предáстъ потóмству пѣснопѣ́ньe [3]!

Жукóвскій.

---

[1] Jupiter, et vous, dieux immortels! faites en sorte que ce fils qui m'est cher soit aussi célèbre dans Ilion que je l'ai été; qu'il se distingue également par son courage, et qu'il soit puissant dans cet empire! Que l'on dise un jour de lui : Sa bravoure a surpassé celle de son père!

[2] Qui recueillera mes cendres du bûcher? Qui voudra sans toi, ô aimable sœur, suivre mon cercueil en habit funèbre, et répandre l'huile sacrée sur mon urne fatale?

[3] Dans les festins, au sein des familles, devant les autels, dans

4. Les vers *iambiques* de quatre pieds, employés dans les odes et dans les pièces lyriques; ex.

> Кто мо́ре удержа́лъ брега́ми
> И бе́зднѣ положи́лъ предѣ́лъ,
> И ей свирѣ́пыми волна́ми
> Стреми́ться да́лѣ не велѣ́лъ?
> Покры́тую пучи́ну мгло́ю
> Не я ли си́льною руко́ю
> Откры́лъ, и разогна́лъ тума́нъ,
> И съ су́ши сдви́гнулъ океа́нъ [1]?

Ломоно́совъ.

5. Les vers *iambiques* de trois, de deux et même d'un pied, employés dans les chansons, les fables; ex.

> Уже́ со тьмо́ю но́щи
> Простёрлась тишина́;
> Выхо́дитъ изъ за ро́щи
> Печа́льная луна́.
> Я ли́ру то́мно стро́ю
> Пѣть скорбь, объя́вшу духъ.
> Приди́ грусти́ть со мно́ю
> Луна́, печа́льныхъ другъ [2]!

Капни́стъ.

---

le palais des Tsars, partout l'on te bénira, ô conducteur des Slaves! des hymnes d'allégresse te transmettront à la postérité!

[1] Qui a resserré la mer dans ses rivages? qui a mis un frein à sa fureur, et lui a ordonné de ne pas étendre plus loin ses vagues mugissantes? D'une main puissante n'ai-je pas dissipé les nuages, et séparé l'Océan de la terre?

[2] Déjà avec l'obscurité de la nuit le calme s'est répandu partout; la lune mélancolique sort de derrière le bosquet. D'un air

6. Les vers *iambiques libres*, employés principalement dans les fables, les contes, et dans les sujets badins, comme aussi dans les épigrammes, les épitaphes, les inscriptions; ex.

> Пустынникъ былъ сговóрчивъ; лёгъ, зѣвнýлъ,
> Да тóтчасъ и заснýлъ.
> А Миша на часáхъ, да онъ и не безъ дѣла :
> У другá на носъ мýха сѣла. —
> Онъ другá обмахнýлъ, —
> Взглянýлъ, —
> А мýха на щекѣ; — согнáлъ, а мýха снóва
> У другá на носý [1].

Крылóвъ.

7. Les vers *choraïques* de quatre, de trois et de deux pieds, employés dans les poésies légères; ex.

> Стóнетъ сизый голубóчекъ,
> Стóнетъ онъ и день и ночь;
> Миленькой егó дружёчекъ
> Отлетѣлъ на дóлго прочь [2].

Дмитріевъ.

---

languissant j'accorde ma lyre pour chanter la douleur qui s'est emparée de mon âme. Viens partager mon affliction, Phébé, toi, l'amie des cœurs tristes !

[1] L'ermite était condescendant; il se couche, il bâille et s'endort aussitôt. Voilà l'ours en sentinelle, et ce ne fut pas en vain : une mouche vint se poser sur le nez de son ami. — Il la chasse; — il regarde, — et la mouche est sur la joue; — il la chasse encore, — et de nouveau la mouche est sur le nez.

[2] Le tourtereau gémit, il gémit et le jour et la nuit; sa douce compagne s'est envolée loin de lui pour longtemps.

Всѣхъ цвѣточковъ болѣ
Розу я любилъ;
Ею только въ полѣ
Взоръ мой веселилъ [1].

Дмитріевъ.

Громъ гремитъ
И разитъ.
Мы сердцами
И слезами
Молимъ васъ,
Боги гнѣва
И Эрева,
Въ страшный часъ [2]!

Карамзинъ.

8. Les vers *amphibrachyques* de six et de cinq pieds, employés dans les idylles, les épîtres, les élégies, et d'autres poésies semblables; ex.

Блаженъ, о Филонъ, кто Харишамъ Богинямъ жершвы приноситъ!
Какъ свѣтлые дни легкокрылаго Мая, въ блёскѣ весённемъ,
Какъ волны ручья, озарённы улыбкой юнаго ушра,
Дни-сто лёгкимъ полётомъ лешятъ [3].

Жуковскій.

---

[1] De toutes les fleurs je préférais la rose; dans les champs il n'y avait qu'elle qui attirât mes regards.

[2] Le tonnerre gronde et éclate. Le cœur oppressé, les larmes aux yeux, nous vous implorons dans ce moment terrible, dieux irrités de l'Erèbe.

[3] Heureux, ô Philon, celui qui offre des victimes aux Grâces! Ses jours, embellis par le sourire d'un beau matin, s'écoulent rapi-

Remarque. Ces vers, excepté le dernier qui est dactylique, sont composés de six pieds dont les quatre premiers sont amphibraques, le cinquième dactyle, et le sixième chorée.

9. Les vers *amphibrachyques* de quatre et de trois pieds, employés dans quelques pièces lyriques ; ex.

> Эсхи́нъ возвраща́лся къ Пена́тамъ свои́мъ
> Къ брега́мъ благово́ннымъ Алфе́я
> Онъ до́лго по свѣ́ту за сча́стьемъ броди́лъ ;
> Но сча́стье, какъ тѣнь, убѣга́ло [1].

> Жуко́вскій.

10. Les vers *dactylo-choraïques* de trois et de deux pieds, employés dans quelques odes, et dans les chansons ; ex.

> Звонкопрія́тная ли́ра,
> Въ дре́вни златы́е дни мі́ра
> Сла́дкою си́лой твое́й
> Ты и Бого́въ и Царе́й,
> Ты и наро́ды плѣня́ла [2].

> Держа́винъ.

> Ю́ная ро́за
> Лишь разверну́ла
> А́лый шипо́къ,
> Вдругъ отъ моро́за

---

dement, dans un printemps éternel, comme les jours sereins du rapide mois de Mai, comme les ondes paisibles d'un ruisseau.

[1] Eschine revenait vers ses pénates sur les rivages odoriférants de l'Alphée. Depuis longtemps il courait dans le monde après le bonheur ; mais le bonheur s'enfuyait comme une ombre.

[2] Lyre mélodieuse, jadis dans le siècle d'or tu charmais par tes sons irrésistibles les dieux, les rois et les peuples.

> Въ лóнѣ уснýла;
> Свянулъ цвѣтóкъ [1].

Державинъ.

III. De la césure et de l'hémistiche.

§ 209. La *césure* (пресѣчéніе) est un repos qui divise les vers de six et de cinq pieds en deux parties ou *hémistiches* (полустúшія) [2]. Dans les vers iambiques de six pieds ce repos doit se trouver après le troisième pied; ex.

> Ужé бѣлѣя Понтъ | передъ Петрóмъ кипúтъ,
> И влáга уступúтъ, | шумя, емý спѣшúтъ [3].

Ломонóсовъ.

Dans les vers iambiques de cinq pieds, la césure est après le second pied, et partage le vers en deux hémistiches inégaux; ex.

> И щитъ и мечъ | бросáютъ съ знаменáми;
> Вездѣ путú | покрыты ихъ костями [4].

Жукóвскій.

Il n'est pas nécessaire que ce repos soit toujours aussi bien marqué; mais il faut du moins que la syllabe qui termine le premier hémistiche ne soit pas liée avec celle qui commence le

---

[1] Cette rose nouvelle eut à peine montré son éclat que l'hiver la fit rentrer dans son sein; cette fleur est déjà fanée.

[2] Le mot *césure* vient du Latin *cædere*, couper; et le mot *hémistiche* du Grec ἥμισυς, demi, et στίχος, un vers.

[3] Déjà la mer se blanchit d'écume à la vue de Pierre, et la plaine liquide se hâte en mugissant de lui ouvrir un passage.

[4] Ils jettent tout, boucliers, lances, drapeaux; partout les chemins sont jonchés de leurs cadavres.

second. Ainsi la césure ne pourrait pas avoir lieu entre une préposition et son complément.

IV. *De la terminaison des vers et de la rime.*

§ 210. Les vers peuvent se terminer ou par une syllabe longue, ou par une syllabe brève; dans le premier cas la terminaison est *masculine*, et dans le second *féminine;* ex.

> Люблю́; люби́тъ вѣ́къ бу́ду! *fém.*
> Кляни́те стра́сть мою́, *masc.*
> Безжа́лостныя ду́ши, *fém.*
> Жесто́кія сердца́ [1]! *masc.*
>
> Карамзи́нъ.

§ 211. De cette double terminaison des vers il résulte que les vers du même mètre n'ont pas tous le même nombre de syllabes. Le vers iambique de six pieds a douze syllabes quand la terminaison est masculine, et treize quand elle est féminine. Le vers iambique de quatre pieds a huit syllabes à la terminaison masculine, et neuf à la féminine, et ainsi de suite. Le vers choraïque de quatre pieds a sept syllabes à la terminaison masculine, et huit à la féminine, etc.

§ 212. L'uniformité de son dans les mots qui terminent deux vers forme la *rime* (ри́ема) [2]; et la rime est aussi *masculine,*

---

[1] J'aime; j'aimerai toute ma vie! Maudissez ma passion, âmes impitoyables, cœurs insensibles!

[2] Le mot russe ри́ема, comme aussi le mot français *rime*, viennent du Grec ῥυθμός, Latin *rhythmus*, cadence, harmonie. Dans l'origine ce mot avait la même signification que le mot français *vers*, Grec στίχος, Latin *versus;* et l'on se servait indifféremment de l'un ou de l'autre. C'est dans la basse latinité que le mot *rhythmus* fut

quand la dernière syllabe est longue, ce qui arrive lorsque l'accent est sur cette syllabe, ou *féminine*, quand la dernière syllabe est brève, ce qui arrive lorsque l'accent est sur la pénultième ; ex.

> Изъ за óблакъ мѣ́сяцъ кра́сный *fém.*
>
> Всталъ и смóтрится въ рѣкѣ́ : *masc.*
>
> Сквозь тумáнъ и мракъ ужáсный *fém.*
>
> Пу́тникъ ѣдетъ въ челнокѣ́ [1]. *masc.*

Держáвинъ.

§ 213. Les rimes sont riches, suffisantes, ou pauvres. La rime est *riche* (богáтая), lorsqu'il y a uniformité de son dans les deux dernières syllabes ; comme жéртва et мéртва, довóленъ et вóленъ. Elle est *suffisante* (полубогáтая), lorsque cette uniformité de son ne se trouve que dans la dernière syllabe ; comme отéцъ et сердéцъ. Elle est *pauvre* (бѣ́дная), lorsqu'il n'y a pas une ressemblance de son aussi frappante ; comme творéнье et пéрья, ключъ et бичъ [2].

---

donné aux vers rimés, et qu'on appela *rhythmici versus* ce qui était auparavant nommé par les Romains *leonini versus*, et par les Grecs ὁμωτέλευτοι ῥυθμοί, c'est-à-dire, des vers dont la terminaison est semblable.

[1] La lune argentée sort de derrière les nuages, et se réfléchit dans l'onde : à travers les brouillards, dans une obscurité effrayante, le voyageur s'embarque dans une nacelle.

[2] Au seizième siècle on trouve des poëtes qui faisaient usage de la rime ; mais il n'y a que les dernières voyelles des vers qui aient une ressemblance de son, sans faire attention aux consonnes. Cela se trouve encore aujourd'hui dans la poésie espagnole, où l'on appelle cette rime *rima asonante*, par opposition à l'autre que l'on nomme *consonante*.

§ 214. On ne saurait se passer de la rime en Français, parce
que la langue poétique différant très-peu de celle de la prose, le
vers a besoin de ce secours pour flatter l'oreille ; mais en Russe
elle n'est pas d'une nécessité absolue, parce que le rhythme y
est marqué, comme dans les langues grecque et latine, par la
longueur et la brièveté des syllabes. Les vers sans rime s'appel-
lent des *vers blancs* (бѣлые стихи) [1]. Les hexamètres et les au-
tres vers qui imitent ceux des anciens n'ont jamais de rime.

Remarque. Quant à l'arrangement des rimes entre elles, il est
absolument le même en Russe qu'en Français, comme on a pu
le voir par les exemples précédents.

V. *Des licences poétiques.*

§ 215. Pour observer les règles que nous venons de donner
sur la versification, le poëte est quelquefois obligé de syncoper
les mots, de s'écarter de quelques règles peu importantes de la
syntaxe, de placer les mots dans un ordre contraire à l'ordre
naturel, etc. Ce sont ces écarts qu'on appelle les *licences poétiques*
(стихотворческія вóльности). Ces licences ne sont permises
que dans des cas indispensables, et encore ne peuvent-elles pas
s'étendre trop loin. Il est permis de dire, par exemple,

Не слaвь высóкую порóду,

au lieu de высóкой порóды (§ 171). Mais les autres licences ne
sont pardonnées que lorsqu'elles sont compensées par de grandes
beautés ; ex.

---

[1] Le Russe a pris cette dénomination du Français qui lui-même
l'a empruntée de l'Anglais, où de tels vers furent plus tôt en usage.
Le verbe anglais *to blank* signifie *ôter, effacer;* ainsi *blank verse,
vers blanc,* signifiera un vers qui est privé de la rime.

Въ это время, столь холодно,
Какъ Борей былъ разъярёнъ,
Отроча порфирородно
Въ царствѣ сѣверномъ рождёнъ [1].

Державинъ.

Les adjectifs apocopés холодно, порфирородно, sont employés au lieu des adjectifs entiers (§ 69); et la syntaxe exigerait рождено, parce que отроча est du genre neutre. — Observons encore qu'à l'imitation des Grecs et des Latins, les inversions et les enjambements sont aussi permis dans la poésie russe.

---

[1] Dans ce temps si froid, lorsque Borée soufflait avec fureur, un enfant, du sang des Tsars, est né dans l'empire du Nord.

FIN DE LA GRAMMAIRE.

TABLE DES MATIÈRES.

CINQUIÈME PARTIE.

FIN DE LA TABLE.

TYPOGRAPHIE SCIENTIFIQUE ET ORIENTALE DE Mme Ve DONDEY-DUPRÉ,

rue Saint-Louis, au Marais, 46, à Paris.

www.ingramcontent.com/pod-product-compliance
Ingram Content Group UK Ltd.
Pitfield, Milton Keynes, MK11 3LW, UK
UKHW021509090726
13657UKWH00001B/126